TRAITÉ

COMPLET

DU DROIT DE CHASSE.

Douai. — Imprimerie et librairie de Ceret-Carpentier.

TRAITÉ

COMPLET

DU DROIT DE CHASSE,

CONTENANT

LA LÉGISLATION, LA DOCTRINE ET LA JURISPRUDENCE QUI CONCERNENT
L'EXERCICE DU DROIT DE CHASSE, AVEC L'INDICATION DE TOUTES
LES LOIS, ORDONNANCES ET ARRÊTÉS ANCIENS ET
MODERNES QUI S'Y RAPPORTENT,

Par M. PETIT,

Président de Chambre à la Cour royale de Douai, Chevalier de l'Ordre
Royal de la Légion-d'Honneur.

TOME TROISIÈME.

Commentaire sur la loi du 3 mai 1844.

A PARIS.

Gustave THOREL, place du Panthéon, 4.

1844.

AVERTISSEMENT.

La loi du 3 mai 1844 a rendu nécessaire ce supplément au TRAITÉ COMPLET DU DROIT DE CHASSE.

Encouragé par les suffrages favorables à son premier travail, l'auteur a suivi avec l'intérêt d'une étude soutenue les différentes épreuves par lesquelles vient de passer la loi nouvelle. Les questions posées et examinées dans le traité l'ont été également dans les discussions parlementaires ; et si, toutes, elles n'ont pas reçu une solution légale, c'est qu'elles ne rentraient pas toujours dans le cercle du projet restreint à la police de la chasse. Le tome troisième est donc une sorte de *criterium* des deux premiers.

A ce titre, qui touche plutôt à la science du droit qu'à l'utilité publique, le volume joindra l'avantage de former un commentaire complet sur une législation dont l'application est appelée à rencontrer une nouvelle série de difficultés.

TRAITÉ

COMPLET

DU DROIT DE CHASSE.

Commentaire sur la loi du 3 mai 1844.

LOI DU 3 MAI 1844,

SUR

LA POLICE DE LA CHASSE.

SECTION Ire.

De l'exercice du droit de chasse.

ARTICLE Ier.— NUL NE POURRA CHASSER, SAUF LES EXCEPTIONS CI-APRÈS, SI LA CHASSE N'EST PAS OUVERTE, ET S'IL NE LUI A PAS ÉTÉ DÉLIVRÉ UN PERMIS DE CHASSE PAR L'AUTORITÉ COMPÉTENTE.

NUL N'AURA LA FACULTÉ DE CHASSER SUR LA PROPRIÉTÉ D'AUTRUI SANS LE CONSENTEMENT DU PROPRIÉTAIRE OU DE SES AYANTS DROIT.

§ 1er.

I. La défense de chasser en temps prohibé était contenue dans l'article 1er de la loi du 30 avril 1790 ; en la reproduisant, la législation nouvelle n'a apporté aucun changement à l'ancienne. (Voir notre Traité, tome 1er.)

II. Le décret du 4 Mai 1812 imposait à celui qui voulait se livrer à l'exercice de la chasse l'obligation de se munir d'un permis de port d'armes. Le permis de chasse vient remplacer le permis de port d'armes.

Ce n'est pas toutefois un simple changement de mots ; la substitution du permis de chasse au permis de port d'armes est fort importante ; elle comporte l'extension du permis de chasse à tous les faits de chasse, tandis que le permis de port d'armes était restreint à la chasse avec une arme. Aucun doute à cet égard ; le permis de port d'armes n'était exigé que pour la chasse au fusil; désormais, le permis de chasse est nécessaire pour tous les modes, pour tous les faits de chasse sans distinction ; la loi est générale, claire et positive. Les exceptions ne portent sur aucun mode de chasse, mais sur la nature des propriétés où l'on chasse.

Ainsi, un permis est nécessaire tout aussi bien pour chasser à courre que pour chasser au fusil ; tout aussi bien pour prendre le lapin à l'aide de furets et de bourses que pour chasser les oiseaux de passage par les modes et procédés autorisés.

On peut d'autant moins se méprendre sur l'intention du législateur qu'on la trouve formellement manifestée dans les motifs comme dans la discussion du projet.

En présentant la loi à la chambre des pairs, M. le garde-des-sceaux a dit : « Ces décrets n'exigeaient le permis que pour la chasse au fusil, le projet l'exige pour toute espèce de chasse. Voilà pourquoi nous avons substitué aux mots : permis de port d'armes de chasse employés d'une manière restrictive par les décrets de 1810 et 1812, les expressions plus générales : permis de chasse ; ces expressions seules peuvent rendre l'intention du projet, qui a été de ne pas borner au cas de la chasse au fusil, l'obligation d'obtenir un permis. »

M. Franck-Carré, rapporteur de la commission de la chambre des pairs, s'est exprimé en termes non moins exprès. « La commission, a-t-il dit, entend appliquer la nécessité du permis à tous les modes de chasse de quelque manière qu'elle se fasse. »

En apportant le projet à la chambre des députés, M. Martin (du Nord), garde-des-sceaux, disait : « La chambre des pairs a approuvé, et vous approuverez sans doute comme elle, Messieurs, la proposition de supprimer le permis de port d'armes de chasse, exigé par les décrets des 11 juillet 1810 et 4 mai 1812, qui n'était applicable qu'à la chasse au fusil, pour le remplacer par le permis de chasse applicable à tous les genres de chasse. »

M. Lenoble, rapporteur de la commission de la

chambre des députés, a fort bien constaté et justifié l'innovation, en disant : « Le permis de chasse a été substitué par le projet de loi au permis de port d'armes de chasse, qui était exigé par le décret du 4 mai 1812. La dénomination nouvelle est plus vraie que l'ancienne, car, du moment où tout citoyen tient de la loi le droit de porter une arme, le permis de port d'armes de chasse n'était plus qu'un permis de chasse sous une fausse dénomination. S'il était convenable de lui rendre son vrai nom, il était rationnel d'examiner si l'on pouvait y assujettir l'exercice d'un mode de chasse, et le résultat de cet examen devait être que la justice voulait qu'ils fussent tous soumis à la même règle. C'est donc avec raison que le projet de loi impose à tous ceux qui veulent se livrer à l'exercice de la chasse l'obligation de se pourvoir d'un permis de chasse. »

Cette modification à l'ancienne législation étant constatée, il nous reste à faire remarquer que toutes les explications données dans notre Traité sur la délivrance, la valeur et la durée du permis de port d'armes restent applicables au permis de chasse, comme elles le sont encore au droit, à l'exercice du droit et aux éléments constitutifs du fait de chasse.

§ 2.

III. La défense de chasser sur le terrain d'autrui sans

le consentement du propriétaire ou de ses ayants droit existait dans l'article 1ᵉʳ de la loi du 30 avril 1790. Rien n'est changé si ce n'est la rédaction.

Le législateur en défendant de chasser sur le terrain d'autrui sans le consentement du propriétaire ou de ses ayants droit, n'entend pas exiger le consentement du propriétaire du terrain ou des ayants droit à ce terrain, mais bien celui du propriétaire du droit de chasse. Celui-ci se confond bien avec le premier quand le propriétaire a conservé son droit, mais lorsqu'il l'a cédé, comme, par exemple, dans le cas où le fermier a loué le droit de chasse avec la propriété, et dans celui où ce droit a été affermé séparément, ce n'est pas le consentement du propriétaire du terrain qui est exigé, mais bien celui du fermier du droit de chasse. Ce qui le prouve, c'est qu'il serait impossible de donner autrement une application à ces derniers mots *ou de ses ayants droit*.

IV. Lorsque le terrain est assujetti à un usufruit, le droit de chasse appartient à l'usufruitier et c'est bien certainement le consentement de ce dernier qui est nécessaire, quoiqu'il ne soit ni propriétaire du terrain ni un ayant droit de ce propriétaire. (Voyez tome 1ᵉʳ.)

V. Il a été demandé que dans le 2ᵉ paragraphe, après le mot *consentement*, on ajoutât ceux-ci : *exprès ou tacite*, en déclarant que par consentement tacite, on entendait que toutes les fois que le propriétaire n'aurait pas fait connaître son intention de réserver la chasse, il serait censé avoir consenti à ce que toutes les personnes munies d'un permis de chasse pussent chasser sur sa propriété.

En lui donnant cette portée, l'amendement était inadmissible et en la lui refusant, il était inutile; aussi a-t-il été rejeté.

Il reste admis que le consentement doit toujours être présumé jusqu'à ce que le propriétaire exprime une volonté contraire. Le ministère public ne peut poursuivre d'office lorsqu'il n'y a pas plainte du propriétaire du droit de chasse.

ARTICLE II. — LE PROPRIÉTAIRE OU POSSESSEUR PEUT CHASSER OU FAIRE CHASSER EN TOUT TEMPS, SANS PERMIS DE CHASSE, DANS SES POSSESSIONS ATTENANT A UNE HABITATION ET ENTOURÉES D'UNE CLÔTURE CONTINUE FAISANT OBSTACLE A TOUTE COMMUNICATION AVEC LES HÉRITAGES VOISINS.

I. L'article 2 vient apporter une exception à la règle générale établie par l'article précédent. Elle existait déjà sous l'empire de l'ancienne législation et elle était renfermée dans l'article 13 de la loi du 30 avril 1790, ainsi conçu :

« Il est libre à tous propriétaires ou possesseurs de

» chasser ou faire chasser en tout temps et nonobstant
» l'article premier du présent décret dans ses lacs et
    étangs et dans celles de ses possessions qui sont sépa-
» rées par des murs ou haies vives d'avec les héritages
» d'autrui. »

L'article 2 de la loi nouvelle ne reproduit pas ces
mots *dans ses lacs et étangs* et cette suppression a pour
effet de restreindre l'exception aux possessions attenant
à une habitation et entourées d'une clôture continue
faisant obstacle à toute communication avec les héritages voisins.

II. Il existe encore entre les termes de l'article 13 de
la loi du 30 avril 1790 et ceux de l'article 2 de la loi
du 3 mai 1844 une différence essentielle.

D'après les termes de l'article 2 de la loi nouvelle, il
ne suffit pas que la possession soit close il faut encore
qu'elle soit attenant à une habitation.

Sous l'empire de la loi du 30 avril 1790, on se demandait si l'article 13 s'appliquait aux terrains clos
qui ne dépendaient pas d'une habitation ? Pour soutenir
la négative on s'appuyait sur plusieurs arrêts de la cour
de Cassation, notamment sur ceux des 23 février 1827,
2 février 1830, 13 avril 1833 et 28 mai 1836 qui ont
jugé que la double circonstance de clôture et de dépendance d'une habitation était exigée pour la dispense du permis de port d'armes; mais ce n'était qu'à

l'aide d'une confusion facile à apercevoir qu'on se prévalait de ces arrêts; en effet, les raisons de décider n'é-
taient pas les mêmes pour le droit de chasser en tout
temps que pour la dispense du permis de port d'armes.
La nécessité de cette distinction était reconnue par la
Cour de Cassation elle-même dans son arrêt du 13 avril
1833, où, tout en constatant que la double circonstance
de clôture et d'habitation n'est pas nécessaire dans
le cas de l'article 13 de la loi du 30 avril 1790, elle décide qu'il n'y a rien à en conclure pour celui de la dispense du permis de port d'armes qui ne pouvait être
admise que lorsque la réunion des deux circonstances
était bien constatée. C'était évidemment ajouter à la
loi et en méconnaître l'esprit que de voir dans l'article
13 de la loi du 30 avril 1790 l'obligation de réunir à
l'existence de la clôture la condition d'habitation ; il
suffisait que le terrain fût clos pour qu'il y eût lieu à
l'exception, mais il fallait qu'il fût en outre dépendant
d'une habitation pour la dispense de permis de port
d'armes (1). Toutes les difficultés sont levées par la loi
nouvelle; ce n'est que lorsque la possession est close et
attenant à une habitation qu'on peut y chasser en
temps prohibé et sans permis de chasse.

III. Ainsi la loi nouvelle est plus sévère que l'ancienne
sous un double rapport : elle veut les deux conditions

____

(1) Voir notre *Traité du Droit de Chasse.*

de clôture et d'habitation et ne comprend plus dans l'exception *les lacs et étangs*. Par une conséquence nécessaire, l'exception ne peut non plus être étendue aux marais, aux landes, aux bruyères, aux garennes placés par l'analogie et la jurisprudence sur la même ligne que *les lacs et étangs*.

IV. La loi de 1790 contenait une autre exception que le législateur a fait aussi disparaître. L'article 14 permettait de chasser en temps prohibé dans les bois et forêts, pourvu que ce fût sans chiens courants. Cette disposition ne se retrouve pas dans la loi nouvelle, et ce n'est pas sans intention qu'elle en a été écartée ; M. le garde-des-sceaux l'a déclaré formellement. « Il » faut restreindre autant que possible, a-t-il dit dans une » des séances de la chambre des pairs, les exceptions et » ne pas les étendre au-delà du cas dont nous venons » de parler de peur de rendre les prohibitions établies » par le projet trop faciles à éluder. C'est pourquoi » nous avons supprimé la faculté accordée par la loi de » 1790, à tout propriétaire ou possesseur, de chasser » ou faire chasser en tout temps dans ses bois et forêts, » pourvu que ce ne fût pas avec des chiens cou-» rants. » A moins donc que les bois ne soient clos et attenant à une habitation, la chasse n'y est pas plus permise que partout ailleurs. En un mot, les bois, rentrés dans la règle générale, n'ont plus de privilége spécial.

V. Du reste, le bénéfice de l'exception ainsi réduite aux possessions closes et attenant à une habitation est assuré au propriétaire ou possesseur. Ils peuvent chasser eux-mêmes ou faire chasser par ceux qu'il leur plaît d'autoriser. A cet égard la loi nouvelle reproduit les termes de la loi du 30 avril 1790.

VI. Deux conditions sont impérieusement exigées pour que la possession soit rangée dans l'exception ; il faut : 1° qu'elle soit attenant à une habitation , et 2° qu'elle soit entourée d'une clôture continue faisant obstacle à toute communication avec les héritages voisins.

Dans le projet de loi on s'était servi des mots *dépendant d'une habitation.* La chambre des pairs a remplacé les mots *dépendant d'une* par les mots *attenant à une.* Cette substitution n'était pas rigoureusement nécessaire ; on ne peut abuser des mots jusqu'à prétendre qu'une propriété close, plus ou moins rapprochée, aurait droit à l'exception. Avec le mot *dépendant* du projet comme avec le mot *attenant* de la loi, il est évident que pour donner droit à l'exception, la possession doit faire corps avec l'habitation.

VII. Les termes de l'article 13 de la loi du 30 avril 1790 ont donné lieu à une multitude de procès ; de graves difficultés ont souvent divisé les cours du royaume ; la cour de cassation elle-même a mainte fois employé ses instants à l'interprétation des expressions de la loi. On peut trouver un grand nombre de décisions rapportées dans notre Traité où nous avons cherché, à l'aide de la jurisprudence, à préciser les conditions exigées par le législateur. Les auteurs de la loi nouvelle se sont attachés à faire cesser toute controverse , en employant d'autres termes pour rendre leur pensée ; aux mots :*dans celles de ses possessions qui sont séparées par des murs ou haies vives d'avec les héritages voisins* de la loi de 1790, on a substitué ceux-ci : *dans ses possessions attenant à une habitation et entourées d'une clôture continue faisant obstacle à toute communication avec les héritages voisins.*

VIII. On s'était d'abord arrêté à n'admettre que la clôture des murs , mais on créait ainsi en faveur des parcs un véritable privilége.

IX. Dans le projet présenté à la chambre des pairs, on trouve déjà les termes consacrés par la loi ; il faut s'en réjouir, car la rédaction rend d'une manière heureuse et claire la pensée du législateur de 1790, que la loi nouvelle a voulu continuer.

X. Il est impossible d'établir une nomenclature exacte de toutes les clôtures. Le principe une fois posé, la question est nécessairement livrée à l'appréciation et à la sagesse des magistrats. Le législateur n'a voulu

prendre pour règle ni les dispositions de la loi du 28
septembre 1791, ni celles de l'article 391 du code pénal.
« C'est précisément, a dit M. le rapporteur à la chambre des pairs, parce que nous n'avons pas voulu nous
en tenir aux définitions ni du code rural de 1791, ni du
code pénal, que nous avons défini ce que nous enten-
dons par clôture ; nous avons voulu quelque chose de
plus que le code pénal, une clôture réelle et non une
apparence de clôture, et c'est pour cela qu'au lieu d'employer l'expression générique, *terrain clos*, nous avons
dit : *une clôture continue faisant obstacle à toute communication avec les héritages voisins.* »

XI. Il est bien clair que la clôture doit réunir une
double condition : elle doit être continue et faire en
outre obstacle à toute communication avec les héritages
voisins. Un mur aussi élevé que possible ne serait pas
une clôture continue s'il n'entourait pas toute la propriété ou si une trouée grande ou petite en rendait l'accès possible sans qu'il fût besoin de le franchir; de
même un mur, quoique continu, ne ferait pas obstacle
à toute communication, s'il n'avait qu'une hauteur telle
que le passage de la propriété sur l'héritage voisin, pût
avoir lieu sans aucune difficulté.

XII. Je ne pense pas toutefois qu'il soit nécessaire
que la clôture continue fasse un obstacle insurmontable à la communication. Sans doute un mur de deux

ou trois briques, un fossé sans grande profondeur , une haie sans élévation et même un ruisseau peuvent bien ne pas constituer une clôture faisant suffisamment obstacle à la communication ; mais il faut bien prendre garde de se laisser entraîner à l'excès contraire et d'aller jusqu'à exiger un obstacle matériellement insurmontable. Autrement il faudrait dire que la possibilité d'escalader la haie ou de franchir un large fossé rend le bénéfice de la loi inapplicable. C'est, entre ces deux excès que la raison commande de fixer l'intention du législateur. En voulant que la clôture fût un obstacle , la loi a voulu qu'il y ait rationnellement obstacle , et il n'y aurait pas obstacle si la clôture ne consistait que dans un simple petit ruisseau , un mur de deux briques ou une haie de quelques centimètres de hauteur ; en voulant un obstacle , on n'a pas exigé qu'il fût insurmontable ; dès qu'il est réel, il est suffisant.

XIII. Un fossé est évidemment une clôture ; mais s'il n'est pas entretenu , s'il peut être traversé sans effort et sans difficulté, je ne balancerai pas à le regarder comme insuffisant; au contraire, je le considérerais comme remplissant le vœu de la loi si sa largeur et sa profondeur étaient telles qu'il ne fût pas possible de le franchir sans quelque difficulté.

Un cours d'eau est aussi une clôture si le volume

d'eau est assez considérable pour faire obstacle à la communication ; mais il ne sera pas clôture si le cours d'eau est trop faible pour interrompre ou rendre difficile le passage.

XIV. La Cour de cassation , par arrêt du 12 février 1830, a décidé qu'une île environnée d'une rivière navigable ne devait pas être considérée comme une propriété close dans le sens de l'article 13 de la loi du 30 avril 1790. La Cour s'est fondée , avec raison, sur ce qu'une rivière navigable était assimilée par la loi du 29 floréal an X, à une grande route. La Cour de cassation jugerait certainement de même aujourd'hui , parce que la rivière navigable n'est pas plus une clôture faisant obstacle à toute communication que ne peut l'être une grande route longeant une propriété. Il en serait tout autrement si la rivière n'était pas livrée à la navigation , car alors n'étant plus fréquentée et ne pouvant plus être assimilée à une grande route , elle n'est plus qu'un cours d'eau qui certainement fait obstacle à toute communication avec les héritages voisins.

La Cour royale de Rennes a jugé , par arrêt du 17 novembre 1833, qu'un terrain qui par des brèches ou des barrières ouvertes à volonté offrait un libre accès au public ne pouvait être considéré comme terrain clos. Pour le cas où il existe des brèches , la Cour royale a évidemment bien jugé ; aujourd'hui la question ne peut plus se présenter ; un mur ou une haie qui offrirait des brêches permettant le passage ne serait pas une clôture continue et le principal caractère que la loi exige de la clôture ne se rencontrerait pas. Mais la question est beaucoup plus grave quant aux barrières. A cet égard j'avoue que je ne puis partager l'opinion de la Cour royale de Rennes. Qu'elle puisse ou non être ouverte à volonté, qu'elle soit ou non fermée habituellement, la barrière ne cesse pas d'être une clôture ; son existence même révèle la volonté d'en établir une. Dans toutes les possessions, il faut bien un passage pour communiquer de l'intérieur à l'extérieur. On ne viendra pas dire qu'un jardin entouré de murs n'est pas clos, parce que dans l'un de ses murs on a pratiqué une porte ; pourquoi pourrait-on soutenir qu'une pâture ne serait pas close, parce que, à un endroit de la haie qui l'entoure, il se trouve une barrière pour faciliter l'accès de la propriété. Que la barrière soit plus souvent ouverte que la porte, ce laest sans importance, car ce n'est pas l'usage, mais l'existence de la porte qui en fait la clôture du jardin, comme c'est l'existence de la barrière qui constitue la clôture de la pâture.

Rappelons les propres paroles de M. Lenoble, rapporteur de la commission de la chambre des députés :

« Il était impossible, a-t il dit, d'indiquer par énumération, dans l'article 2, tous les modes adoptés pour faire
des clôtures : la loi n'aurait pas tout prévu , et d'ailleurs elle s'attache au résultat plutôt qu'aux moyens
employés pour l'obtenir. Pour qu'il y ait clôture, il faut
qu'il y ait isolement complet des propriétés voisines, et
que la communication avec elles soit empêchée par un
obstacle continu. »

XVI. La commission de la chambre des députés avait
ajouté un second paragraphe à l'article 2; il portait que
les routes et chemins traversant ces possessions ne seraient pas considérés comme faisant cesser la continuité
de la clôture, mais lors de la discussion ce paragraphe
a été retiré et il est demeuré bien entendu que le parc
quoique soigneusement entouré de murs ne serait pas
considéré comme terrain clos, s'il était traversé par des
routes ou chemins.

XVII. Il est plus facile de concevoir que de bien définir ce qu'il faut entendre par *habitation*. Une personne
peut avoir plusieurs habitations, et lorsqu'il se présente
des difficultés à cet égard, c'est aux tribunaux qu'il
appartient de les résoudre d'après les faits et les circonstances.

ARTICLE III. — LES PRÉFETS DÉTERMINERONT , PAR DES ARRÊTÉS PUBLIÉS AU MOINS DIX JOURS A L'AVANCE, L'ÉPOQUE DE L'OUVERTURE ET CELLE DE LA CLÔTURE DE LA CHASSE DANS CHAQUE DÉPARTEMENT.

I. Cet article confère le droit et impose le devoir aux Préfets de déterminer par *des arrêtés* les époques de l'ouverture et de la fermeture de la chasse. C'est le maintien de l'ancienne législation. Dans un premier projet, on avait dit *un arrêté* ; on a changé cette rédaction. Comme par le passé, il faudra deux arrêtés pour fixer, l'un, l'ouverture, et l'autre, la clôture. Et comme tous les deux pourront n'être publiés que dix jours avant les époques qu'ils auront pour but de déterminer, le Préfet pourra concilier en connaissance de cause les intérêts des chasseurs avec les exigences de l'agriculture. Cette nécessité de deux arrêtés ne résulte pas seulement du changement de rédaction de l'article 3 ; M. le garde-des-sceaux , en présentant la loi à la chambre des pairs, a dit formellement que l'article 3 chargeait les Préfets de déterminer chacune des deux époques par un arrêté spécial, publié dix jours à l'avance ; il a ajouté que cette attribution dont ils jouissaient déjà ne paraissait avoir entraîné jusqu'à ce jour aucun inconvénient.

II. Le législateur veut que les arrêtés soient publiés

dix jours à l'avance ; c'est une innovation ; jusqu'ici les Préfets n'étaient limités par aucun délai. Cette disposition est d'ailleurs introduite dans l'intérêt des chasseurs et des propriétaires , qui acquièrent ainsi la certitude d'être informés à temps des décisions du Préfet. Dans un premier projet , on avait exigé la publication de l'arrêté quinze jours à l'avance ; c'était laisser un intervalle de temps trop grand entre la publication et l'exécution de l'arrêté ; c'était augmenter , sans bénéfice aucun pour personne, les difficultés que les Préfets éprouvent toujours pour mettre d'accord les intérêts des cultivateurs et l'impatience des chasseurs.

Par ces mots : *dix jours à l'avance* , il faut entendre dix jours à partir de la publication , non compris celui de l'ouverture ou de la clôture de la chasse. Si , par exemple , la chasse est fermée le 10 avril , il faut que l'arrêté soit publié au plus tard le 31 mars. On ne pourrait pas , je crois, aller jusqu'à prétendre qu'il devrait l'être le 30 mars, parce que la loi n'exige pas dix jours francs.

Un arrêté qui ferme la chasse à compter de tel jour doit être entendu en ce sens, que le jour ainsi désigné est compris dans le temps défendu. (Voyez tome 1er, page 284.)

III. Les arrêtés sont obligatoires dans toute l'étendue du département sans que personne puisse être admis à prétexter cause d'ignorance. La Cour royale de Douai, par trois arrêts rendus le 15 novembre 1838, motivés sur le principe que nul n'est réputé ignorer la loi ou les réglements, a condamné des chasseurs qui se trouvaient cependant dans une position assez favorable pour faire fléchir la rigueur de la loi, si les principes ne devaient pas toujours rester inflexibles. M. le Préfet du département du Nord avait, par arrêté imprimé et publié, fixé l'ouverture de la chasse au 11 septembre. Postérieurement et par un arrêté publié le 10, il reporta cette ouverture au 17 du même mois. Des chasseurs n'ayant pas eu connaissance de ce dernier arrêté, se mirent en chasse le lendemain 11 septembre; des procès-verbaux furent dressés contre eux, et les délinquans appelés devant le tribunal de police correctionnelle furent renvoyés de la plainte sur le motif qu'ils avaient pu ignorer l'existence du second arrêté ; mais sur l'appel, la Cour royale dit que les premiers juges avaient méconnu le principe : nul n'est réputé ignorer la loi et les réglemens publiés. Elle a condamné les chasseurs à l'amende et aux frais

Les principes sont restés les mêmes, mais leur application ne peut plus aujourd'hui conduire à la même sévérité. Sous l'empire de la loi du 30 avril 1790, les préfets n'étant pas astreints à publier leurs arrêtés dan un temps donné, on ne pouvait pas tirer avantage de ce qu'ils avaient profité de toute la latitude qui leur était laissée et il n'était pas possible de leur reprocher d'avoir publié un arrêté au moment même où il devait être exécuté. Aujourd'hui que la loi les oblige à publier les arrêtés d'ouverture et de fermeture dix jours à l'avance, il est évident qu'un arrêté en révoquant ou modifiant un premier n'est comme lui obligatoire que dix jours après sa publication. Pourquoi en serait-il autre_ ment ? Il n'y a entre eux aucune différence , et la loi qui laisse au Préfet le droit de déterminer le jour de l'ouverture de la chasse, ne lui enlève pas la faculté de changer d'avis et de choisir un autre jour que celui qu'il avait cru d'abord pouvoir désigner. Seulement le second arrêté doit aussi êtrep ublié dix jours à l'avance ; c'est là une disposition formelle et impérieuse de la loi.

IV. Mais l'arrêté non publié dix jours à l'avance, est-il nul ? en d'autres termes, quelles sont les conséquences de cette violation de la loi ? Plusieurs distinctions sont à faire : lorsque l'arrêté qui ouvre la chasse n'a pas été publié dix jours à l'avance , on peut bien en faire un reproche à l'autorité administrative; les propriétaires, les cultivateurs et même les chasseurs peuvent bien se plaindre à l'autorité supérieure de la négligence du Préfet, mais le ministère public , pas plus qu'aucune partie, ne pourrait venir prétendre devant les tribunaux que le défaut de publication dans le délai prescrit par la loi, a eu pour effet de rendre nul l'arrêté ou de retarder l'ouverture de la chasse jusqu'au jour de l'expiration du délai de dix jours. L'arrêté ne peut pas être nul, puisque la loi n'en prononce pas la nullité et qu'en définitive la chasse doit être ouverte au jour que le préfet a déterminé. On ne peut pas non plus soutenir que l'ouverture doit être retardée parce que l'avertissement donné par la publication étant principalement dans l'intérêt du chasseur, on ne peut lui faire un reproche d'avoir connu l'existence de l'arrêté. C'est au contraire lui qui pourrait se plaindre de n'avoir pas été prévenu plus tôt. Il est vrai que la publication est aussi dans l'intérêt des cultivateurs ; mais si ceux-ci peuvent se plaindre à l'autorité de ce qu'on les prive du bénéfice de la loi, ils n'ont rien à dire au chasseur qui ne peut être responsable de la négligence du Préfet et qui n'a fait qu'user d'un droit en chassant au jour fixé pour l'ouverture. Il ne faut pas perdre de vue que si la conservation des récoltes est un des motifs des décisions des Préfets relatives à l'ouverture et à la fermeture de la chasse, le dispositif ne s'adresse directement qu'aux chasseurs.

Quant à l'ouverture de la chasse, nous pensons donc que le défaut de publication dans le délai voulu par la loi peut bien donner lieu à un rappel à la rigoureuse exécution de l'article 3, mais ne peut jamais empêcher que la chasse ne soit légalement ouverte à l'époque fixée par l'arrêté.

Il n'en est pas de même relativement à l'arrêté fixant le jour de la fermeture de la chasse. Si, au lieu de publier son arrêté au moins dix jours à l'avance, comme le veut la loi, le Préfet ne le publiait que la veille du jour par lui fixé pour la fermeture, certainement le chasseur, qui a le droit d'être averti et qui ne l'a pas été pourrait impunément contrevenir à la défense. Ce qui est vrai pour un arrêté publié la veille de la fermeture ne l'est pas moins pour celui publié l'avant-veille et pour celui publié seulement neuf jours à l'avance.

Sans doute personne n'est censé ignorer la loi, mais si on est tenu de la connaître, ce n'est qu'à l'expiration du délai accordé pour la promulgation.

Ce n'est pas à dire cependant que l'arrêté non publié dix jours à l'avance soit d'une nullité radicale. Le jour de la fermeture n'en reste pas moins légalement fixé, seulement l'arrêté n'est exécutoire que dix jours après sa publication, et ce ne sera que pour un fait postérieur à l'expiration de ce délai qu'on pourra s'en prévaloir pour établir une contravention à la loi.

V. Si nous appliquons ces principes au cas où le Préfet, après avoir rendu un premier arrêté portant fixation du jour de l'ouverture , en rend un second pour déterminer un autre jour, nous arriverons à reconnaître que le défaut de publication ne rend pas nul le second arrêté, mais que seulement l'exécution en est paralysée pendant un certain temps. Prenons un exemple : le Préfet rend et publie le 1er septembre un arrêté portant que la chasse sera ouverte le 12.

Le 11, il rend et publie un autre arrêté portant qu'elle ne sera ouverte que le 21.

Ce second arrêté qui fixe l'ouverture de la chasse, ou plutôt qui la referme pour neuf jours, n'étant exécutoire que le 21 septembre , il s'ensuivra que je pourrai chasser du 12 septembre au 21 en vertu du premier arrêté et à compter du 21 en vertu du second, ce qui équivaut à dire que le second arrêté ne recevra pas d'exécution.

Autre exemple :

Le Préfet rend et publie un arrêté le 1er septembre, portant que la chasse sera ouverte le 12.

Le 2 septembre, il rend et publie un second arrêté qui porte qu'elle ne sera ouverte que le 14.

L'exécution du premier arrêté n'ayant pas pu commencer avant que le second ne fût devenu exécutoire il s'en suit qu'il ne sera pas possible de chasser avant le 14 septembre.

Autre exemple :

Le 1ᵉʳ septembre, arrêté publié portant ouverture de la chasse pour le 11 septembre.

Le 4 septembre, second arrêté publié portant que l'ouverture ne doit avoir lieu que le 24 septembre.

Les 11, 12 et 13 septembre, je pourrai chasser en vertu du premier arrêté et nonobstant le second.

Les 14, 15, 16, 17, 18, 19, 20, 21, 22, 23 septembre, je ne pourrai plus chasser, parce que le second arrêté sera devenu exécutoire.

Le 24 septembre, je chasserai en vertu du second arrêté.

Il n'en est pas de même, et j'en ai déjà dit les raisons, pour le cas où le second arrêté est rendu pour changer le jour d'abord fixé pour la fermeture.

Le 15 mars, le Préfet rend et publie un arrêté portant que la chasse doit être fermée le 1ᵉʳ avril.

Le 16 mars, il rend un second arrêté qu'il publie seulement le 31 mars, ou bien le 31 mars il en rend et publie un second portant qu'elle ne sera fermée que le 15 avril.

Je chasse le 1ᵉʳ avril et jours suivans, jusqu'au 15, sans craindre qu'on puisse venir m'opposer que le second arrêté n'est pas exécutoire.

En deux mots, la publication et le délai de dix jours

à l'avance sont prescrits dans l'intérêt des justiciables. Ceux-ci peuvent se prévaloir de l'inobservation de la loi sans qu'on puisse leur opposer cette même inobservation.

VI. Qu'entend-on par publication ? La publication est le moyen employé pour faire connaître l'existence et le texte de l'arrêté.

La promulgation des lois et ordonnances résulte de leur insertion au bulletin officiel.

La promulgation ou la publication des arrêtés des Préfets résulte de leur insertion au bulletin des actes de la préfecture et de leur affixion.

Ce sont là les deux moyens ordinairement employés pour porter les arrêtés à la connaissance du public ; mais comme la loi sur la chasse n'indique aucun moyen spécial, je crois qu'on ne pourrait exiger la réunion de l'insertion au bulletin des actes de la préfecture et de l'affixion ; le premier moyen paraît rigoureusement le seul exigible.

Un arrêté du Préfet sera donc censé publié le jour auquel il aura été inséré dans le bulletin adressé aux maires par le Préfet ; mais, de même que pour la promulgation des lois, c'est seulement le jour de l'arrivée du bulletin officiel qui est celui de la promulgation, de même ce ne sera que le jour de l'arrivée du bulletin de la préfecture que sera publié l'arrêté du Préfet, ou bien ce sera celui de l'affixion , si le Préfet conserve , ce qui est à désirer dans l'intérêt d'une bonne justice , l'habitude de faire placarder les arrêtés concernant l'ouverture et la fermeture de la chasse.

Si le Préfet recourait tout à la fois à ces deux modes de publication et que la date de l'insertion au bulletin ne fût pas celle de l'affixion , la date la plus ancienne pourrait être invoquée comme ayant constaté la publication, parce que la loi n'ayant pas exigé la réunion des deux modes, l'emploi du premier est rigoureusement suffisant.

Mais s'il ne faut pas la réunion des deux modes , il faut l'un ou l'autre , et certainement il n'y aurait pas publication si l'arrêté n'avait pas été ou inséré au bulletin de la préfecture, ou affiché dans le départetement.

Nous avons maintenant à nous demander si le jour de la publication se trouve déterminé pour toute l'étendue du département, sans distinction entre le chef-lieu et les communes qui en sont les plus éloignées.

L'article 1er du code civil porte que la promulgation sera réputée connue dans le département de la résidence royale un jour après celui de la promulgation, et dans chacun des autres départemens , après l'expiration du même délai, augmenté d'autant de jours qu'il y aura de fois dix myriamètres entre la ville où la promulgation en aura été faite et le chef-lieu de chaque département.

S'il s'agissait ici d'une loi, en se fondant sur l'article 1er du code civil, on pourrait dire que par analogie, un jour après l'insertion de l'arrêté au bulletin des actes de la préfecture ou un jour après celui dans lequel cet arrêté aurait été affiché au chef-lieu du département, il serait devenu obligatoire pour tout le département. ; mais la règle tracée par l'article 1er du code civil n'est applicable qu'aux lois. C'est ce qui résulte formellement d'un avis du conseil d'Etat, approuvé par l'Empereur, le 25 prairial an XIII, inséré au bulletin des lois sous le n° 812. Aux termes de cet avis, les décrets insérés au bulletin sont obligatoires dans chaque département du jour de la distribution du bulletin au chef-lieu, et ceux non insérés au bulletin ou qui n'y sont indiqués que par leur titre sont obligatoires du jour où il en est donné connaissance aux personnes qu'ils concernent, par publication, affiche, notification ou envois faits ou ordonnés par les personnes chargées de l'exécution.

De là, il faut conclure que l'arrêté du Préfet devient obligatoire du jour de son affixion ou de celui de la distribution du bulletin des actes de la préfecture au chef-lieu du département.

Il est vrai qu'une ordonnance du 27 novembre 1816

remet sur la même ligne les ordonnances et les lois, mais si, par son article 2, elle renvoie à l'article du code civil pour la fixation de l'époque à laquelle la promulgation est réputée connue, ce n'est qu'après avoir formellement déclaré dans l'article 1er que la promulgation résultait de l'insertion au bulletin officiel. D'où il suit qu'autre chose est de fixer le jour de la promulgation, autre chose est de déterminer celui où cette promulgation est réputée connue, comme autre chose est de fixer le jour où un arrêté du Préfet est inséré au bulletin des actes de la préfecture et autre chose de déterminer le jour où cet arrêté est censé connu; et comme il ne s'agit que de fixer le jour de la publication pour faire courir le délai, il est évident que ce jour est, pour tout le département, celui où l'arrêté a été inséré au bulletin des actes de la préfecture.

On voit qu'il existe une différence entre le jour de la publication et celui de la promulgation. Sous l'ancien droit ces deux mots était synonymes, mais le décret de l'assemblée constituante leur assigna des significations différentes; il appelle *promulgation* l'acte par lequel l'existence de la loi est constatée, et *publication* le mode employé pour faire parvenir la loi à la connaissance de tous les citoyens.

Cette distinction qui n'a pas d'importance lorsqu'il s'agit de déterminer le jour de la publication d'un arrêté du Préfet peut, dans certains cas, en avoir beaucoup lorsqu'il s'agit de l'exécution.

Nous disons donc que les arrêtés du Préfet concernant l'ouverture et la fermeture de la chasse doivent être réputés publiés dans tout le département, le jour où ils ont été insérés au bulletin des actes de la préfecture ou affichés au chef-lieu.

VII. Ces arrêtés sont obligatoires pour tous ; ils sont applicables à tous les terrains, sauf ce qui pourra être ordonné pour les lacs, étangs et marais, exceptions qu'il faudra sans doute admettre, mais quant à la loi générale, elle n'en reconnaît qu'une, celle de l'article 2, qui concerne les possessions attenant à une habitation et entourées d'une clôture continue faisant obstacle à toute communication avec les héritages voisins.

VIII. Ces arrêtés s'appliquent à tous les modes de chasse, aussi bien à la chasse au fusil qu'à la chasse au furet et à toute autre.

IX. Dans plusieurs départements et notamment dans ceux du Nord, il y a des arrondissements où la récolte est quelquefois terminée lorsqu'à peine elle est commencée dans un autre. Aussi est-il d'un usage assez fréquent de déterminer des jours différents pour l'ouverture de la chasse dans le même département. Rien dans l'article 3 de la nouvelle loi ne parait conférer au Préfet le droit de faire cette distinction, mais on n'y trouve

pas non plus de disposition assez formelle pour l'empêcher d'user de cette faculté. Aucun changement n'étant
survenu sur ce point dans la législation, si ce n'est la
nécessité de publier les arrêtés dix jours à l'avance, on
peut déjà en conclure que les préfets ont conservé le
droit de faire, comme par le passé, entre les divers arrondissements, les distinctions que peuvent exiger une
juste impatience des chasseurs et les besoins de l'agriculture.

Les termes de l'article 3 peuvent paraître contrarier
cette interprétation première, mais si l'on recourt au
rapport fait par M. Lenoble à la chambre des députés,
on y lit que l'époque de l'ouverture doit varier sur les
divers points du royaume en raison du climat, de la
configuration du sol, du mode de culture adopté dans
chaque département et même dans chaque arrondissement d'un département, et l'on demeure convaincu que
notre opinion est bien d'accord avec l'intention du législateur. Et au moment de la discussion de la loi, M.
Barillon avait proposé un amendement ayant pour objet
de faire constater le droit de faire ouvrir la chasse à des
époques différentes dans divers arrondissements ; mais
sur l'observation du garde-des-sceaux qui a dit que
c'était de droit et qu'il était bien certain que dans un
grand département, il y avait des arrondissements plus
avancés que d'autres et qu'il arrivait qu'il y avait des

époques différentes pour divers arrondissements et même pour de certaines communes , M. Barillon a retiré son amendement, acceptant comme un commentaire suffisant de la loi les explications données par le garde-des-sceaux. Voyez au surplus ce que nous disons sur l'article 26.

X. M. Barillon voulait aussi faire introduire une disposition qui interdirait aux Préfets la faculté de déléguer aux maires l'autorité qui leur est conférée par l'article 3, mais il y a renoncé également sur la déclaration faite par le garde-des-sceaux, qu'il était bien clair qu'un Préfet ne pouvait déléguer et qu'il devait exercer lui-même le droit qu'il a d'ouvrir et de clore la chasse.

XI. Pour le département de la Seine, les arrêtés d'ouverture et de clôture sont pris par le Préfet de police pour toute la circonscription de sa préfecture. Le projet contenait une disposition formelle, mais la chambre l'a supprimée comme inutile , reconnaissant qu'il était certain qu'il en devait être ainsi.

ARTICLE IV. — DANS CHAQUE DÉPARTEMENT , IL EST INTERDIT DE METTRE EN VENTE, DE VENDRE, D'ACHETER , DE TRANSPORTER ET DE COLPORTER DU GIBIER PENDANT LE TEMPS OU LA CHASSE N'Y EST PAS PERMISE.

EN CAS D'INFRACTION A CETTE DISPOSITION, LE GIBIER

SERA SAISI, ET IMMÉDIATEMENT LIVRÉ A L'ÉTABLISSEMENT DE BIENFAISANCE LE PLUS VOISIN, EN VERTU SOIT D'UNE ORDONNANCE DU JUGE-DE-PAIX, SI LA SAISIE A EU LIEU AU CHEF-LIEU DE CANTON, SOIT D'UNE AUTORISATION DU MAIRE, SI LE JUGE-DE-PAIX EST ABSENT, OU SI LA SAISIE A ÉTÉ FAITE DANS UNE COMMUNE AUTRE QUE CELLE DU CHEF-LIEU. — CETTE ORDONNANCE OU CETTE AUTORISATION SERA DÉLIVRÉE SUR LA REQUÊTE DES AGENTS OU GARDES QUI AURONT OPÉRÉ LA SAISIE, ET SUR LA PRÉSENTATION DU PROCÈS-VERBAL RÉGULIÈREMENT DRESSÉ.

LA RECHERCHE DU GIBIER NE POURRA ÊTRE FAITE A DOMICILE QUE CHEZ LES AUBERGISTES, CHEZ LES MARCHANDS DE COMESTIBLES ET DANS LES LIEUX OUVERTS AU PUBLIC.

IL EST INTERDIT DE PRENDRE OU DE DÉTRUIRE, SUR LE TERRAIN D'AUTRUI, DES ŒUFS ET DES COUVÉES DE FAISANS, DE PERDRIX ET DE CAILLES.

I. Toutes les dispositions de cet article sont introductives d'un droit nouveau. Leur double but est de favoriser la reproduction du gibier et d'empêcher le braconnage.

Les auteurs du projet ont attaché une grande importance à ces interdictions et se sont promis de très heureux résultats de ces mesures nouvelles. Sans partager complètement des espérances communes peut-être aux législateurs et aux chasseurs, je reconnais qu'il y avait convenance et utilité à ne plus tolérer sur nos marchés publics la preuve flagrante de l'inobservation de la loi, mais la crainte des difficultés d'exécution m'avait fait désirer des interdictions moins absolues. J'émettrais sans doute une opinion isolée si je persistais à penser que la sévère application de l'article 4, n'amènera que des résultats propres à paralyser les améliorations espérées, à démontrer que la peur de ne pas faire assez a entraîné à faire peut-être beaucoup trop. Quoique l'expérience nous apprenne, constatons et expliquons dès à présent toutes les exigences de la loi.

<h2 style="text-align:center">§ 1er.</h2>

II. La défense de mettre en vente, de vendre, d'acheter, de transporter et de colporter du gibier, pendant le temps où la chasse n'est pas permise s'applique à toute espèce de gibier sans distinction, et aussi bien au gibier vivant qu'au gibier mort.

III. La défense s'applique à un lièvre encore revêtu de sa peau comme à un chevreuil mis en pièces.

IV. On m'a demandé si l'article serait applicable au cas de transport d'un pâté composé, en tout ou en partie, de la chair d'un lièvre, et je n'ai pas hésité à répondre affirmativement. Il ne faut pas perdre de vue que c'est comme mesure préventive que le transport du gibier a été défendu. On a espéré que le braconnier, ne pouvant ni vendre ni transporter le gibier, ne serait plus entraîné à aller le tuer. S'il pouvait le vendre après l'avoir mis en pièces et dénaturé , le but de l'article IV serait manqué, et l'on ne concevrait plus que la loi, si rigide pour prévenir le fait de chasse, autorisât la vente d'un pâté de lièvre quand elle défend de vendre le lièvre. Une partie de la pièce de gibier révèle le délit de chasse tout aussi bien que la totalité, et, par conséquent , doit de même constituer la contravention.

V. Dans un premier projet , on avait excepté le gibier d'eau ; mais le parti pris de ne plus permettre la chasse dans les marais devait faire supprimer cette exception.

VI. Cependant le gibier d'eau pourra être mis en vente , vendu , acheté, transporté et colporté pendant tout le temps où la chasse en sera permise par l'arrêté du Préfet.

VII. La chasse n'étant pas plus permise dans les garennes qu'ailleurs, la défense s'applique aux lapins aussi bien qu'à tout autre gibier.

VIII. L'article 2 de la loi permet au propriétaire ou possesseur de chasser ou faire chasser en tout temps , sans permis de chasse, dans les possessions attenant à une habitation et entourées d'une clôture continue faisant obstacle à toute communication avec les héritages voisins, mais le § 1er de l'article 4 ne contenant aucune exception, il en résulte que les pièces de gibier, tuées ou prises dans ces chasses permises, ne peuvent être ni mises en vente, ni vendues , ni achetées , ni transportées, ni colportées.

On tenterait en vain d'échapper à cette conséquence en venant dire que les défenses de l'article 4 n'ont pour but que d'empêcher la chasse en temps et en lieu prohibés, et ne peuvent avoir pour effet de priver le propriétaire du droit de disposer d'une pièce de gibier tuée dans un enclos attenant à une habitation , et que s'il est constant que le gibier provient d'une possession close où la chasse était permise il ne saurait y avoir délit, parce qu'on aurait disposé d'un gibier obtenu par un fait licite.

On répondrait d'abord qu'il serait fort difficile, sinon impossible, de bien constater l'identité du gibier; et sans entrer dans la discussion de la question elle-même, il suffirait de recourir aux motifs de la loi pour s'assurer que le doute n'est même pas permis.

Tout a été dit sur les conséquences de l'exception consacrée par l'article 2.

« N'est-ce pas une dérision contre le droit de propriété, disait M. Vatout, que de la traiter ainsi, c'est-à-dire, de rendre illusoire l'article 2 ? Un propriétaire habite Paris, il a sa famille à Paris, il y a sa maison, ses domestiques; il va le dimanche chasser dans son parc à quatre lieues de Paris; il chasse selon la faculté que lui

en donne l'article 2 , il tue quelques pièces de gibier ;
qu'en fera-t-il ? » — « Il mangera son gibier sur son
domaine : il le consommera sur place, lui a répondu M.
Glaiz-Bizoin. » M. Glaiz-Bizoin a raison, il ne peut que
le consommer sur place, car il commettrait un délit s'il
le transportait, même dans une maison voisine ; ainsi le
veut la loi.

Il faut cependant expliquer une sévérité qui paraît ,
au premier aperçu , si peu en harmonie avec le droit
consacré par l'article 2 de la loi. Ce n'est pas un privilége que, par exception au principe général de l'article
1er, on a voulu accorder. On a reculé devant la difficulté de constater les délits de chasse commis dans les
propriétés closes et attenant à l'habitation , et l'on a
cédé à la nécessité de respecter le domicile. C'est la
seule raison qui a fait admettre l'exception, et comme
l'a dit M. de Morny, le privilége ne doit s'exercer que
dans le cercle resserré dans lequel la nécessité l'a circonscrit.

Il ne peut être désormais douteux pour personne que
le droit accordé par l'article 2, ne comporte que la faculté de tuer et de consommer sur place.

IX. Les interdictions prononcées par l'article 4 s'appliquent au gibier venant de l'étranger. On a fait remarquer à la chambre des députés que l'adoption de
l'amendement, qui consistait à faire ajouter le mot

transporter aurait pour effet d'interdire pendant six mois toute espèce de commerce de gibier avec l'étranger, et la chambre sans être touchée de cette observation, restée sans réponse, n'en a pas moins voté l'amendement. Lorsque le projet est revenu à la même chambre, M. Delespaul a reproduit l'observation et il a été bien entendu que les tribunaux ne pourraient admettre aucune excuse, même celle qui s'appuierait sur la provenance légitime du gibier. Inutilement l'introducteur du gibier étranger représenterait-il la quittance constatant que le droit a été payé, l'excuse serait repoussée.

L'article 4 contient donc une règle générale, absolue et non susceptible d'exception.

X. Nous avons expliqué au commencement du premier volume de notre traité du droit de chasse, ce que l'on devait entendre par *gibier*; nous pouvons donc nous borner à y renvoyer.

XI. Par ces mots : *mettre en vente*, il faut entendre exposer en vente soit sur un marché public, soit dans une boutique, soit dans un magasin, soit dans une maison, soit dans un lieu quelconque. Le seul fait d'avoir placé le gibier dans un endroit, avec l'intention de l'offrir en vente aux amateurs, constitue le délit de mise en vente ; mais il faut que cette intention soit clairement révélée ; il ne suffirait pas de conserver chez soi du gibier pour commettre un délit, si d'ailleurs rien ne faisait connaître qu'il est là déposé pour être offert en vente sans déplacement. Le dépôt de plusieurs pièces de gibier dans une maison ou dans un magasin no naccessibles aux amateurs ne constituerait pas ce délit, quand il serait évident que l'intention du propriétaire serait de les vendre : jusque-là, il peut y avoir projet de les mettre en vente, mais il n'y a pas encore *mise en vente*.

XII. Par *vendre*, il faut entendre céder à prix d'argent. Il y aurait même vente dans le cas où le prix du gibier consisterait en tout autre chose que de l'argent. Il y aurait délit aussi dans le cas d'échange ; le contrat d'échange n'est en réalité qu'un double contrat de vente. Enfin, il y a vente toutes les fois qu'on dispose du gibier à tout autre titre qu'à titre gratuit. La loi défend de tirer du gibier un produit quelconque, peu en importe la nature et la quotité.

La vente, c'est la convention suivie de livraison ; mais quand elle ne serait pas encore parfaite, si la mise en vente avait eu lieu, on ne devrait pas moins encourir la peine prononcée à raison du temps.

XIII. La loi défend aussi d'*acheter* du gibier en temps prohibé. Le législateur a voulu que l'acte qualifié délit entre les mains du vendeur fut aussi qualifié délit dans celles de l'acheteur. Cette défense est absolue et générale ; elle embrasse également les achats faits dans l'intérieur du domicile et ceux qui ont eu lieu sur le marché ou dans un endroit public. Elle porte sur le gibier de toutes origines ; qu'il provienne de pays étranger ou du sol de la France , qu'il soit mort ou encore vivant, la loi ne fait ni distinction ni exception , et ses termes ne permettent pas d'en admettre aucune.

Avant que, par un amendement introduit lors de la discussion à la chambre des députés , on eût défendu d'acheter comme il l'était de vendre , on pouvait se demander si l'acheteur ne devait pas être considéré comme complice du vendeur ; mais maintenant que l'achat est défendu tout aussi bien que la vente , il est évident que l'acheteur ne peut plus , dans aucun cas , être considéré comme complice ; il est auteur d'un délit, il doit être poursuivi et puni comme tel.

XIV. La loi défend encore , et c'est peut-être ici sa disposition la plus sévère, de *transporter* du gibier. Transporter, c'est déplacer , c'est porter d'un endroit à un autre. C'est ce que les chambres ont voulu impitoyablement défendre, bien qu'on leur ait fait voir tout à la fois et les difficultés d'exécution et les conséquences inévitables qui s'en suivraient tous les jours. En vain leur a-t-on dit : Vous allez empêcher le transport du gibier non seulement par les voitures publiques, par les charrettes, par les voitures particulières, mais encore par la gibecière ou la poche du chasseur qui vient de chasser dans son parc en vertu de l'exception que consacre l'article 2. En vain leur a-t-on dit, que c'était prohiber l'entrée en France du gibier provenant de l'étranger, et nuire ainsi aux ressources du trésor; les chambres ont mesuré toute la portée de ces conséquences et elles ont voulu les admettre. La circulation du gibier est donc interdite d'une manière impérieuse et générale. C'est à ce point que si je chasse sur la limite d'un département où la chasse est ouverte et que je vienne à tirer une perdrix qui aille tomber sur une dépendance du département voisin où la chasse est encore fermée, je ne pourrai pas, sans commettre un délit, aller ramasser ma pièce de gibier, parce que cette action comporterait le fait d'avoir transporté du gibier dans un département où l'interdiction du transport n'est pas encore levée.

XV. On appelle *colporter* l'action de porter avec soi du gibier dans l'intention de l'offrir en vente. Il commet un délit celui qui porte du gibier soit dans un panier, soit dans les mains, soit de toute autre manière pour le faire voir et appeler les acheteurs. Puisque le fait de porter du gibier est déjà un délit à plus forte raison devait en être un celui de colporter. Le colportage comprend le transport, mais le transport ne comprend pas le colportage. Voilà pourquoi le législateur qui a voulu défendre tout à la fois le transport et le colportage a, pour bien marquer son intention, placé les mots *transporter*, *colporter*, l'un à la suite de l'autre.

XVI. L'article 4 ne défend pas de donner, de recevoir, de manger du gibier, faut-il en conclure que ces faits sont licites et à l'abri de toute poursuite? En eux-mêmes les faits ne sont pas défendus puisque la loi qui, surtout en matière pénale, ne peut pas être étendue d'un cas à un autre, n'en prononce pas l'interdiction formelle; mais il y aurait à rechercher si ces faits ou l'un de ces faits ne peuvent pas donner naissance à la complicité, c'est ce que nous examinerons lorsque nous traiterons de la complicité des délits prévus par la loi sur la police de la chasse.

XVII. Les interdictions prononcées par l'article 4 subsistent pendant tout le temps prohibé, c'est-à-dire depuis le jour de la fermeture de la chasse jusqu'à celui de l'ouverture. On sait que la chasse ne s'ouvre pas partout à la même époque, ainsi par exemple, elle est ordinairement ouverte dans le département du Nord avant de l'être dans celui du Pas-de-Calais; il en résulte que les interdictions subsisteront pour ce dernier département alors que dans le premier, le gibier pourra y être licitement colporté, vendu et transporté. Ce qui est vrai d'un département à un autre, ne l'est pas moins de deux arrondissements, de deux cantons, et même de deux communes, lorsque le préfet use du droit que lui laisse la loi de fixer différentes époques pour l'ouverture de la chasse dans son département.

§ 2.

XVIII. Les raisons qui ont fait défendre de désarmer le chasseur devaient s'opposer à ce que l'on permît de lui enlever son gibier, mais on ne les retrouve plus lorsqu'il s'agit de mise en vente, de vente, d'achat, de transport et de colportage de gibier. Dans ces cas, mais dans ces cas seulement, la saisie doit être opérée.

XIX. Les juges de paix et les maires n'ont pas le droit d'apprécier le procès-verbal et de refuser l'ordonnance de saisie. La loi est impérative : le gibier sera saisi. Et, pour qu'il le soit, il suffit de la requête des agents ou gardes, et de la présentation du procès-verbal dressé pour constater la contravention. La loi dit bien, sur la représentation du procès-verbal régulièrement dressé, Mais elle n'a pas entendu conférer aux juges-de-paix ni aux maires le droit d'examiner et de prononcer sur la validité d'un procès-verbal ; elle a voulu et dû vouloir que le procès-verbal constatant le délit fût dressé antérieurement et qu'il fût, non une simple note ou un rapport informe, mais un acte revêtu des formalités extrinsèques, sauf au juge compétent à apprécier plus tard, s'il y a lieu, les vices dont cet acte régulier en apparence peut être viscéralement entaché.

XX. Le contrevenant qui a le droit d'assister à la rédaction du procès-verbal peut aussi être présent à l'ordonnance du juge de paix ; il faut donc que le saisissant procède sans désemparer, c'est le vœu de la loi qui porte que le gibier doit être immédiatement livré à l'établissement de bienfaisance.

§ 3.

XXI. Après avoir adopté la prohibition d'acheter du gibier, la chambre des députés s'est laissée toucher par la crainte que la conséquence de cet amendement n'amenât des recherches à domicile et jusque sur la table des citoyens et elle s'est empressée d'intercaler le troisième paragraphe qui défend la recherche à domicile partout ailleurs que chez les aubergistes, les marchands de comestibles et dans les lieux publics.

XXII. Le législateur m'a paru préoccupé de cette idée que la détention seule d'une pièce de gibier constituait un délit; mais il me semble qu'il y a autre chose à faire que de dire à un aubergiste : vous êtes possesseur d'un lièvre, donc vous avez contrevenu à l'article 4, de la loi du 3 mai 1844, car vous avez acheté ce lièvre. C'est là une induction raisonnable, je le veux bien, mais rigoureusement n'est-il pas possible que le gibier ait été donné à l'aubergiste ? et alors, il peut bien être le complice de celui qui l'a transporté, mais non coupable de l'avoir acheté. Veut-on assimiler le don à la vente ? L'aubergiste ne peut-il pas dire qu'il a tué ce lièvre dans les dépendances de son habitation entourées d'une clôture continue faisant obstacle à toute communication avec les héritages voisins ? ne peut-il pas avoir trouvé ce lièvre chez lui sans savoir qui l'a déposé ? ne peut-il pas avoir élevé ce lièvre dans son jardin ? n'est-il pas possible que ce lièvre soit en sa possession depuis le temps où le transport du gibier était encore permis ? la détention seule peut bien faire présumer le délit, mais pour l'établir il faut le préciser, en fournir la preuve. Si l'on veut baser la prévention sur la mise en vente, la preuve n'en est pas moins exigible, car un aubergiste peut posséder dans son hôtel une pièce de gibier sans vouloir la vendre; si elle est destinée à être mangée par lui et par sa famille et même par des amis invités, il n'y a ni vente ni mise en vente. Je ne sais si je suis dans l'erreur, mais ces réflexions me paraissent justes. Je dois le dire, cependant, le législateur paraît avoir subi l'impression d'une opinion contraire à la mienne. M. Lenoble, rapporteur à la chambre des députés a dit sur l'article 4 : « A l'égard des personnes auxquelles sont applicables les prohibitions portées dans le paragraphe 1er de l'article 4 , il faut reconnaître que dans aucun cas il ne pourra y avoir acquittement. Pour elles, la possession du gibier constatée hors du domicile, constitue le délit d'une manière absolue et il n'y a pás lieu d'admettre une excuse, même celle qui s'appuierait sur la provenance de ce gibier. » M. Lenoble a raison quant au gibier saisi hors du domicile, mais l'existence d'une pièce de gibier dans un domicile ne peut pas constituer à elle seule un délit, elle sera sans doute une présomption aussi grave que possible, mais la preuve qu'il y a eu soit achat, soit mise en vente, soit transport, il faudra la fournir.

La loi ne dit pas si le gibier trouvé dans les recherches qu'elle autorise devra être saisi, mais il est évident que cette disposition complète celle du paragraphe précédent. Si le gibier qui se trouve chez l'aubergiste ou le marchand de comestibles provient d'achat ou est mis en vente, il doit être saisi, je suis loin de le contester; mais je le répète, c'est d'abord le délit qu'il faut préciser, établir et prouver pour justifier la saisie,

§ 4.

XIX. Le quatrième paragraphe de l'article 4 interdit de prendre ou de détruire, sur le terrain d'autrui, des œufs et des couvées de faisans, de perdrix et de cailles. Le projet de loi contenait la prohibition de mettre en vente, de vendre et de colporter, et lors de la discussion à la chambre des députés, on avait même voulu ajouter les mots *acheter et transporter*. Non-seulement l'amendement n'a pas été admis, mais encore le projet a vu biffer les interdictions de mettre en vente, de vendre et de colporter.

Pour rendre plus absolue l'interdiction subsistante, on avait demandé le retranchement de ces mots : *Sur le terrain d'autrui* ; mais cet amendement n'a pas été adopté. Il aurait eu , en effet, des conséquences fort graves : le cultivateur en fauchant sa récolte aurait été souvent surpris lui-même d'avoir commis un délit ; l'amateur de chasse n'aurait plus pu dans l'intérêt de la propagation du gibier, transporter une couvée dans un autre endroit, pas plus qu'il n'aurait pu , dans le même but, soustraire les couvées à une destruction certaine par l'appât d'une récompense. Il ne pouvait en être ainsi, et il a paru plus convenable de laisser les mots : *Sur le terrain d'autrui*, afin qu'il fût bien évident que la prohibition ne portait ni atteinte au droit de propriété, ni entrave aux moyens de reproduction. La disposition de l'article 4 laisse donc au propriétaire le droit de prendre ou de détruire sur son terrain les œufs et les couvées de faisans, de perdrix et de cailles.

XX. Le droit dont il vient d'être parlé est-il personnel ? La loi défend de prendre ou de détruire des œufs et des couvées *sur le terrain d'autrui* , sans ajouter , comme dans l'article premier : *Sans le consentement du propriétaire.* La défense est donc absolue et subsiste indépendamment du consentement du propriétaire. La faculté n'appartient qu'au propriétaire lui même. Toutefois on ne saurait la refuser à l'ayant droit du propriétaire ; et, certainement, elle appartient aussi à l'usufruitier, au possesseur et au fermier qui sont les représentants du propriétaire ; mais dans ces cas, elle n'est plus au propriétaire lui-même, remplacé dans le droit de jouissance du terrain et des accessoires de ce droit.

XXI. Faut-il cependant décider d'une manière absolue que cette faculté est exclusivement attachée à la personne ? je ne le crois pas. Sans doute le propriétaire, le possesseur, l'usufruitier et le fermier ne pourront autoriser qui que ce soit à venir sur leurs terrains pour y prendre ou détruire des couvées ou des œufs de perdrix, de faisans ou de cailles, ils ne pourront pas par leur consentement rendre ces actes irréprochables, mais les membres de leur famille, leurs domestiques et leurs ouvriers agissant d'après les ordres du maître, doivent lui être assimilés. Le droit de faire une chose emporte celui de la faire faire, et si le texte de la loi s'oppose à ce que le maître du droit le cède, il n'empêche pas de le faire exercer

---

ARTICLE V.—LES PERMIS DE CHASSE SERONT DÉLIVRÉS, SUR L'AVIS DU MAIRE ET DU SOUS-PRÉFET, PAR LE

PRÉFET DU DÉPARTEMENT DANS LEQUEL CELUI QUI EN FERA LA DEMANDE AURA SA RÉSIDENCE OU SON DOMICILE

LA DÉLIVRANCE DES PERMIS DE CHASSE DONNERA LIEU DU PAIEMENT D'UN DROIT DE QUINZE FRANCS (15 FR.) AU PROFIT DE L'ÉTAT, ET DE DIX FRANCS (10 FR.) AU PROFIT DE LA COMMUNE DONT LE MAIRE AURA DONNÉ L'AVIS ÉNONCÉ AU PARAGRAPHE PRÉCÉDENT.

LES PERMIS DE CHASSE SERONT PERSONNELS; ILS SERONT VALABLES POUR TOUT LE ROYAUME, ET POUR UN AN SEULEMENT.

§ 1er.

I. Le projet de loi présenté par le gouvernement chargeait de la délivrance du permis de chasse, le Préfet de la résidence de celui qui en ferait la demande; la chambre des pairs a substitué le domicile à la résidence. La commission de la chambre des députés a admis que le permis pourrait indistinctement être délivré par le Préfet du domicile et par celui de la résidence.

II. Pour le département de la Seine c'est le Préfet de police qui est chargé de délivrer les permis de chasse.

III. Le projet du gouvernement voulait que l'avis fût donné par le maire de la résidence, mais la chambre des pairs a voulu ensuite qu'il le fût par le maire du domicile. Le gouvernement, comme l'a dit M. le garde-des-sceaux, en présentant la loi à la chambre des députés, aurait désiré, en cas de domicile et de résidence séparés, que la rétribution profitât toujours à la rési-

dence et jamais au domicile. « C'est, disait-il, aux communes rurales surtout que cette augmentation de ressources est nécessaire. Elles en seront privées, en grande
partie, par l'amendement qui a substitué la commune
du domicile à celle de la résidence des personnes auxquelles les permis seront délivrés. » La commission de
la chambre des députés a été touchée de cette observation, et elle a admis que l'avis préalable du maire
pourra être donné indistinctement et dans le lieu du
domicile et dans le lieu de la résidence, au choix de
celui qui le demandera. Ainsi, les doutes que la rédaction du premier paragraphe aurait pu faire naître
sont impossibles d'après ces explications, et il demeure
certain que le choix laissé à celui qui demande un
permis de chasse doit s'entendre de l'avis du maire
comme du permis délivré par le Préfet.

IV. Le législateur exige aussi l'avis du Sous-Préfet ;
et, comme pour l'avis du maire, il confère un pouvoir
égal au Sous-Préfet du domicile et au Sous-Préfet de
la résidence.

V. La loi ne dit pas si les deux avis peuvent être
obtenus indistinctement à la résidence et au domicile,
c'est-à-dire, si celui qui demande un permis peut produire un avis du maire de sa résidence et un avis du
Sous-Préfet de son domicile ; mais il est évident qu'il
n'est pas possible de rompre l'ordre établi dans la hié-

rarchie des pouvoirs ; en laissant à celui qui veut obtenir un permis de chasse le choix de s'adresser soit au Préfet du département de son domicile, soit à celui de sa résidence ; la loi n'a pas pu permettre d'introduire la confusion dans cette espèce d'enquête administrative. Sans doute on peut s'adresser indistinctement au Préfet de son domicile et au Préfet de sa résidence, comme on peut demander l'avis du maire de la commune de son domicile ou celui du maire de sa résidence ; mais une fois que le choix a été fait, il l'est tant pour l'enquête préalable que pour la délivrance. Si l'on veut obtenir le permis de chasse du Préfet du département dans lequel on est domicilié, il faut demander l'avis du maire de ce domicile et celui du Sous-Préfet de l'arrondissement de la situation de cette commune. Si l'on veut produire l'avis du maire de sa résidence, il est nécessaire de prendre ensuite celui du Sous-Préfet de l'arrondissement de cette résidence, comme il est de rigueur de demander la délivrance du permis au Préfet de cette résidence. L'article 5 de la loi du 3 mai 1844 établit trois degrés qu'on ne peut rompre, et ne permet qu'un choix entre les trois magistrats du domicile et les trois magistrats de la résidence.

VI. Le Préfet ne peut point délivrer un permis de chasse sans avoir pris préalablement l'avis du maire et du Sous-Préfet ; mais ces avis ne peuvent lier en rien sa volonté qui demeure entièrement libre. Un avis n'est jamais obligatoire.

VII. Le premier paragraphe de l'article 5 avait été rédigé et combiné avec l'article 6, qui laissait au Préfet le droit absolu de refuser le permis de chasse, et l'on disait que dans le cas prévu, et qui est arrivé, de la modification de cet article, l'avis du maire et celui du Sous-Préfet devenaient inutiles. On a répondu que c'était un moyen de faire savoir au Préfet si celui qu demande un permis est ou non dans une des catégories de personnes auxquelles le permis de chasse peut être refusé. La nécessité des avis du maire et du Sous-Préfet a donc été maintenue et consacrée.

§ 2.

VIII. Le prix du permis de chasse reste fixé à 15 francs, mais on doit y ajouter 10 francs pour le profit de la commune où a été demandé l'avis mentionné au premier paragraphe. Nous substituons ici l'avis *demandé* à l'avis *donné*, expresssion de la loi, à cause de l'observation sur le refus d'avis qui serait fait par le maire. La commune n'en devrait pas moins conserver son droit.

IX. Ce prix n'est pas plus soumis à l'augmentation du dixième que ne l'était celui du permis de port d'armes.

§ 3.

X. Les permis de chasse sont personnels , valables pour tout le royaume et pour un an seulement. C'est le maintien de la législation précédente. Nous devons donc nous borner à renvoyer à ce que nous avons dit dans notre ouvrage sur ce sujet. Seulement nous ajouterons que les termes de l'article 5 de la loi du 3 mai 1844 doivent lever tous les doutes qui pouvaient encore rester sur la nécessité de faire viser le permis de chasse lorsqu'on voudra se livrer à l'exercice de la chasse dans un département autre que celui dans lequel il a été délivré. M. le garde-des-sceaux, en présentant le projet , s'en est expliqué catégoriquement. « Quant au visa , a-t-il dit , il nous a paru que cette formalité serait souvent une gêne, une entrave fâcheuse pour celui qui aurait obtenu un permis de chasse et que son utilité ne serait pas en rapport avec les inconvénients qu'elle entraînerait. »

ARTICLE VI. — Le préfet pourra refuser le permis de chasse ,

1° A tout individu majeur qui ne sera pas personnellement inscrit , ou dont le père ou la mère ne serait pas inscrit au rôle des contributions ;

2° A tout individu qui, par une condamnation judiciaire, a été privé de l'un ou de plusieurs des droits

ÉNUMÉRÉS DANS L'ART. 42 DU CODE PÉNAL, AUTRES QUE LE DROIT DE PORT D'ARMES;

3° A TOUT CONDAMNÉ A UN EMPRISONNEMENT DE PLUS DE SIX MOIS POUR REBELLION OU VIOLENCE ENVERS LES AGENTS DE L'AUTORITÉ PUBLIQUE;

4° A TOUT CONDAMNÉ POUR DÉLIT D'ASSOCIATION ILLICITE, DE FABRICATION, DÉBIT, DISTRIBUTION DE POUDRE, ARMES OU AUTRES MUNITIONS DE GUERRE; DE MENACES ÉCRITES OU DE MENACES VERBALES, AVEC ORDRE OU SOUS CONDITION; D'ENTRAVES A LA CIRCULATION DES GRAINS; DE DÉVASTATION D'ARBRES OU DE RÉCOLTES SUR PIED; DE PLANTS VENUS NATURELLEMENT OU FAITS DE MAIN D'HOMMES;

5° A CEUX QUI AURONT ÉTÉ CONDAMNÉS POUR VAGABONDAGE, MENDICITÉ, VOL, ESCROQUERIE OU ABUS DE CONFIANCE.

LA FACULTÉ DE REFUSER LE PERMIS DE CHASSE AUX CONDAMNÉS DONT IL EST QUESTION DANS LES PARAGRAPHES 3, 4 ET 5 CESSERA CINQ ANS APRÈS L'EXPIRATION DE LA PEINE.

§ 1er.

I. Le projet du gouvernement conférait au Préfet la faculté de refuser le permis de chasse toutes les fois qu'il le jugerait convenable. C'était mettre à la discrétion du préfet un droit que chacun tient de sa qualité de propriétaire, c'était confisquer au profit de l'arbitraire administratif ce qui doit rester un attribut de la propriété; c'était, il faut en convenir, saisir un moyen fort malheureux de créer une autre féodalité.

Aussi, la chambre des députés ne s'y est elle pas méprise, et le droit du préfet de refuser un permis de chasse a été restreint à certains cas et renfermé dans certaines catégories.

II. Le projet contenait aussi la réserve de l'appel au ministre de l'intérieur pour les refus prononcés par les Préfets. Le paragraphe a été retranché comme contenant une disposition qui était de droit commun, et M. le garde-des-sceaux a dit qu'il était même dangereux de l'insérer dans la loi, parce que, dans toutes les lois où elle ne se trouverait pas, on pourrait croire que ce recours n'existe pas. Cette faculté est de droit, elle n'a pas besoin d'être écrite dans l'article. Ainsi, celui à qui un Préfet refuse un permis de chasse peut se pourvoir devant le ministre de l'intérieur, mais c'est là son seul recours.

III. Quand celui qui demande un permis de chasse se trouver dans une des catégories écrites dans l'article 6. Le Préfet pourra se refuser à le délivrer ou l'accorder selon qu'il le jugera convenable, mais il ne pourra jamais le refuser à tous ceux qui ne sont pas compris dans les nomenclatures dressées par le législateur.

§ 2.

IV. On a demandé si la première catégorie pouvait atteindre les militaires en garnison, les marins dans les ports , les étudiants , les gardes-chasse , et enfin tous ceux qui ayant encore leurs père et mère , ne sont pas inscrits personnellement au rôle des contributions ?

Il résulte de la discussion approfondie qui a eu lieu à la chambre des députés et du texte formel du paragraphe que lorsque ces militaires, marins , étudiants et tous autres , ne seront pas inscrits sur les rôles des contributions , et que leurs père et mère ne l'y seront pas non plus , le permis de chasse pourra leur être refusé.

V. Il en sera de même lorsque leurs père et mère étant décédés , ils ne seront pas personnellement inscrits aux rôles des contributions.

VI. Sans doute il pourra arriver qu'un colonel commandant un régiment se verra refuser un permis de chasse , mais la sévérité de la loi va jusque-là ; un amendement qui tendait à introduire une exception en faveur des officiers de terre et de mer a été rejeté.

VII. C'est une inscription aux rôles qu'exige la loi. Que la contribution soit personnelle , mobilière ou foncière , peu importe.

VIII. Les prestations en nature pour l'entretien des chemins vicinaux doivent elles être admises pour l'obtention du permis de chasse ? M. Delespaul a fait cette question à la chambre des députés , et M. Crémieux a répondu : « C'est d'après la loi, un impôt qui compte même pour entrer dans cette chambre. » Il est d'autant plus important que l'affirmative ait été entendue sans réclamation que dans la pratique il pourrait arriver que les prestations en nature ne fussent pas uniformément et toujours portées aux rôles des contributions.

IX. Une loi de finances donne la faculté de racheter une partie des contributions personnelles et mobilières en les imputant sur le produit de l'octroi, de sorte qu'il y a des villes où les conseils municipaux ont porté sur l'octroi tous les petits loyers au-dessous d'un certain taux et l'on s'est demandé si cette mesure n'avait pas pour effet de ranger un grand nombre de personnes sous l'application de l'article 6 ? Voici la réponse : Dans le cas où par voie d'octroi on rachète une partie des contributions, les personnes qui étaient portées aux rôles de contributions précédemment continuent à y figurer pour mémoire. A l'aide de cette circonstance elles échappent à l'application de l'article.

X. Il est évident que le texte de la loi s'oppose à ce que l'on puisse soutenir que les *ascendants* sont compris dans les expressions *père* ou *mère*. On avait voulu y introduire ce mot, mais la proposition vivement combattue a été repoussée par la question préalable. Sans doute la chambre des députés n'a pas eu à voter sur l'amendement puisqu'elle a cru être enchaînée par le vote qu'elle venait d'émettre, mais il n'en est pas moins resté constant pour tous que les ascendants n'é-taient pas compris dans les termes employés.

§ 3.

XI. La deuxième catégorie excepte le droit de port d'armes, parce qu'il est évident que celui qui en est privé par jugement est par cela seul de plein droit, in-capable de recevoir un permis de chasse. Les autres droits mentionnés en l'article 42 du code pénal sont ceux-ci :

1° De vote et d'élection ;

2° D'éligibilité ;

3° D'être appelé ou nommé aux fonctions de juré ou autres fonctions publiques, ou aux emplois de l'ad-ministration, ou d'exercer ces fonctions ou emplois ;

4° De vote et de suffrage dans les délibérations de famille ;

5° D'être tuteur, curateur, si ce n'est de ses enfants et sur l'avis seulement de sa famille ;

6° D'être expert ou employé comme témoin dans les actes ;

7° De témoignage en justice, autrement que pour y faire de simples déclarations.

§ 4 et 5.

XII. Les paragraphes 4 et 5 contiennent chacun une

énumération de condamnés auxquels le permis de chasse peut être refusé. La loi dans le 4° exige six mois et un jour d'emprisonnement au moins, dans le 5° elle ne demande que le fait de la condamnation. La peine ne serait donc que d'un franc d'amende, le paragraphe serait applicable dès que la condamnation a été prononcée pour l'un des faits qui s'y trouvent énumérés.

XIII. Ces dispositions et les précédentes s'entendent d'ailleurs, dans tous les cas, d'une condamnation définitive.

§ 6.

XIV. Le paragraphe 6 permet encore de refuser le permis de chasse à ceux qui ont été condamnés pour vagabondage, mendicité, vol, escroquerie ou abus de confiance, n'importe à quelle peine pourvu qu'elle soit irrévocablement prononcée.

§ 7.

XV. S'il s'agit d'une peine d'emprisonnement, il est évident que les cinq ans commencent à courir du jour de la sortie de prison; mais il peut arriver que la peine ait consisté en une amende seulement; par application de l'article 463 du code pénal, on peut se trouver puni pour un délit de vagabondage, de mendicité, de vol, d'escroquerie ou d'abus de confiance sans avoir à subir une peine d'emprisonnement; on peut demander, en ce cas, de quel jour doivent courir les cinq ans ? Le législateur préoccupé de l'idée que la répression de ces délits devait consister en un emprisonnement n'a fait aucune distinction pour le refus du permis ni pour le délai pendant lequel il serait possible. Si, faute de cette distinction, on ne peut contester que le paragraphe ne soit applicable au cas de condamnation à une simple amende comme à celui d'une condamnation à l'emprisonnement, il devient nécessaire de suppléer au silence de la loi en ce qui concerne le délai. La faculté de refuser le permis de chasse, ne subsistant que pendant cinq ans dans un cas, elle ne peut pas durer davantage dans l'autre. Mais, comme ici le point de départ manque et qu'il faut, de toute nécessité en déterminer un, les principes généraux veulent que l'on adopte le terme avantageux au condamné. Ici le délai devra courir du jour auquel la condamnation est devenue définitive. A quel autre moment le faire commencer ? si on proposait le jour du paiement de l'amende, on répondrait avec raison que ce n'est pas celui de l'expiration de la peine dont a voulu parler le législateur et que d'ailleurs il peut arriver que le condamné n'ait pas payé. Le défaut de paiement ne donnant pas lieu à l'application de l'article 6, l'argument serait sans réplique.

ARTICLE VII.—LE PERMIS DE CHASSE NE SERA PAS DÉLIVRÉ ,

1° AUX MINEURS QUI N'AURONT PAS SEIZE ANS AC-COMPLIS ,

2° AUX MINEURS DE SEIZE A VINGT-UN ANS , A MOINS QUE LE PERMIS NE SOIT DEMANDÉ POUR EUX PAR LEUR PÈRE , MÈRE , TUTEUR OU CURATEUR , PORTÉ AU RÔLE DES CONTRIBUTIONS ;

3° AUX INTERDITS ;

4° AUX GARDE-CHAMPÊTRES OU FORESTIERS DES COM-MUNES ET ÉTABLISSEMENTS PUBLICS , AINSI QU'AUX GARDES FORESTIERS DE L'ÉTAT ET AUX GARDES-PÊCHE.

§ 1er.

I. L'article précédent permet de refuser ou d'accorder, dans les cas qu'il prévoit, le permis de chasse, et l'article 7, dans ceux qu'il indique, défend impérieusement de l'accorder. D'un côté il y a faculté, de l'autre obligation absolue pour le Préfet.

§ 2 ET 3.

II. Si le père est décédé ou s'il n'est pas connu, le droit passe à la mère, qu'elle soit tutrice ou non ; pourvu qu'elle soit portée au rôle des contributions, elle peut demander pour son fils mineur de seize à vingt-un ans un permis de chasse.

III. La loi ne fait aucune distinction entre les mineurs émancipés et ceux qui ne le sont pas. Le projet ne contenait pas d'abord le mot *curateur*, et c'est la pensée que la disposition s'appliquait aux mineurs émancipés, qui a fait ajouter ce mot.

§ 4.

IV. Par le mot *interdits* il ne faut pas entendre ceux qui ont un conseil judiciaire. Il y a une énorme différence entre ces derniers et les interdits, les raisons qui ont fait refuser les permis de chasse aux uns, n'existant pas à l'égard des autres.

§ 5.

V. Les gardes champêtres ou forestiers des particuliers, sont-ils compris dans la quatrième interdiction de l'article 7 ? Je pense que non. Ce qui me donne cette conviction, c'est, d'après les termes mêmes de la disposition de la loi, le soin qu'on a pris d'énoncer qu'on n'entendait interdire la chasse qu'aux gardes des communes, des établissements publics et de l'État. Je lis bien dans un discours de M. Gillon, que la chambre des députés a pris le mot *garde-champêtre* dans son acception la plus large, c'est-à-dire qu'on a voulu atteindre tous les gardes préposés à la surveillance de la police rurale et à la conservation des biens de la campagne ; ainsi par exemple les gardes-messiers qu'on institue par accident, les gardes de vigne qui ne remplissent que de courtes fonctions. Mais cette observation restée sans réponse, ne saurait être invoquée pour appuyer la prétention que l'article 7 doit s'appliquer aux gardes des particuliers. La mesure exceptionnelle de l'article 7 est restreinte par le texte formel aux gardes des communes, des établissements publics et de l'État; il est impossible de l'étendre aux gardes particuliers.

VI. Du reste, l'interdiction n'atteint que les simples gardes et laisse sous le droit commun les gardes-brigadiers, les gardes à cheval, et enfin tous ceux qui ont un grade quelconque au-dessus de celui de simple garde.

VII. Il est bien entendu aussi qu'il ne s'agit dans le paragraphe que des gardes pêche de l'État. M. Gillon l'a déclaré formellement. Cela me confirme encore dans cette opinion que l'interdiction ne doit pas non plus s'étendre aux autres gardes.

VIII. On avait demandé de comprendre dans la disposition de l'article les préposés, sous-brigadiers et brigadiers des douanes, mais l'amendement, après avoir été victorieusement combattu, n'a pas été appuyé.

ARTICLE VIII. — LE PERMIS DE CHASSE NE SERA PAS ACCORDÉ,

1° A CEUX QUI, PAR SUITE DE CONDAMNATIONS, SONT PRIVÉS DU DROIT DE PORT D'ARMES ;

2° A CEUX QUI N'AURONT PAS EXÉCUTÉ LES CONDAMNA-
TIONS PRONONCÉES CONTRE EUX POUR L'UN DES DÉLITS
PRÉVUS PAR LA PRÉSENTE LOI ;

3° A TOUT CONDAMNÉ PLACÉ SOUS LA SURVEILLANCE
DE LA HAUTE POLICE.

§ 1er.

I. Il est difficile de bien comprendre la différence
qu'il y a entre la défense de délivrer, contenue en l'article 7, et celle d'accorder, portée en l'article 8.
« C'est, a dit M. Muteau à la chambre des députés,
pour que la même prohibition ne frappât pas dans les
mêmes termes des catégories différentes. » — « C'est,
a dit M. Crémieux, pour employer un mot plus poli,
moins grave, selon les catégories d'individus, voilà
tout. »

II. Qu'adviendrait-il si, par inadvertance ou dans
l'ignorance de la position de l'impétrant, un permis de
chasse avait été délivré à l'une des personnes énoncées
en l'article 8 ? Est-ce que cette erreur pourrait la relever de l'indignité prononcée par la loi ? Non, répond-
on, parce que ce serait donner à l'erreur un droit de
grâce qui n'appartient qu'au Roi. Je ne suis pas touché
par cette considération, et je crois que les principes
veulent que le permis de chasse, une fois délivré, pro-
duise son effet. L'article 8 disait de ne pas l'accorder ;
mais, une fois accordé, il donne, aux termes de l'art.

9 le droit de chasser. On ne peut ni rendre l'argent ni reprendre le permis.

§ 2.

III. Ceux qui, par suite de condamnations , sont privés du droit de port d'armes sont :

1° Les individus qui ont été condamnés soit aux travaux forcés à temps, soit à la détention , la réclusion, le bannissement ou la dégradation civique; toutes ces peines emportent la dégradation civique, aux termes de l'article 28 du code pénal et, aux termes de l'article 34 du même code, la dégradation civique entraîne la privation du droit de port d'armes. Tous ceux qui ont subi l'une de ces peines se trouvent donc compris dans cette première catégorie ;

2° Ceux auxquels il a été fait application de l'article 42 du code pénal , aux termes duquel les tribunaux jugeant correctionnellement peuvent, dans certains cas, interdire l'exercice du droit de port d'armes.

§ 3.

IV. Ce paragraphe défend de délivrer un permis de chasse à ceux qui n'ont pas exécuté les condamnations par eux encourues pour l'un des délits prévus par la loi ; mais pour motiver un refus sur cette condamnation non exécutée , il faut qu'elle soit devenue définitive.

V. L'impossibilité d'obtenir un permis de chasse

dure autant que la cause qui le fait refuser, et il n'y a plus ici un délai de cinq ans comme dans l'article 6. Cet article n'est pas applicable à celui qui ne paie pas l'amende et les frais.

§ 4,

VI. Peu importe pour quel temps le condamné se trouve placé sous la surveillance de la haute police, il suffit qu'il s'y trouve au jour où il demande un permis de chasse ; mais on ne pourrait pas le lui refuser s'il ne s'y trouvait plus placé, quel que soit le temps pendant lequel il y serait demeuré.

———

ARTICLE IX. — Dans le temps ou la chasse est ouverte, le permis donne a celui qui l'a obtenu le droit de chasser de jour, a tir et a courre, sur ses propres terres, et sur les terres d'autrui avec le consentement de celui a qui le droit de chasse appartient.

Tous autres moyens de chasse, a l'exception des furets et des bourses destinés a prendre le lapin, sont formellement prohibés.

Néanmoins les préfets des départements, sur l'avis des conseils généraux, prendront des arrêtés pour déterminer,

1° L'époque de la chasse des oiseaux de passage, autres que la caille, et les modes et procédés de chasse ;

2° Le temps pendant lequel il sera permis de chasser le gibier d'eau, dans les marais, sur les étangs, fleuves et rivières ;

3° Les espèces d'animaux malfaisants ou nuisibles que le propriétaire, possesseur ou fermier, pourra en tout temps détruire sur ses terres, et les conditions de l'exercice de ce droit, sans préjudice du droit appartenant au propriétaire ou au fermier de repousser ou de détruire, même avec des armes a feu, les bêtes fauves qui porteraient dommage a ses propriétés.

Ils pourront prendre également des arrêtés,

1° Pour prévenir la destruction des oiseaux ;

2° Pour autoriser l'emploi des chiens lévriers pour la destruction des animaux malfaisants ou nuisibles ;

3° Pour interdire la chasse pendant les temps de neige.

§ 1ᵉʳ.

I. Le projet de loi portait que des ordonnances royales détermineraient dans quels cas et sous quelles conditions la chasse serait permise pendant la nuit. La chambre des pairs n'a pas adopté cette disposition. Sur une observation de M. le marquis de Boissy, M. le rapporteur a déclaré en termes formels que la commission avait entendu prohiber d'une manière absolue la chasse pendant la nuit. M. de Boissy ayant ensuite dit qu'on pourrait retrancher de l'article les mots *de jour*, M. le président a répondu : « Si on retranche ces mots, il n'y aura pas d'indication que là chasse est interdite de nuit. » On n'a plus insisté et le paragraphe a été voté. Le gouvernement s'est approprié cet amendement, car, en présentant le projet à la chambre des députés, M. le garde-des-sceaux a dit : « La chasse pendant la nuit y est aussi interdite d'une manière implicite. La législation actuelle ne la défend pas , et cependant il n'en est pas de plus dangereuse. C'est elle surtout qui devient la cause d'un grand nombre de meurtres ou de crimes contre les personnes. Le projet comble la lacune qui existe à cet égard dans nos lois. » M. le rapporteur de la commission de la chambre des députés constate aussi la prohibition de la chasse de nuit, en déclarant dans son rapport que la loi a voulu que la chasse ne pût avoir lieu que pendant le jour , autant par motif de sûreté publique que dans l'intérêt d'une surveillance utile. Il est donc bien évient que le droit de chasser *de jour* conféré par l'article 9 est exclusif de la faculté de chasser pendant la nuit.

II. Que faut-il entendre par ces mots *de jour* , et par ceux-ci : *pendant la nuit ?*

« Vouloir définir ce qui est la nuit, a paru impossible à la commission, a dit M. le rapporteur de la commission à la chambre des pairs. Elle a cru qu'il fallait en posant le principe de l'interdiction de la chasse pendant la nuit, laisser les appréciations de faits aux tribunaux. C'est ce qui se pratique dans toutes les matières de faits et notamment dans tous les cas où la circonstance de nuit est considérée comme aggravante. Dans le code pénal, la loi n'a pas défini ce que c'était que la nuit, elle a abandonné ce point à l'appréciation des juges du fait.» M. le rapporteur de la commission de la chambre des députés faisait aussi remarquer que la loi ne définissait pas le temps *de jour*, mais qu'il était certain qu'elle s'était servie de ces mots dans leur signification la plus usuelle, la plus large, en laissant aux tribunaux le droit de déclarer, suivant les cas et circonstances, si le fait avait eu lieu la nuit ou le jour.

III. L'interdiction de chasser pendant la nuit s'étend à toutes les espèces de chasse sans distinction, à la chasse à l'affût comme à toute autre. M. de Boissy s'est plaint, dans la discussion à la chambre des pairs, de voir, par ces mots : *de jour*, ériger en délit la chasse à l'affût. Il lui fut répondu par le rapporteur que la commission avait entendu prohiber d'une manière absolue la chasse pendant la nuit; qu'il avait été compris que très souvent la chasse à l'affût avait lieu dans un temps très rapproché de la nuit, soit le matin, soit le soir, mais qui n'est pas la nuit, et que la commission s'était bornée à poser le principe de l'interdiction de la chasse pendant la nuit, en laissant aux tribunaux l'appréciation des circonstances. La chasse à l'affût est donc défendue, comme toutes les autres, pendant la nuit, mais elle n'est pas prohibée plus qu'aucune autre. Elle est défendue pendant la nuit , mais elle est permise dans les temps rapprochés de la nuit qui ne sont pas la nuit.

IV. La chasse à tir et à courre sont des expressions qui comprennent toute espèce de chasse au fusil ou à la course ; la chasse à l'affût, aux chiens d'arrêt, aux chiens courants et toutes les espèces de battues.

V. M. Delespaul avait voulu faire ajouter à ces mots : *à tir et à courre,* ceux-ci : *et à l'oiseau,* mais l'amendement n'a pas été appuyé.

VI. La loi en permettant à celui qui a obtenu un permis de chasse, d'en user sur sa propriété et sur les terres d'autrui avec le consentement du propriétaire, ne fait que maintenir la législation précédente.

Pour toutes les questions que peut faire naître cette disposition, voyez ce que nous avons dit dans les deux premiers volumes de notre Traité du droit de chasse.

§ 2.

VII. La loi ne permet que la chasse à tir , la chasse à courre, et la chasse au furet et aux bourses destinés à prendre le lapin; ce qui comprend : la chasse avec des chiens d'arrêt, avec des chiens courants, à l'affût et toutes les espèces de battue.

VIII. Je m'étais demandé , avant la discussion de la

loi, si la chasse au lévrier resterait permise et l'affirmative ne m'avait pas paru douteuse. D'abord elle n'était
point formellement défendue par le projet et on laissait
aux Préfets la faculté de prendre des arrêtés pour interdire l'emploi des lévriers. Il était raisonnable de
conclure de ces circonstances que la chasse aux lévriers
serait permise en règle générale et interdite seulement
par exception, en vertu des arrêtés des Préfets.

Un amendement adopté à la chambre des députés a
changé cet état de choses, par la substitution du mot
autoriser au mot *interdire*. L'interdiction de la chasse
est devenue la règle générale et le pouvoir donné au
Préfet de prendre un arrêté pour autoriser l'emploi des
chiens lévriers, pour la destruction des animaux nuisibles n'est plus que l'exception.

IX. L'emploi des furets et des bourses ne reste permis que pour prendre les lapins. Afin d'étendre cette
disposition à la chasse aux renards et blaireaux, on
avait demandé à la chambre des pairs la suppression
de ces derniers mots : *destinés à prendre le lapin* ; mais
ce retranchement a été refusé, et on a répondu que
le blaireau étant un animal malfaisant se trouvait compris dans les dispositions du paragraphe troisième. Il
est donc demeuré convenu que l'emploi des furets et
des bourses n'est permis que pour prendre le lapin.
M. le rapporteur de la commission de la chambre des

députés a mis le fait dans tout son jour, en disant dans son rapport : «Le projet de loi, en n'admettant d'autre mode de chasse que celui à tir ou à courre, *à l'exception de ce qui concerne la chasse du lapin*, pouvait, etc.

X. La chasse au feu se trouve prohibée par la défense de chasser la nuit.

XI. La chasse aux filets, engins ou autres instruments se trouve l'être par l'exclusion marquée dont elle est l'objet. Le projet de loi ne défendait pas la chasse aux filets ; il portait que des ordonnances royales détermineraient, pour les prohiber, les procédés et modes de chasse, les filets et engins de nature à nuire à la conservation des récoltes et du gibier. «Il était difficile, disait M. le garde-des-sceaux, d'énumérer dans la loi les différents modes et instruments de chasse qu'il convient de prohiber. Quelque longue que fût une nomenclature de ce genre, il s'y glisserait nécessairement quelques omissions essentielles...» Mais la chambre des pairs, en ne permettant que la chasse à tir et à courre, a prohibé d'une manière absolue l'emploi des panneaux, lacets et filets.

M. le garde-des-sceaux, en présentant la loi à la chambre des députés, a constaté lui-même d'une manière irréfragable la volonté de la chambre des pairs et le consentement donné par le gouvernement à la nouvelle disposition de l'article 9. Il a dit : «L'emploi des

panneaux et des filets avec lesquels on détruit des volées entières de perdreaux, l'usage meurtrier des lacets,
des collets et, en un mot, de tous ces instruments de
destruction aujourd'hui permis , dont les vrais chasseurs ne se servent pas, et qui ne profitent qu'aux braconniers, se trouvent compris dans la prohibition
générale prononcée par cet article. » D'ailleurs les termes de la loi sont assez clairs et assez formels pour
qu'il n'y ait pas de doute. *Tous autres moyens de chasse,*
*à l'exception desfurets et des bourses destinés à pren-
dre le lapin, sont formellement prohibés.*

§ 3, 1°, 2°, 3°.

XII. Les Préfets sont tenus de prendre l'avis des
conseils généraux ; mais ils ne sont pas tenus de s'y
conformer. Ainsi que nous avons déjà eu l'occasion de
le faire remarquer, un avis n'oblige pas.

XIII. Du reste les Préfets des départements et le
Préfet de police pour Paris, sont forcés de prendre les
arrêtés dont s'agit. Ce n'est pas une faculté que la loi
leur donne, mais un devoir qu'elle leur impose.

XIV. La loi ne détermine pas un délai pour l'exécution de ces arrêtés , de sorte qu'il ne nous paraît pas
possible d'en exiger un. Vainement on voudrait s'appuyer sur les dispositions de l'article 3 , pour en argumenter ici; l'analogie pourrait exister dans certains cas,

mais elle manquerait dans beaucoup d'autres et toute distinction est impossible. Il ne faut pas se montrer plus exigeant que la loi , et le silence qu'elle a gardé , quelque regrettable qu'il puisse être, nous place dans la nécessité de rester sous l'application des principes généraux relatifs à la promulgation des arrêtés des Préfets. Voyez au surplus ce que nous avons dit à cet égard sur l'article 3.

XV. M. Martin (du Nord) , garde-des-sceaux, en présentant le projet de loi à la chambre des pairs, disait : « Il était impossible de soumettre la chasse des oiseaux de passage aux règles et aux prohibitions générales de la loi. Quelques-uns de nos départemens sont favorisés à certaines époques de l'année, d'un passage considérable d'oiseaux étrangers au pays. Ces oiseaux ne traversent nos contrées que pendant un mois ou quelques semaines Durant leur courte apparition, les habitants les prennent au moyen de filets , d'autres procédés connus dans les localités. Il serait impolitique et injuste de ne pas avoir égard à des habitudes, à des usages qui existent depuis long-temps. »

Plus tard, en présentant la loi à la chambre des députés, il disait :

« L'exception admise à l'égard de la chasse des oiseaux de passage, était indispensable. Ces oiseaux sont un objet de commerce important, une ressource précieuse dans plusieurs de nos départements, et ne peuvent être pris qu'à l'aide de procédés particuliers qui doivent être permis aux habitants des contrées dans lesquelles ils sont en usage. »

M. le rapporteur de la commission de la chambre des députés disait dans son rapport : « Le projet de loi, en n'admettant d'autre mode de chasse que celui à tir ou à courre, à l'exception de ce qui concerne la chasse du lapin , pouvait rendre impossible la chasse des oiseaux de passage , qui ne se fait utilement que par des procédés particuliers ; d'un autre côté, l'époque du passage de ces oiseaux pouvait coincider avec le temps pendant lequel toute chasse est défendue : il fallait donner au Préfet le droit de restreindre ou de lever les prohibitions. »

Le Préfet a donc été chargé par le législateur de déterminer par un arrêté l'époque de la chasse des oiseaux de passage , ainsi que les modes et procédés de cette chasse.

XVI. Selon la règle générale , la chasse des oiseaux de passage ne peut avoir lieu que pendant tout le temps où la chasse n'est pas fermée. Il pouvait arriver que l'époque à laquelle on chasse ordinairement les oiseaux de passage fût comprise dans le temps où la chasse n'aurait pas été permise, et elle fût devenue impossible. C'est ce résultat que le législateur a voulu prévenir en enjoignant au Préfet de prendre un arrêté pour fixer cette époque.

XVII. Si l'arrêté n'était exigé que pour la fixation de l'époque de la chasse dont il vient d'être parlé, il serait sans objet lorsque le gibier de passage arrive pendant un temps d'ouverture, mais il a encore pour but de déterminer les modes et procédés de cette chasse. Durant le temps de chasse ordinaire, on aurait eu le droit de chasser les oiseaux de passage à tir ou à courre, et non autrement, car les filets, panneaux, lacets, engins et autres instruments sont généralement et absolument défendus par la loi. L'arrêté du Préfet ne pourra pas priver du droit acquis de chasser les oiseaux de passage à tir ou à courre pendant le temps où la chasse est ouverte, mais il pourra y ajouter celui de les chasser de la même manière pendant une partie du temps où elle est fermée.

Il devra en outre déterminer les modes et procédés à l'aide desquels, par exception à la règle générale, la chasse des oiseaux de passage sera permise.

XVIII. Après une longue discussion, la chambre des députés a décidé que la caille ne sera pas considérée comme un oiseau de passage.

XIV. Lorsque la chasse est fermée, la loi ne permet pas plus de chasser dans les marais, sur les étangs, fleuves et rivières que partout ailleurs, mais le Préfet doit, par un arrêté, déterminer le temps pendant lequel, par exception , il sera permis d'y chasser le gibier. Le projet adopté par la chambre des pairs était conçu dans des termes généraux et se bornait à énoncer la nécessité de déterminer le temps pendant lequel la chasse serait permise dans les marais et sur les étangs. La commission de la chambre des députés a modifié la rédaction de manière à ce qu'il fût bien entendu que le fait de chasse ne pourrait être exercé que *sur le gibier d'eau* , dont la présence accidentelle motive l'exception.

XX. L'exception à la règle générale qui sera apportée par l'arrêté du Préfet est restreinte à la chasse du gibier d'eau et ne pourra jamais être étendue à aucun autre. L'arrêté permettra de chasser la bécassine , la poule d'eau, etc., etc.; mais la loi continuera de défendre de chasser, dans les marais comme ailleurs, la perdrix, le lièvre, le lapin, etc.

XXI. Il faut encore remarquer que le Préfet ne peut modifier la loi que relativement aux marais, étangs, fleuves et rivières, sans pouvoir étendre, par analogie, l'exception aux prés, prairies et pâtures et encore moins aux garennes, landes et bruyères. Une exception doit toujours être rigoureusement circonscrite dans les termes de la loi.

XXII. La tolérance que la sévérité de la loi et le défaut de dommage possible avaient introduit dans la jurisprudence doit désormais disparaître. On ne peut chasser ni dans les prés, ni dans les prairies, ni dans les pâtures, ni dans les garennes, ni dans les landes, ni dans les bruyères, ni dans les marais, ni sur les étangs, ni sur les fleuves, ni sur les rivières, pendant tout le temps où la chasse est fermée. Une seule exception est admise; l'arrêté du Préfet déterminera le temps pendant lequel il sera permis de chasser le gibier d'eau *seulement* et dans les marais, sur les étangs, fleuves et rivières *seulement*.

XXIII. « Nous devions reconnaître et nous avons reconnu, a dit M. le garde-des-sceaux, en présentant le projet de loi à la chambre des pairs, le principe consacré par la loi du 30 avril 1790, qui permet à tout propriétaire, possesseur ou fermier, de détruire sur ses terres les animaux malfaisants. Mais ce droit de protéger ses recoltes et ses possessions, ce droit de légitime défense qu'il ne faut pas confondre avec le droit de chasse dont il diffère essentiellement, doit être exercé suivant des modes et des conditions qui ne peuvent pas être réglées par une loi sur la chasse. » La commission de la chambre des députés n'avait pas trouvé que le paragraphe consacrât assez formellement le droit appartenant à tous d'employer tous moyens pour défendre sa propriété, ou du moins elle y avait vu une équivoque qu'il lui a paru utile de faire cesser en adoptant une rédaction nouvelle. Elle avait distingué entre le cas où le propriétaire emploie les moyens qui lui paraissent le plus convenables pour détruire les animaux qui dévastent sa chose et celui où il veut recourir aux moyens de les chasser. Dans ce dernier cas, elle avait admis que les arrêtés des Préfets rendus dans les formes réglées devaient intervenir, mais elle avait pensé que dans le premier cas les dispositions de la loi de 1790 devaient être rappelées.

Il y avait entre la rédaction du gouvernement et celle de la commission, une différence fort importante. Il résultait du projet du gouvernement qu'en dehors du règlement qui serait fait par le Préfet, il était interdit de détruire les animaux malfaisants. La commission a voulu laisser intact le droit absolu de détruire tous les animaux malfaisants, et ne conférer au Préfet que le droit de réglementer la chasse de ces animaux. Il est sans doute fort difficile de bien saisir la différence qui existe entre *détruire* et *chasser*, mais cette différence existait déjà sous l'empire de la loi de 1790. Le gouvernement avait proposé de donner aux Préfets le droit de décider quels animaux seraient réputés malfaisants; ce n'était pas la chasse qu'il voulait régler , mais le droit de destruction. La commission y a substitué la chasse. C'est le projet du gouvernement qui, après une longue discussion, a fini par être adopté. Il en résulte que la destruction des animaux malfaisants et nuisibles est permise, mais que la chasse ne l'est pas. Nous restons ainsi dans les termes de la loi du 30 avril 1790. Seulement, sous l'empire de cette loi, le droit de destruction était absolu ; désormais elle ne sera plus permise que dans les termes et conditions de l'arrêté du Préfet.

XXIV. La question de savoir si les lapins et pigeons sont des animaux malfaisants ou nuisibles pouvait avoir son intérêt dans le système qu'avait adopté la commission de la chambre des députés , elle n'en a plus dans celui de la loi. Peu importe que les lapins et les pigeons et tous autres animaux soient ou ne soient pas en réalité des animaux malfaisants ou nuisibles, ils seront considérés comme tels , s'ils ont été déterminés dans l'arrêté du Préfet, et ils ne le seront pas dans le cas contraire.

XXV. Les questions relatives aux dommages causés aux propriétés, restent *entières*.

On a plusieurs fois soutenu que les lapins appartenaient au propriétaire du bois ou de la garenne, et qu'ils étaient inhérents au sol, occupant dans ce sol lui-même une demeure à laquelle ils reviennent toujours. On s'appuyait sur l'article 564 du code civil, qui considère le lapin comme objet de propriété particulière et sur l'article 21 de l'ordonnance de 1601, qui regardait

comme un larcin l'enlèvement de lapins dans les garennes royales. Mais on répondait avec raison que l'article 564 du code civil ne s'occupait que des lapins
nourris dans une garenne, et non de ceux qui passent
d'un bois à un autre , d'un terrier sans destination à
un autre terrier, et que l'ordonnance de 1601 ne s'appliquait qu'à l'enlèvement des lapins dans les garennes
royales, et celles des hauts justiciers, lesquelles étaient
toujours entièrement fermées de murs ou établies de
manière à ce que l'on dût considérer les lapins qui s'y
trouvaient comme la propriété des possesseurs de ces
garennes. C'est là une distinction que la Cour de cassation a consacrée par son arrêt du 13 août 1840. Le
furetage ou tout autre mode de prendre le lapin , est
donc un délit de chasse lorsqu'il a eu lieu dans un bois
ou dans une garenne ouverte, et ce n'est un vol que
lorsque l'enlèvement du lapin s'opère dans un lieu fer-
mé ou destiné spécialement à la conservation et à la
multiplication des lapins.

La question prend une grande importance relativement aux dommages causés par les lapins aux propriétés voisines. Si les lapins sont une propriété particulière, il ne peut-être douteux que ceux à qui ils appartiennent soient responsables du dommage qu'ils peuvent
causer. Si au contraire les lapins ne sont que des animaux sauvages n'appartenant à personne, peut-on

encore dire que le propriétaire du bois dans lequel ils ont fixé leur demeure, doive être responsable des dégâts par eux occasionnés aux propriétés voisines ? M. Merlin avait d'abord soutenu l'affirmative dans de longues et savantes conclusions. Malgré ses efforts, la Cour de cassation a admis, par arrêt du 11 mai 1807, le pourvoi formé contre un jugement du tribunal de Beauvais, qui avait déclaré le propriétaire responsable du dommage causé par ses lapins sur des champs voisins. M. Merlin rapporte que l'admission fut déterminée par des circonstances particulières, mais que l'arrêt du 3 janvier 1810, qu'il nous indique, a fait triompher son opinion.

Plus tard, M. Merlin vit qu'il s'était mépris sur le sens qu'il avait attribué à ce dernier arrêt; dans son 15° volume, au mot *gibier*, il fait observer d'une part que la dame de Montmorency avait contribué à la multiplication des lapins, en s'abstenant de les détruire et en refusant aux propriétaires voisins la permission de les tuer; d'une autre part que la Cour de cassation n'a invoqué que l'article 1383, d'où il conclut que l'arrêt n'a pas jugé que les lapins sont la propriété des possesseurs des bois, ce qui permettrait d'appliquer l'article 1385, mais seulement que, aux termes de l'article 1383, un propriétaire qui laisse les lapins se multiplier à l'excès, et empêche de les détruire, est responsable des dégâts qu'ils commettent. Après avoir reconnu que dans ses conclusions données en 1807, il s'était trompé en soutenant que les lapins rassemblés par le seul effet de leur instinct, appartiennent au propriétaire du bois où ils se trouvent, M. Merlin ajoute que les lapins d'une garenne appartiennent au propriétaire de la garenne elle-même. C'est ce que décide implicitement l'article 564 du code civil. Mais qu'est-ce qu'une garenne? M. Merlin professe qu'on ne peut donner ce nom qu'à un terrain disposé à dessein de réunir et de nourrir des lapins. Les lapins ainsi renfermés sont alors la propriété du maître de la garenne, à la différence de ceux qui se rassemblent sans aucun fait de la part du propriétaire, et auxquels on ne peut appliquer l'article 1385 du code civil.

Aucune loi n'impose aux propriétaires l'obligation de réparer les dommages causés par les lapins qui ne sont pas leur propriété ; pour qu'ils en soient tenus il faut donc un fait personnel qui leur rende applicable l'article 1383 du code civil, il faut que celui qui actionne prouve que c'est par le *fait* , par la *négligence* ou par *l'imprudence* du propriétaire du bois que les lapins s'y sont multipliés au point de devenir nuisibles aux terres voisines.

M. Toullier pense aussi que le propriétaire d'un bois ou autre terrain non constitué en garenne, ne répond

point du dommage causé par les lapins qui s'y trouvent, à moins qu'il n'ait refusé aux voisins qui la de-
mandaient, la permission de les détruire.

Un arrêt rendu par la Cour de cassation, le 19 avril
1814, a fait une juste application de ces principes.

Nous citerons encore un autre arrêt rendu par la
Cour de cassation, le 14 novembre 1816, et qui est
ainsi motivé :

« La Cour, — Sur les conclusions de M. Jourde,
» av.-gén. ; — Attendu que ce serait donner aux lois
» des 4 et 11 août 1789, un effet directement contraire
» à leur principal objet, que d'en faire résulter pour le
» propriétaire d'une garenne ouverte, la décharge de
» toute responsabilité envers ses voisins ; que l'inten-
» tion du législateur fut de protéger l'agriculture et
» de la garantir des pertes que lui faisait éprouver le
» droit exclusif de la chasse et de garennes ouvertes ;
» que loin d'avoir atteint ce but, les maux auxquels ces
» lois ont voulu remédier, seraient au contraire empi-
» rés, si le droit de garenne ouverte emportait celui de
» laisser multiplier ses lapins en telle quantité, que ne
» trouvant pas assez de nourriture dans le bois, ils
» fussent obligés de se répandre sur les terres conti-
» gues, et d'en dévorer les fruits ; — Attendu que la
» loi en consacrant le principe que *chacun peut user de*
» *sa chose comme il lui plaît,* y a ajouté la condition pour

» celui qui en use, de n'être nuisible à autrui en au-
» cune manière : *In suo alii hactenùs facere licet, qua-
» tenùs nihil in alienum immittat ;* —Attendu qu'il a été
» jugé en fait, que la grande quantité de lapins que la
» demanderesse avait laissé multiplier dans son bois,
» a causé un préjudice considérable au blé de Ducatel ;
» que ce fait ayant été reconnu, la demanderesse a pu
» être jugée responsable de ce dommage, suivant l'ar-
» ticle 1383 du code civil, à défaut d'avoir négligé de
» les faire détruire ou d'avoir permis aux détenteurs
» voisins de les y faire détruire, — Rejette. »

Remarquons que cette décision est appuyée sur l'article 1383 et non sur l'article 1385.

Ainsi, sous l'empire de la loi du 30 avril 1790 , le
propriétaire d'un bois ou d'un autre terrain était responsable du dommage causé par les lapins lorsqu'il les
avait laissés trop multiplier, qu'il avait négligé de les
faire détruire ou refusé aux voisins la faculté de les
détruire.

J'ai dit que la question restait entière sous la loi
nouvelle ; j'ajoute qu'elle doit être décidée de la même manière que sous l'ancienne ; car de deux choses
l'une : ou le Préfet comprendra au nombre des animaux nuisibles les lapins , et dans ce cas rien ne
peut justifier la conduite du propriétaire du bois ou
d'un autre terrain, ou le Préfet ne rangera pas le lapin

dans la nomenclature, et, dans ce cas, c'était au propriétaire d'aviser à la destruction pendant le temps où la chasse est permise.

XXVI. On a demandé pendant long-temps si le sanglier était un animal nuisible , et plusieurs Cours royales ont eu à se prononcer sur cette question. La Cour royale de Poitiers , par arrêt du 10 décembre 1836, a jugé qu'il suffisait que l'autorité administrative, déterminée par la nature de la localité et le nombre des sangliers, les ait classés parmi les animaux nuisibles pour que les tribunaux se trouvassent obligés de les considérer comme tels. La Cour royale de Bourges a prononcé dans le même sens , par arrêt du 30 mai 1839. On se prévalait devant cette Cour de l'ordonnance du roi, du 20 août 1814, qui semble n'autoriser à tuer le sanglier que lorsqu'il fait tête aux chiens ; mais ce moyen est resté impuissant devant la représentation des tableaux du louvetier , qui prouvait ainsi que l'autorité administrative avait admis le sanglier au nombre des animaux nuisibles. Du reste, l'arrêt reconnaît que le sanglier ne peut être réputé nuisible que par exception et lorsqu'il est trop multiplié. Dans un arrêt rendu par la Cour de cassation le 3 janvier 1840, nous lisons que le sanglier n'est pas de sa nature un animal essentiellement nuisible dont la destruction importe à la généralité des citoyens. Je suis disposé à suivre ce dernier avis ; mais je crois que le sanglier n'en doit pas moins être considéré comme nuisible , en ce sens que sa destruction importe au propriétaire et au fermier du terrain sur lequel il vient causer du dommage.

Sous l'ancienne législation , il s'agissait de savoir si les louvetiers pouvaient chasser le sanglier dans un intérêt général; et sous la nouvelle, il faut décider si un propriétaire ou un fermier peut , en vertu du droit qu'il a de repousser les bêtes fauves, détruire le sanglier qui dévaste les propriétés.

Sous l'empire de la loi du 30 avril 1790, j'admettais que le sanglier ne pouvait pas être considéré, en règle générale , comme animal nuisible; tout en reconnaissant qu'il y avait des pays où il était tellement multiplié qu'il faisait des ravages immenses et qu'il était juste de laisser à l'administration le droit de le ranger dans la catégorie des animaux nuisibles. Mais sous la loi nouvelle , la seule question à décider n'est plus à soumettre à l'autorité administrative ; c'est celle de savoir si le sanglier est une bête fauve et nuit aux récoltes, et comme la réponse ne peut être qu'affirmative, il y a alors nécessité de le classer dans la catégorie des animaux que les propriétaires et les fermiers peuvent repousser ou détruire.

XXVII. On demande aussi si , pour détruire les

animaux malfaisants ou nuisibles, il fallait être muni d'un permis de chasse ? Cette question avait de l'importance lorsque la commission consacrait tout à la fois le droit de chasse et le droit de destruction ; mais elle n'en a plus maintenant que la loi ne reconnaît que ce dernier droit. Un permis de chasse pouvait être exigé pour l'exercice du droit de chasse, il ne peut l'être pour l'exercice du droit de destruction, et, je le répète, c'est ce dernier seul qui est consacré par la loi. Toutefois, comme la loi laisse au Préfet le droit de déterminer les conditions de l'exercice du droit de destruction, il faudrait se munir d'un permis de chasse si le Préfet en faisait une condition, tout aussi bien qu'on est obligé de se conformer aux autres conditions qu'il imposera à l'exercice du droit de destruction que la loi lui permet de réglementer.

XXVIII. En chargeant les Préfets de prendre des arrêtés pour déterminer les espèces d'animaux malfaisants ou nuisibles qu'il est permis de détruire, le législateur a voulu maintenir intact le droit qui appartient au propriétaire ou au fermier de se défendre contre les bêtes fauves, et c'est pour cela qu'on a ajouté au paragraphe ces mots : « Sans préjudice du droit appartenant au propriétaire ou au fermier de repousser ou de détruire, même avec des armes à feu, les bêtes fauves qui porteraient dommage à ses propriétés. »

XXIX. Une distinction importante est à faire entre les animaux malfaisants ou nuisibles et les bêtes fauves. Le Préfet détermine les espèces d'animaux malfaisants et nuisibles qu'on peut détruire ; mais quant aux bêtes fauves , tous les propriétaires ou fermiers tiennent de la loi le droit de les repousser ou détruire, même avec des armes à feu, et personne ne peut le leur ravir, pas même l'arrêté du Préfet.

Il n'appartient pas au propriétaire et au fermier concurremment, mais au propriétaire *ou* au fermier. Au propriétaire, quand il exploite par lui-même ; au fermier, quand il jouit au lieu et place du propriétaire.

XXX. Le droit de repousser ou de détruire sur ses propriétés les bêtes fauves n'est pas un droit personnel; s'il ne peut être délégué, il peut au moins être exercé par tous les membres de la famille, par les domestiques, par les ouvriers, et par tous ceux qui agissant par ordre du maître le représentent dans l'exercice de son droit.

XXXI. Le droit de repousser ou de détruire sur ses propriétés les bêtes fauves n'est pas un droit de chasse, et peut par conséquent s'exercer tout aussi bien pendant le temps où la chasse est fermée que pendant celui où elle est ouverte; il ne faut pas de permis de chasse pour l'exercer, parce que se servir d'une arme à feu pour repousser ou détruire les bêtes fauves ce n'est pas chasser.

XXXII. Il peut arriver, et il arrivera qu'un animal se trouvera être tout à la fois l'objet de l'arrêté du Préfet, et l'une des bêtes fauves que le propriétaire ou le fermier peuvent repousser ou détruire sur leurs propriétés. Dans ce cas, l'arrêté du Préfet ne pourra jamais préjudicier au droit que donne la loi.

XXXIII. Il reste à déterminer quels sont les animaux malfaisants ou nuisibles et les bêtes fauves. Quant aux animaux malfaisants et nuisibles, ils sont désignés par l'arrêté du Préfet. Mais quelle portée faut-il donner aux mots *bêtes fauves* de la dernière disposition du paragraphe? Les loups, les renards et les blaireaux sont, à mon avis, des bêtes fauves, et quant à elles, il ne peut y avoir de difficulté. On comprendra du reste pourquoi je ne fixe pas ici une nomenclature des bêtes fauves, c'est qu'elle serait nécessairement incomplète. J'ai cru pouvoir me borner à des exemples, en recommandant toujours de ne pas confondre *les animaux malfaisants ou nuisibles* avec *les bêtes fauves.* J'ajouterai que la faculté de défendre sa personne et ses propriétés est un de ces droits favorables et naturels que les tribunaux doivent plutôt étendre que restreindre, sans s'attacher trop rigoureusement à l'acception grammaticale des mots *bêtes fauves.*

XXXIV. Le savant Henrion de Pansey enseigne que durant le temps fixé par l'autorité pour la clôture des colombiers, les pigeons doivent être considérés comme des bêtes fauves qui n'appartiennent à personne. Ces pigeons sont sans contredit des animaux nuisibles qui causent même beaucoup de dégâts aux récoltes, et il n'est pas douteux que les Préfets les comprendront dans la nomenclature qu'ils sont chargés de faire; mais s'il y avait omission à cet égard, ce serait peut-être aller fort loin que de les considérer comme des bêtes fauves qu'on peut détruire en tout temps, sans permission et sans condition. Cependant je comprendrais que le besoin de protéger ses récoltes pût, dans certains cas, entraîner jusque-là. C'est pourquoi je crois qu'il est utile de rappeler l'ancienne législation qui, sous ce rapport, n'est pas modifiée par la nouvelle.

Les pigeons ne pourraient jamais être considérés comme des bêtes fauves que pendant le temps fixé par l'autorité administrative pour la clôture des colombiers. C'est seulement pendant ce temps qu'ils n'appartiennent à personne; hors ce temps les pigeons sont une propriété particulière, et ce serait s'exposer à une action civile que de les détruire. La Cour de cassation a jugé, par arrêt du 20 septembre 1823, que tuer des pigeons hors le temps où ils sont déclarés gibier par la loi et se les approprier, c'était commettre le délit de soustraction frauduleuse déterminé par l'article 379 du code pénal, et puni par l'article 401 du même code.

Lorsque l'autorité administrative n'aura pas fait de réglement pour la fermeture des colombiers, le principe sera le même, mais la solution de la question devra être demandée au fait lui-même. Il faudra examiner si, en fait, les pigeons causent ou non des dégâts à cette époque. Dans le premier cas, on pourra les tuer; dans le second, on ne le pourra pas.

Il me reste deux observations à faire sur l'arrêt de la Cour de cassation.

La première, c'est que nous ne voyons pas si dans l'espèce il s'agissait de pigeons tués sur le terrain du prévenu ou bien sur celui d'un tiers. Dans ce dernier cas, nous concevons très bien la condamnation d'un individu qui s'empare de la propriété d'autrui sans pouvoir même alléguer le besoin de protéger ses récoltes, en usant d'un droit que la loi lui laisse. La seconde, c'est que dans le doute et à toute rigueur un moyen d'échapper à l'application de l'article 401 du code pénal, ce serait de tuer, mais de laisser sur place les pigeons tués ou détruits.

XXXV. S'il est possible de classer les pigeons parmi les bêtes fauves, on doit, à plus forte raison, y com- les corbeaux, les pies, et tous les oiseaux de

7

proie. Ces animaux sont des animaux nuisibles, et le Préfet devra les faire entrer dans sa liste énonciative. Cependant il faut se rappeler pour en dire un mot, le fameux arrêt rendu par la Cour de cassation dans l'affaire Selves.

Dans l'espèce de cet arrêt, Seigle, fermier du sieur Selves, avait tiré un coup de fusil sur une corneille qui se trouvait auprès de son nid au haut d'un arbre. Le sieur Selves le poursuivit pour fait de chasse. Seigle prétendit que tuer un oiseau malfaisant ce n'était pas chasser, et qu'en fait, les corneilles lui faisaient un tort tellement considérable, que c'était pour lui une nécessité de tirer le coup de fusil qu'on lui reprochait. Cette défense, accueillie par les premiers juges, ne fut pas admise par la Cour de cassation qui, par arrêt du 13 novembre 1818, jugea qu'il y avait eu fait de chasse.

La même Cour, par arrêt du 5 novembre 1842, a jugé que le fait d'avoir tué des corbeaux avec un fusil, en temps prohibé, sans permis de port d'armes, sur des terres non closes, constituait le délit prévu et puni par les articles 1er de la loi du 30 avril 1790, 1er et 3 du décret du 4 mai 1812; encore bien qu'il serait déclaré que le prévenu n'avait eu en vue que de préserver ses volailles et celles de ses voisins, sur l'insistance desquels il s'était servi de son arme. Voici cet arrêt :

« **La Cour** : — Vu l'article 1ᵉʳ de la loi du
» 22-30 avril 1790, et les articles 1ᵉʳ et 3 du décret
» du 4 mai 1812 ;

» Attendu qu'il a été constaté par un procès-verbal
» régulier, dressé par deux gendarmes de la brigade de
» Mazières le 10 juillet dernier, qu'après avoir en-
» tendu deux coups de feu, ils aperçurent à travers la
» haie le chasseur occupé à charger son fusil double ;
» qu'alors ils s'approchèrent du sieur Drillaud, porteur
» de quatre corbeaux et de cinq oiseaux appelés *co-*
» *rardes*, et qu'il était accompagné d'un autre individu
» qui l'aidait à porter sa chasse ;

» Que ces faits ainsi établis et détaillés, et d'ailleurs
» reconnus constants par le jugement attaqué, consti-
» tuent le délit de chasse sans permission de port
» d'armes et en temps prohibé, défini et réprimé par
» les dispositions des lois précitées ;

» Attendu que ledit jugement a refusé de faire appli-
» cation de ces lois par le motif que le prévenu n'avait
» quitté son domicile que sur l'insistance de ses voisins,
» pour détruire les animaux malfaisants qui enlevaient
» leurs volailles, et que ces oiseaux de proie ne pou-
» vaient être considérés comme le gibier dont les lois
» avaient voulu procurer la conservation ;

» Attendu que les dispositions de la loi du 30
» avril 1790, ainsi que celles du décret du 4 mai 1812,

» sont générales et absolues, et ne permettent ainsi au-
» cune distinction à raison des espèces diverses d'ani-
» maux que pourrait avoir pour objet la chasse ;

» Que l'exception admise ne pouvait rentrer en au-
» cune sorte dans la disposition de l'article 15 de ladite
» loi du 30 avril 1790, qui autorise le propriétaire du
» terrain sur lequel la chasse s'exerce, à repousser
» avec des armes à feu les bêtes fauves qui se répan-
» dent sur ses récoltes et qui nuisent aux fruits de la
» terre ;

» Qu'enfin, l'ignorance des lois et des règlements ne
» peut être une excuse pour ceux qui les ont enfreints ;

» Qu'ainsi aucun des motifs du jugement dénoncé
» ne peut justifier la violation qu'il a faite des articles
» 1er de la loi du 30 avril 1790 , 1 et 3 du décret du
» 4 mai 1812 ; Casse. »

Dans ces décisions la Cour de cassation a poussé la
sévérité jusqu'à ses dernières limites. Il faudrait bien
connaître tous les faits pour juger si elle n'a pas été
trop loin. Je ne produis du reste ici ces arrêts que
pour démontrer qu'ils ne condamnent pas le classe-
ment des corbeaux et des pies parmi les animaux qui
détruisent les propriétés, mais que la Cour régulatrice
n'en autorise pas la destruction dans tous les cas.

Je reconnais avec la Cour de cassation que la loi du
30 avril 1790 ne permettait aucune distinction a raison

des espèces diverses d'animaux que la chasse peut avoir pour objet, et j'admets qu'il y a fait de chasse tout aussi bien dans l'action de tuer une corneille au haut d'un arbre que dans celle de tuer un lièvre en plaine ; j'admets qu'il y a fait de chasse tout aussi bien de la part de celui qui parcourt les enclos, poursuivant et tuant les corbeaux, que de la part de celui qui parcourt les bois pour tuer les lapins. Mais, à cette règle générale, il était fait une exception par l'article 15 de la loi de 1790, comme il en est fait une maintenant par l'article 9 de la loi du 3 mai 1844 ; et c'est particulièrement à cette exception qu'il faut nous attacher ; là est le siége de la difficulté.

L'exception admise, dit la Cour de cassation, ne pouvait rentrer en aucune sorte dans la disposition de l'article 15 de la loi du 30 avril 1790. Pourquoi ? la Cour de cassation ne le dit pas. Non, sans doute, il n'y avait pas lieu à l'application de cet article si le prévenu était convaincu de s'être livré à la chasse des corbeaux et *corardes* ; mais le bénéfice de l'exception ne pouvait être refusé s'il était établi que le prévenu n'avait fait que se tenir sur son terrain pour y défendre sa propriété et y tuer les corbeaux qui y venaient détruire ses récoltes. C'est donc une appréciation de faits qui était soumise à la Cour de cassation et il faudrait bien les connaître pour pouvoir argumenter de la décision.

Il reste toujours démontré qu'il n'existe pas dans les deux arrêts un mot qui puisse faire penser que c'est à tort qu'on voudrait appliquer aux corbeaux et aux pies les dispositions de l'article 15 de la loi du 30 avril 1790.

Il s'ensuit que l'on ne peut aujourd'hui contester aux Préfets le droit de comprendre dans les arrêtés déterminant les espèces d'animaux malfaisants et nuisibles, les corbeaux, les pies et les oiseaux de proie. Je suis même disposé à les assimiler à des bêtes fauves.

XXXVI. Je n'ai rien dit des coqs, des poules, des oies et des canards, parce que l'article 9 de la loi nouvelle ne peut pas leur être appliquée. Mais si cette loi n'a pas à cet égard, créé un droit nouveau, elle n'a pas non plus anéanti celui qui pouvait préexister. Or, l'article 12 du titre 2 de la loi du 6 octobre 1791, consacre formellement le droit de tuer les volailles qui détruisent les récoltes. Ce droit est reconnu par un arrêt de la Cour de cassation du 11 août 1808, par un autre de la même Cour du 22 août 1816 ; par M. Toullier, par M. Merlin, par M. Carnot et enfin par un troisième arrêt de la Cour de cassation rendu le 17 août 1822.

§ 4, 1°, 2°, 3°.

XXXVII. La loi, par son quatrième paragraphe, laisse une faculté tandis que dans le troisième elle a imposé une obligation en se servant du mot *prendront*.

L'observation que nous avons faite sur le délai d'exécution s'applique d'ailleurs à cette disposition comme à la précédente. (Voyez plus haut n° XIV.)

XXXVIII. « Dans certaines contrées, a dit M. le garde-des-sceaux, en présentant la loi à la chambre des pairs, les oiseaux ont disparu presque entièrement. Les oiseleurs en les détruisant ont causé à l'agriculture un préjudice immense. Si les insectes malfaisants se sont multipliés d'une manière vraiment désastreuse, c'est que les oiseaux qui en font leur nourriture diminuent de jour en jour. Quelques Préfets ont voulu combattre le mal en défendant, par des arrêtés de tuer les oiseaux qui vivent d'insectes, mais la législation actuelle ne leur donnait pas le droit de prendre ces arrêtés. Leurs défenses n'ont pas été sanctionnées par les tribunaux; elles sont restées sans effet. Le mal a continué et fait chaque jour de nouveaux progrès. C'est pour y remédier que la loi accorde aux Préfets un pouvoir qu'ils n'avaient pas jusqu'ici et dont ils se serviront dans l'intérêt des campagnes. »

XXXIX. Les articles 1er et 9 interdisaient déjà tout procédé de chasse autre que le fusil et les chiens. Cette interdiction subsiste et la disposition spéciale aux oiseaux a pour but de donner aux Préfets les moyens d'augmenter encore les prohibitions générales de la loi en ce qui concerne les oiseaux. Ainsi, la chasse des oiseaux ne peut jamais se faire que dans les termes des articles 1ᵉʳ et 9, à moins qu'il ne s'agisse d'oiseaux de passage et, de plus, les Préfets auront le droit de prendre des arrêtés pour prévenir la destruction des oiseaux de quelque manière qu'elle ait lieu.

XL. La chasse des oiseaux, autres que ceux de passage, ne peut jamais se faire qu'au fusil et ce droit peut être enlevé, restreint, modifié et assujetti à des conditions par les Préfets. Voilà le sens complet de la disposition de la loi.

XLI. On n'a pas voulu défendre de chasser les oiseaux, et entre la destruction totale, qu'il est sage de prévenir, et la défense absolue de chasser, le législateur a pris un terme moyen en confiant au Préfet de chaque département le soin de concilier les exigences du droit de chasse avec celles de la conservation des oiseaux. Dans les départements où le Préfet ne jugera pas convenable d'user de la faculté qui lui est donnée par la loi nouvelle, le droit de chasser les oiseaux subsistera dans son entier. Dans ceux où le Préfet prendra un arrêté pour restreindre, modifier ou réglementer ce droit, cet arrêté sera obligatoire, il faudra s'y conformer.

XLII. On n'apperçoit pas bien tout d'abord quel emploi on peut faire des chiens lévriers pour la destruction des animaux malfaisants ou nuisibles, mais il paraît cependant certain qu'ils peuvent être utilement employés dans plusieurs cas, notamment pour forcer les loups. Alors, mais seulement alors, le Préfet peut permettre de se servir des chiens lévriers. Comme ces cas seront fort rares, le Préfet ne prendra presque jamais d'arrêté de cette espèce ; on demeurera donc presque toujours sous l'empire de la règle générale qui interdit d'une manière absolue l'emploi des lévriers. Par *lévriers*, il faut entendre non-seulement les lévriers de pur sang mais encore les lévriers croisés ; ceci a été expliqué dans la discussion de la loi.

XLIII. Le droit accordé au Préfet d'interdire, pendant les temps de neige, la chasse d'une manière absolue comporte celui de ne défendre que l'emploi de certains modes de chasse et celui de ne prohiber la chasse que sur certains terrains.

ARTICLE X. — Des ordonnances royales détermineront la gratification qui sera accordée aux gardes et gendarmes rédacteurs des procès-verbaux ayant pour objet de constater les délits.

1° Sous l'empire de la loi du 30 avril 1790, la gratification était due en vertu du décret du 8 mai 1811 et de l'ordonnance du 17 juillet 1816. Pour l'avenir, de nouvelles ordonnances seront rendues. Jusqu'à ce qu'elles le soient, l'ordonnance du 17 juillet 1816, doit continuer de recevoir exécution. On ne pourrait, en effet, induire l'abrogation de cette ordonnance d'aucune expression de l'article 10 que nous commentons ; quant à l'article 30 et dernier, il n'abroge que le décret du 4 mai 1812, la loi du 30 avril 1790 et tous les arrêtés, lois, décrets et ordonnances intervenus sur les matières réglées par la loi nouvelle en tout ce qui est contraire à ses dispositions. L'ordonnance du 17 juillet 1816, n'ayant rien de contraire aux dispositions de la loi nouvelle, doit être exécutée jusqu'à ce qu'une autre ordonnance vienne en exécution de l'article 10, la remplacer.

II. Quant aux difficultés que peut présenter l'exécution de cette ordonnance, voyez ce que nous avons dit tome 1er, pages 332 et suivantes.

III. La chambre des pairs a examiné la question de savoir si la gratification serait accordée aux employés des contributions indirectes et de l'octroi, et elle a adopté la négative ; c'est pourquoi elle ne les a pas compris dans l'énumération de l'article 10.

SECTION II.

Des peines.

ARTICLE XI.—Seront punis d'une amende de seize a cent francs,

1° Ceux qui auront chassé sans permis de chasse ;

2° Ceux qui auront chassé sur le terrain d'autrui sans le consentement du propriétaire.

L'amende pourra être portée au double si le délit a été commis sur des terres non dépouillées de leurs fruits, ou s'il a été commis sur un terrain entouré d'une clôture continue, faisant obstacle à toute communication avec les héritages voisins, mais non attenant à une habitation.

Pourra ne pas être considéré comme délit de chasse le fait du passage des chiens courants sur l'héritage d'autrui, lorsque ces chiens seront à la suite d'un gibier lancé sur la propriété de leurs maîtres, sauf l'action civile, s'il y a lieu, en cas de dommage ;

3° Ceux qui auront contrevenu aux arrêtés des préfets concernant les oiseaux de passage, le gibier d'eau, la chasse en temps de neige, l'emploi des chiens lévriers, ou aux arrêtés concernant la destruction des oiseaux et celle des animaux nuisibles ou malfaisants ;

4° Ceux qui auront pris ou détruit, sur le terrain d'autrui, des œufs ou couvées de faisans, de perdrix ou de cailles ;

5° Les fermiers de la chasse, soit dans les bois soumis au régime forestier, soit sur les propriétés dont la chasse est louée au profit des communes ou établissements publics, qui auront contrevenu aux clauses et conditions de leurs cahiers de charges relatives à la chasse.

§ 1er.

I. La loi a substitué une amende de seize francs au

moins et de cent francs au plus, à celle de trente francs au moins à soixante francs au plus, que portait le décret du 4 mai 1812 contre celui qui chassait sans permis de port d'armes, et à celle de vingt francs portée par la loi du 30 avril 1790 contre ceux qui contrevenaient à l'une de ses dispositions.

§ 2. 1°.

II. Le premier cas prévu par l'article 11 n'est autre que l'infraction générale à l'article 1ᵉʳ de la loi. Voyez ce que nous en avons déjà dit en examinant cet article.

III. Cette disposition est d'ailleurs restreinte au seul fait de chasse sans permis ; aucune circonstance aggravante ne vient s'y joindre , chacune étant l'objet d'une prescription particulière : ainsi le fait de chasse sans permis sur le terrain d'autrui, sans consentement, est l'objet du paragraphe suivant ; et l'article 12 prévoit la chasse en temps prohibé, la chasse pendant la nuit, la chasse à l'aide d'engins, etc. Il ne s'agit ici que de celui qui a chassé sur son propre terrain, ou sur le terrain d'autrui, avec consentement exprès ou tacite du propriétaire, en temps permis , pendant le jour, avec des armes ou à l'aide d'engins, ou autres instruments autorisés.

§ 3. 2°.

IV. Autre sanction à l'article premier. Voyez encore

ce que nous en avons dit plus haut. Reportez-vous en même temps aux principes établis dans nos deux premiers volumes sur la propriété du droit de chasse et sur le consentement du propriétaire. Une seule chose est changée à l'article 1er de la loi du 30 avril 1790, c'est la quotité de l'amende, au lieu d'être fixée à vingt francs, elle l'est désormais de seize francs à cent francs.

§ 4.

V. L'article 11 laisse aux tribunaux, pour porter l'amende au double, une faculté dont ils pourront user ou ne pas user, selon la gravité des faits compris dans les deux séries que la loi leur indique; leur appréciation sera souveraine, mais les magistrats sentiront la portée sévère de cette disposition, et ne manqueront pas de réserver la pénalité du double pour des cas où la simple pénalité ne serait plus une réparation suffisante du délit constaté.

VI. L'amende pourra être au plus de deux cents francs; mais elle peut aussi être portée au double, et n'être cependant que de trente-deux francs, somme double du minimum. Il est peu probable que le juge trouvant suffisante la latitude laissée par la loi entre un minimum de seize francs et un maximum de cent francs, veuille *à priori* fixer la peine à seize francs pour la porter ensuite à trente-deux francs, en vertu de la faculté qu'il a de la doubler. Cependant c'est son droit, et il

peut être porté à en user; par exemple, pour bien
faire apparaître que telle circonstance aggravante a
fait élever l'amende qui, sans elle, n'aurait été que du
minimum. Cette distinction importe peu sans doute
aux intérêts du condamné, mais il n'en serait pas
moins utile que le jugement le mentionnât, d'abord
pour bien faire connaître les motifs du tribunal, et ensuite pour éclairer la religion des juges supérieurs.

VII. On peut, en portant l'amende au double, prononcer une condamnation de deux cents francs, et en
ne la doublant pas, prononcer seulement seize francs.
En doublant comme en ne doublant pas, on peut
donc prononcer telle amende qu'on juge convenable
entre le chiffre 16 et le chiffre 100.

Mais en doublant, peut-on dépasser la somme de cent
francs, sans cependant atteindre celle de deux cents
francs? Le tribunal peut-il, par exemple, fixer l'amende
à cent cinquante francs? La loi en laissant aux tribunaux le droit de choisir un chiffre entre 16 et 100, n'a
pas dit que ce serait plutôt sur l'un que sur l'autre que ce
choix devrait porter; rien n'empêche donc que les juges
soient d'avis de choisir le chiffre 75, et que par suite,
en doublant, ils ne portent la peine à cent cinquante
francs. En un mot, avec la faculté de doubler, lorsqu'on
l'exerce, le minimum de l'amende n'est plus de seize
francs, mais de trente-deux francs; de même que le

maximum n'est plus de cent francs, mais bien de deux cents francs.

VIII. Quelle portée peut-on donner à ces mots *terres non dépouillées de leurs fruits?* S'agit-il d'une disposition générale s'appliquant à toutes les terres, ou bien le législateur a-t-il voulu restreindre la possibilité d'aggraver la peine au cas où les terres, qui ne sont pas encore dépouillées de leurs fruits, appartiennent à autrui? Nous croyons qu'il faut entendre par les expressions de la loi seulement les terres appartenant à autrui; évidemment ce n'est pas une disposition générale que le législateur a voulu introduire ici, c'est le complément de la disposition relative au fait de chasse sur le terrain d'autrui sans le consentement du propriétaire. Après avoir déterminé la peine dans la première phrase, le législateur continue, et, prévoyant le cas où le terrain serait chargé de ses fruits, il ajoute qu'à raison de cette circonstance aggravante du délit la peine pourra être plus forte. Les deux parties du paragraphe ne forment qu'une idée complète, qu'une disposition spéciale au fait de chasse sur le terrain d'autrui. Ce qui le prouve, c'est qu'après avoir prévu le cas où le terrain serait chargé de ses fruits, il prévoit également celui où il serait entouré d'une clôture. Il ne serait donc pas fondé l'argument qu'on croirait trouver dans la généralité des expressions qui composent la deuxième phrase du paragraphe, pour soutenir qu'il est applicable au cas où le chasseur aurait chassé sur des terres non dépouillées de leurs fruits, à lui appartenant, ou étant la propriété d'une personne qui donne son consentement.

Ce que M. le rapporteur a dit à la chambre des pairs lorsque le projet y est revenu, nous prouve à l'évidence que la loi doit être entendue dans ce sens. Il a dit formellement : « La circonstance que la terre était chargée de ses produits ne sera point un délit par elle-même, mais seulement une circonstance aggravante du fait de chasser sur le terrain d'autrui. »

IX. Il suit de l'observation précédente qu'avec un permis de chasse, on peut pendant le temps où la chasse est ouverte, chasser sur des terres non dépouillées de leurs fruits, pourvu que ce ne soit point sur le terrain d'un autre propriétaire sans son consentement. C'est là une faveur importante pour les chasseurs. Mais nous aurons occasion de la signaler de nouveau ; ce n'est pas ici le lieu de nous en occuper.

X. Dans un premier projet on avait défendu de chasser en aucun temps sur les terres ensemencées ou chargées de leurs récoltes. C'était restreindre considérablement l'exercice du droit de chasse dans les pays d'assolement et c'était l'interdire presque entièrement dans ceux où, comme dans le département du

Nord , les terres sont de nouveau ensemencées pres-
qu'immédiatement après l'enlèvement de la récolte.
Le gouvernement a ajouté , au mot *ensemencées*, ceux-
ci : *ou chargées de leurs produits*. La chambre des pairs
a substitué le mot *fruits* au mot *produits* employé dans
le projet du gouvernement de peur que les tribunaux
ne donnassent à cette dernière expression un sens trop
large et trop étendu. Cette substitution n'en a pas moins
laissé subsister des doutes sur ce que l'on doit entendre
par *terres non dépouillées de leurs fruits*. Mais voici comment le rapporteur de la loi s'est exprimé sur ce point :

« Cette question est une de celles sur lesquelles on
est obligé de s'en remettre à l'appréciation des tribunaux. Toutefois il existe dans les termes du projet une
expression trop large , d'un sens trop général. Cette
expression c'est celle ci : *chargées de leurs produits*.
Adopter ces mots, c'était en réalité supprimer la chasse,
car c'était en restreindre l'exercice aux terres en jachè-
res. Nous avons cru convenable de nous servir des
expressions consacrées par la loi de 1790 , et nous
avons dit : sur les terres ensemencées et *non encore dépouillées de leurs fruits*, de manière à bien faire comprendre que nous n'entendions protéger par l'aggravation de la peine que dans le cas où le délit causait en
effet un préjudice plus grand. Il ne suffit donc pas que
la terre soit ensemencée; ces expressions : et non encore

dépouillées de leurs fruits , supposent qu'il y a des fruits, par exemple que le blé est en tuyau. Aussi la question sera une question de dommage et par conséquent une question d'appréciation de fait abandonnée aux tribunaux. Nous avons adopté les mots de la loi de 1790, parce que nous avons adopté la pensée de cette loi. Sous ce rapport il n'y aura pas d'innovation. »

La commission de la chambre des députés a supprimé le mot *ensemencées* parce que ce mot rapproché de ceux qui le suivaient lui a paru présenter un sens équivoque ou insuffisant. En effet, il résulte des explications échangées devant la chambre des pairs que la seule circonstance de l'ensemencement n'était pas le cas prévu et qu'il était indispensable que cet ensemencement ait produit des plantes qui montrent leurs produits. « Si tel est le sens de la loi, a dit M. le rapporteur , le mot *ensemencées* doit être supprimé, car autrement la disposition pénale ne comprendrait que les fruits industriels et laisseraient les fruits naturels , tels que les herbes des prés sans protection. « Ce ne peut être à la loi de déterminer à quelle époque des plantes en croissance peuvent être considérées comme fruits. La loi de 1790 s'était servi de ces mots : *entier dépouillement des fruits* et la jurisprudence avait admis que c'était aux tribunaux chargés de l'application de la loi pénale à décider la question de savoir si les plantes

qui couvraient la terre devaient être considérées comme fruits. Il ne sera rien innové à cet égard; les tribunaux devront apprécier les faits et ils ne manqueront pas,
en le faisant, de remarquer que si l'amende peut être
portée au double, ce n'est qu'en vue du dommage qui
peut être causé au propriétaire par la destruction de
ses fruits et que ce dommage n'est possible qu'autant
qu'il y a des fruits. »

XI. Sous l'ancienne législation, chasser sur un
terrain non récolté, c'était un délit, parce que l'ouverture ne s'appliquait qu'aux terres récoltées ; un fait de
chasse sur celles qui ne l'étaient pas constituait une
infraction aux règles prescrites pour l'ouverture, ou ,
si l'on veut, c'était chasser en temps prohibé ; dans le
système adopté par la chambre des pairs , ce n'est plus
qu'une circonstance aggravante du fait de chasse sur
le terrain d'autrui , ce qui, à ses yeux, doit donner
lieu au doublement de l'amende.

XII. L'obligation impérieuse de porter l'amende
au double avait par elle-même une très-haute importance , mais la commission de la chambre des Députés
l'a bien amoindrie en rendant facultatif ce doublement
par la substitution du mot *pourra* au mot *sera*. Cette
latitude laissée aux tribunaux doit , comme l'a fort bien
fait remarquer M. le rapporteur, avoir pour résultat de
tout réduire à une question de dommage que les tribu-

naux sont appelés à résoudre et à prendre pour point de départ. Les tribunaux ne manqueront pas à leur mission ; la pratique en fournira la preuve ; mais il n'en est pas moins utile de fixer dès à présent le droit strict d'après le texte de la loi. Toujours et dans tous les cas, les tribunaux peuvent s'abstenir de prononcer le double de l'amende ; c'est une faculté que la loi leur laisse. Par suite, ils peuvent en user sans que jamais il puisse y avoir violation de la loi. Que le fait de chasse ait eu lieu dans un champ de blé prêt à tomber sous la faulx du moissonneur, ou dans un champ de pommes de terre, il n'y a aucune nécessité de doubler l'amende. Il arrivera que les tribunaux considérant qu'il y a eu dommage dans le champ de blé porteront l'amende au double dans ce cas, tandis qu'ils s'en abstiendront parce qu'aucun dommage n'aura été causé au champ de pommes de terre ; mais dans les deux cas comme dans tout autre, ils sont libres de ne pas porter l'amende au double.

XIII. Mais quand pourront-ils doubler l'amende ? La question est moins facile à résoudre ? Ils le pourront dans tous les cas où ils devaient prononcer la peine portée par la loi de 1790 ; M. le rapporteur nous déclare que rien n'est changé à cet égard. Je ne répéterai donc pas ici ce que j'ai dit dans mon *Traité du droit de Chasse* : je me bornerai à y renvoyer, tout en faisant remarquer que les règles absolues que j'y ai posées reçoivent nécessairement une modification de la latitude laissée aux magistrats par le texte de la loi comme par ses motifs , qui en sont le meilleur commentaire. C'est en les rapprochant de nos premières observations qu'on obtiendra la meilleure interprétation.

XIV. Nous pouvons fournir un exemple qui rappellera les principes : dans les cas de chasse dans les seigles , blés , scourgeons et avoines parvenus à leur maturité , il n'y avait pas de doute sur la nécessité d'appliquer la peine ; il n'y en aura pas davantage sur la faculté de porter l'amende au double. A mon avis il n'y en avait pas sur l'obligation d'appliquer la loi aux faits de chasse dans les prairies artificielles , dans les prés non fauchés et susceptibles de l'être , dans les champs de betteraves ou de pommes de terre , et dans tous ceux où la récolte n'était pas enlevée quoique détachée du sol, il n'y en aura pas plus désormais sur la faculté d'appliquer le paragraphe 2 de l'article 11.

XV. En résumé , l'interprétation de ces mots *non encore dépouillés de leurs fruits* est laissée aux tribunaux qui auront à décider si les récoltes qui couvraient la terre devaient être considérés comme *fruits*. Ils pourront pousser bien loin la sévérité ou montrer une indulgence excessive, sans encourir le reproche de violation de la loi, puisque c'est une appréciation de fait

que le législateur leur défère. Sans doute il leur est
recommandé de ne pas oublier que c'est en vue du
dommage causé au propriétaire par la destruction de
ses fruits que la faculté de porter l'amende au double
leur a été accordée, mais si ce doit être la cause dé-
terminante et dirigeante pour le magistrat à qui le législateur s'en rapporte en révélant les motifs de la loi,
c'est à sa conscience seule qu'il appartient d'apprécier.
La loi n'exige pas la constatation du dommage comme
base de la décision, et je crois même qu'elle ne le
permet pas, car l'expertise ou la preuve auraient pour
résultat de déplacer la confiance du législateur. Je
pense aussi que les tribunaux ne doivent pas motiver
leurs décisions sur l'existence du dommage, car elles
n'en seraient pas moins à l'abri de toute critique,
quand il serait évident qu'il n'y a pas eu dommage.

XVI. La suppression du mot *ensemencées* prouve
qu'il est indispensable que l'ensemencement ait produit
des plantes qui montrent des fruits pour que l'amende
puisse être portée au double. Comme l'a dit M. le rapporteur à la chambre des députés, ce ne peut être à la
loi de déterminer à quelle époque des plantes en croissance peuvent être considérées comme fruits. C'est
donc encore une appréciation de fait soumise au tribunal. Ainsi, soit qu'il s'agisse de décider si les plantes
sont parvenues à un âge où elles peuvent être considé-

rées comme fruits, soit qu'il s'agisse de juger si la terre est ou non dépouillée de ses fruits, ce sera toujours dans les deux cas par une appréciation de l'état des choses, des faits et circonstances que les tribunaux pourront parvenir à faire une juste application de la loi.

XVII. Le législateur permet, dans un second cas, de doubler l'amende, c'est lorsque le fait de chasse aura eu lieu sur le terrain d'autrui, sans consentement et avec cette circonstance que ce terrain était entouré d'une clôture continue faisant obstacle à toute communication avec les héritages voisins, mais non attenant à une habitation. Le projet de loi sorti de la chambre des pairs se servait des mots : *terrain clos*, tandis que dans l'article 14 il rappelait la définition de la clôture insérée dans l'article 2. « Cette différence, a dit M. le rapporteur à la chambre des députés, pouvait faire supposer que le mot *clos*, dans l'article 11, avait une signification autre que dans l'article 2, et c'est pour lever tout doute que votre commission vous propose de rétablir la définition de la clôture. » Comme alors il est bien entendu que les mots ont la même portée dans l'article 11 que dans l'article 2, je n'ai qu'à renvoyer à ce que j'ai dit sur ce dernier article.

XVIII. Il me reste à faire remarquer que le doublement de l'amende ne serait pas possible si le terrain n'était clos dans le sens de l'article 2 et non attenant à une habitation. Si le terrain était clos et attenant à une habitation, le fait de chasse constituerait le délit prévu par l'article 13.

XIX. Récapitulons ici les peines applicables pour faits de chasse sur le terrain d'autrui sans consentement:

Fait de chasse sur un terrain non clos, 16 fr. au moins et 100 fr. au plus (art. 11, § 3, 2°).

Si le terrain est clos, mais non attenant à une habitation, l'amende peut être portée au double (art. 11, § 4, 3°).

Si le terrain n'est pas dépouillé de ses fruits l'amende peut encore être portée au double (art. 11, § 4, 3°).

Si le terrain est clos et attenant à une habitation, 50 francs au moins et 300 francs au plus, et l'emprisonnement pourra être prononcé pour six jours au moins et trois mois au plus. Si dans ce dernier cas le délit a été commis la nuit, l'amende est de 100 francs au moins et de 1,000 francs au plus, et l'emprisonnement de trois mois au moins et de deux ans au plus (art. 13).

§ 5.

XX. La disposition dont il est ici parlé est née d'une lutte vive entre le droit de propriété et la chasse à courre; d'un côté, on a soutenu que le passage des chiens courants sur l'héritage d'autrui était nécessairement un délit; de l'autre, on a prétendu que la chasse à courre était impossible si le fait des chiens constituait une contravention à la charge de leurs maîtres, qui ne pouvaient que très-rarement les retenir. Jusqu'à un certain point, la victoire est restée aux chasseurs; cependant entre les deux systèmes absolus la chambre des députés a pris un terme moyen, et a éludé en partie la difficulté en renvoyant le fait à l'appréciation des tribunaux, et en leur disant qu'ils pourraient selon les circonstances attacher ou non le caractère de délit de chasse au fait du passage des chiens courants sur l'héritage d'autrui, lorsque ces chiens seraient à la suite d'un gibier lancé sur la propriété de leurs maîtres, sauf au cas de dommage, l'action civile. « Il n'y a pas en cette matière, a dit M. le garde des sceaux, de principe absolu ; si le chasseur, dont les chiens traversent un héritage, n'a pas fait ce qui dépendait de lui pour les retenir ou les empêcher, les juges pourront condamner; mais dans le cas contraire, lorsque le fait de passage aura été parfaitement indépendant de la volonté du propriétaire, la condamnation serait une injustice, et alors les tribunaux ne condamneront pas. C'est dans ce sens que l'amendement est rédigé. J'y donne complètement mon adhésion. »

XXI. Il était évident que la disposition ne s'appliquait qu'aux chiens courants. Pour la rendre applicable aux chiens d'arrêt, on avait demandé la suppression du mot *courants*, mais la chambre des députés faisant une juste distinction entre un chien courant, que presque toujours on ne peut pas retenir, et un chien d'arrêt qui répond à l'appel du chasseur et qu'on peut facilement faire revenir à soi, a rejeté la demande de suppression. Il est donc resté bien entendu que la disposition du 5ᵉ paragraphe de l'article 11 ne s'applique qu'aux chiens *courants*.

XXII. Le projet voté par la chambre des députés ayant dû, à cause des changements qu'il avait subis, être reporté à la chambre des pairs, la commission de cette chambre fixa son attention sur cette partie de l'article 11 et se décida à aller plus loin que la chambre des députés. Elle proposa de remplacer les mots *pourra ne pas être*, par ceux-ci : *ne sera pas*, et d'enlever ainsi aux tribunaux la possibilité de condamner en aucun cas ; mais cet amendement ne fut pas accueilli, et la disposition resta ce qu'elle était, avec le mot *pourra*.

XXIII. Il faut ajouter que cette exception faite dans l'intérêt de la chasse à courre, doit être rigoureusement restreinte dans ses limites. Il faut surtout ne pas oublier qu'elle ne s'applique qu'au fait du passage des chiens *courants*. Comme l'a dit formellement M. le garde-des-sceaux à la chambre des pairs : « Il est bien entendu que si le chasseur entre sur la propriété d'autrui, il commettra un délit. »

XXIV. Ne perdons pas de vue non plus qu'il est nécessaire que les chiens soient à la suite d'un gibier
lancé sur la propriété de leurs maîtres, pour que le paragraphe puisse être appliqué ; il ne pourrait pas l'être
si le gibier avait été lancé ailleurs. Souvent il ne sera
pas facile de savoir sur quel terrain le gibier a été
lancé, et cependant ce sera toujours la première question à résoudre. Au surplus, c'est à celui qui invoque
la disposition exceptionnelle à établir qu'il y a droit :
le fait de chasse sur le terrain d'autrui sans consentement est un délit ; vous prétendez vous trouver dans
le cas d'exception de l'article 11 , c'est à vous qu'il incombe d'en administrer la preuve.

§ 6, 3°.

XXV. L'article 9 impose aux Préfets le devoir de
prendre des arrêtés pour déterminer l'époque de la
chasse des oiseaux de passage et les modes et procédés
de cette chasse. Ceux qui contreviennent à ces arrêtés
commettent un délit, puni d'une amende de 16 francs
au moins et de 100 francs au plus. « Nous avons élevé
au rang de délit, a dit M. Martin (du Nord), garde-des-
sceaux, les infractions aux arrêtés pris par les Préfets ;
nous avons pensé que les peines de simple police seraient insuffisantes pour réprimer les infractions.» C'est,
comme on le voit , un délit nouveau , un délit tout
spécial.

XXVI. Le même fait peut constituer tout à la fois une infraction à l'arrêté du Préfet, concernant la chasse des oiseaux de passage et une autre contravention à la loi; par exemple si la chasse aux oiseaux a eu lieu avec un procédé défendu par l'arrêté du Préfet et en outre sans permis de chasse, dans ce cas il y a deux délits, mais il ne peut y avoir la moindre de difficulté pour l'application de la peine, tous deux sont punis d'une amende de 16 francs au moins et de 100 francs au plus, aux termes de l'article 11. Or, d'après l'article 17, on ne doit pas, en cas de conviction de plusieurs délits commis avant la déclaration du procès-verbal cumuler les peines. Si l'article 17 s'applique à des faits séparés qui peuvent même être éloignés et d'une nature tout à fait différente, à plus forte raison doit-il être appliqué lorsqu'il s'agit d'un seul et même fait constituant deux contraventions.

XXVII. Si la contravention à l'arrêté du Préfet a eu lieu en temps prohibé, il y a encore là deux délits constitués par le même fait, mais comme ces deux délits ne sont pas punis de la même peine, c'est seulement la peine la plus forte qui doit être appliquée, c'est à dire celle de l'article 12. Le principe une fois bien posé, je n'ai pas besoin de multiplier les exemples.

XXVIII. L'article 9 impose aussi aux Préfets le devoir de réglementer la chasse du gibier d'eau. Ceux

qui contreviennent à l'arrêté que le Préfet prend à cet
égard encourent la peine prononcée par l'article 11 ,
c'est à dire une amende de 16 francs au moins et de
100 francs au plus. Il importe peu que l'infraction porte
sur le temps, le lieu, l'espèce de gibier ou le mode de
chasse, le délit prévu, par l'article 9 et puni par l'article 11, existe tout aussi bien dans le cas où le fait de
chasse a été exercé sur un gibier d'eau, auquel l'arrêté
du Préfet n'a pas étendu l'exception, que dans celui où
il l'a été dans un lieu resté soumis à la règle générale ;
il existe tout aussi bien lorsque la chasse est faite à
l'aide d'un moyen non autorisé que lorsque le fait se
consomme hors du temps permis. La peine encourue
est toujours la même.

XXIX. Elle est la même , que le délinquant ait été
ou non muni d'un permis de chasse ; en effet les deux
infractions également punissables de la même peine ne
peuvent donner lieu qu'à une seule amende à fixer par
les juges entre un minimum de 16 francs et un maximum de 100 francs.

XXX. Si le fait a eu lieu pendant le temps où la
chasse n'est pas ouverte , comme il constitue en outre
le délit prévu par le n° 1er de l'art. 12 et puni d'une
peine plus forte , cette dernière peine doit-elle être
seule prononcée ? celui qui chasse en temps prohibé
peut-il se soustraire à l'application de l'article 12, en

prouvant qu'il se trouve dans un des cas d'exception ?

Lorsque la chasse est ouverte il ne peut y avoir contravention à l'arrêté du Préfet concernant le gibier d'eau. Le droit accordé par la loi aux Préfets, de faire une exception pour ce gibier, l'a été pour permettre la chasse en temps prohibé ; hors ce temps, on est placé sous l'empire de la règle générale. La chasse est permise partout et pour tous les gibiers, et l'on n'a pas besoin de recourir à l'exception pour user d'un droit dérivant de la loi. Le Préfet ne peut défendre ce que la loi permet ; ce n'est que lorsqu'elle défend que le droit d'en modérer la rigueur lui est accordé. Lorsque au contraire la chasse est fermée; si le fait reproché rentre dans l'application de l'arrêté du Préfet, l'infraction commise est punie par le paragraphe 3° de l'article 11. Mais si le fait est tout à fait en dehors de la mesure exceptionnelle, c'est encore un fait de chasse en temps prohibé puni par l'article 12. Précisons davantage : quand le gibier chassé n'est pas un gibier d'eau, point de difficulté, le paragraphe 3 n'est pas applicable et c'est l'article 12 qui doit l'être. Lorsque c'est réellement un gibier d'eau que l'on a chassé, mais sur un terrain non compris dans l'exception apportée par le Préfet à la règle générale de prohibition, y a-t-il lieu d'appliquer l'article 12 ou le paragraphe 3 de l'article 11 ? Ne peut-on pas dire que celui qui en temps prohibé a

chassé sur un terrain auquel l'exception n'est pas étendue, est resté sous l'empire de la règle générale, et a
par conséquent encouru la peine prononcée par l'article 12 ? Ne semble-t-il pas juste que ne pouvant prétendre à l'exception, il soit forcé de demeurer sous la
rigueur de la règle ? Pour mon compte cela ne me
parait pas faire de doute et je soutiens que l'arrêté du
Préfet qui permettrait la chasse au marais ne pourrait
pas donner à celui qui aurait chassé sur une terre à la-
bour un moyen d'échapper à l'application de l'article
12, en prétendant n'avoir commis qu'une contravention à l'arrêté du Préfet punie par le paragraphe 4ᵉ (3°)
de l'article 11.

Cependant, s'il était certain que le prévenu ne chassait que le gibier d'eau, par exemple dans un pré où la
chasse n'était pas autorisée, quoiqu'il fût voisin d'un
marais où elle l'était, par l'arrêté du préfet, ou s'il
chassait, en un mot, dans un endroit où le gibier d'eau
doit naturellement être rencontré, ce serait méconnaître l'intention du législateur que d'appliquer la règle
générale plutôt que de consulter la législation spéciale
régissant la chasse du gibier d'eau. Evidemment si la
disposition que nous examinons n'était pas applicable
en cette circonstance, l'exception relative au gibier
d'eau serait illusoire, car en démontrant que le chasseur a contrevenu à l'arrêté du Préfet, on établirait

que ne pouvant profiter de l'exception, il doit être puni conformément à la règle générale.

XXXI. Ce qui précède me conduit à dire que la chasse du gibier d'eau est soumise à une législation toute spéciale, contenue dans l'arrêté du Préfet, la seule à invoquer. La chasse au marais était permise en tout temps sous l'empire de la loi de 1790 ; les règles d'ouverture et de fermeture ne lui étaient pas applicables. En restreignant le droit de chasse du gibier d'eau, la loi nouvelle ne l'a pas fait rentrer dans la règle commune, elle l'a seulement assujetti aux conditions imposées par les Préfets. Au lieu d'être permise en tout temps, cette chasse ne l'est plus qu'aux époques et aux conditions jugées convenables par le Préfet. Celui qui contrevient à l'arrêté, ne contrevient pas au droit commun, mais à la législation spéciale. D'où il faut conclure que le fait de chasse du gibier d'eau ne peut donner lieu à l'application d'une autre peine que celle portée par le paragraphe 4e (3°) de l'article 11.

XXXII. Ces observations s'appliquent au cas où le fait de chasse a été commis à l'aide d'un mode, d'un instrument ou d'un procédé non autorisés, comme à toute autre infraction à l'arrêté du Préfet.

XXXIII. Les Préfets peuvent aussi réglementer la chasse en temps de neige, c'est une faculté ; si le Pré-

fet n'en use pas, le département reste placé sous l'empire de la loi, qui ne contient aucune exception. pour
le temps de neige.

XXXIV. L'arrêté ne peut s'appliquer qu'au temps
où la chasse est ouverte ; car pendant celui où elle est
fermée, la chasse est interdite d'une manière générale,
et tout aussi bien en temps de neige qu'en tout autre.
Ce n'est pas le cas de reproduire ici les observations
faites relativement au gibier d'eau ; il ne s'agit plus
d'une chasse toute particulière, mais bien d'une prohibition de temps pour la chasse en général.

XXXV. Quand la chasse est ouverte, le Préfet peut
l'interdire d'une manière absolue en temps de neige ;
mais que doit-on entendre par temps de neige ? On
conçoit que la loi ne l'ait pas dit ; mais il faudra bien
que les arrêtés le disent. Il est indispensable qu'on sache
si la plus petite quantité de neige qui n'aura résisté
que pendant peu d'heures à l'action de l'air ou du soleil sera ou non suffisante pour que l'exercice du droit
de chasse soit suspendu ou s'il faudra un séjour plus ou
moins considérable d'une grande quantité de neige sur
le sol. Il serait difficile de poser à l'avance des règles
d'appréciation, et les Préfets s'attacheront sans doute
à prévenir les difficultés d'exécution. Peut-être au lieu
de prendre d'avance l'arrêté jugeront-ils plus prudent
d'attendre les temps de neige pour décider si c'est le

cas d'user de la faculté qui leur est laissée. La loi ne dit pas à quelle époque l'arrêté devra être pris ; elle laisse donc à cet égard la plus grande latitude.

XXXVI. Si les Préfets attendent les temps de neige pour prendre les arrêtés , ces réglements seront-ils exécutoires sur le champ ou dans quel délai le seront-ils ? Ainsi que nous avons eu l'occasion de l'expliquer pour un autre cas , la loi ne fixant pas de délai , il ne nous paraît pas possible de suppléer à son silence. L'article 3 serait aussi vainement invoqué par analogie.

XXXVII. Il est inutile d'ajouter que le droit accordé aux Préfets d'interdire la chasse en temps de neige comprend celui de défendre seulement celle qui se fait à l'aide de certains modes et même à certaines heures ; qui peut le plus doit pouvoir le moins.

XXXVIII. Les Préfets peuvent prendre un arrêté pour autoriser l'emploi des chiens levriers à la destruction des animaux nuisibles ou malfaisants. Ceux qui emploient les levriers en dehors des conditions portées dans l'arrêté du Préfet, commettent le délit prévu par l'article 11, n° 3 ; mais ceux qui chassent au levrier commettent celui prévu par l'article 12. n° 2.

XXXIX. Les Préfets peuvent également réglementer la destruction des oiseaux, et leurs arrêtés pris en exécution de la loi sont obligatoires tout aussi bien pendant le temps où la chasse est ouverte que pendant

celui où elle est fermée. Il s'agit de prévenir la des_
truction totale des oiseaux, et les mesures à prendre
pour parvenir à ce but sont confiées à la discrétion
des Préfets. Ils peuvent interdire cette chasse pour tous
les temps et d'une manière absolue ou bien restreindre
l'interdiction à un certain temps ou à certains oiseaux.
Toute contravention à l'arrêté est punie par le n° 3°
de l'article 11.

XL. Si la contravention à l'arrêté du Préfet est un
fait de chasse en temps prohibé, ce fait constitue alors
deux délits punis de peines différentes, et comme la
plus forte peut seule être appliquée, c'est l'article 12,
paragraphe 1er, et non l'article 11, paragraphe 4,
n° 3, qu'il faut appliquer.

XLI. La loi reconnait aussi aux Préfets le droit de
prendre des arrêtés pour déterminer les espèces d'animaux nuisibles ou malfaisants que le propriétaire, possesseur ou fermier pourra en tout temps détruire sur
ses terres, et les conditions de l'exercice de ce droit.
La loi consacre le droit, mais c'est à l'arrêté à régler
le mode, les moyens, le temps et les conditions de son
exercice. Ceux qui contreviennent à ces arrêtés, sont
punis de l'amende de 16 à 100 francs prononcée par
l'article 11.

§ 7 (ou n° 4.)

XLII. Le n° 4 de l'article 11, est la sanction pénale

de la dernière disposition de l'article 4. Voyez ce que nous avons dit sur cet article, sans perdre de vue que la peine n'est encourue que lorsque le fait a eu lieu sur le terrain d'autrui.

§ 8 (ou n° 5.)

XLIII. Le n° 5 contient une disposition sans précédent ; il prévoit et punit un délit tout-à-fait nouveau , c'est l'infraction aux clauses et conditions des cahiers des charges relatives à la chasse, consenties par les fermiers de la chasse.

Cette disposition n'est toutefois applicable qu'aux fermiers de la chasse dans les bois soumis au régime forestier et à tous ceux qui ont loué la chasse sur une propriété appartenant à une commune ou à un établissement public.

XLIV. On entend par bois soumis au régime forestier, les bois qui sont placés sous la surveillance de l'administration forestière. Ce sont les bois de l'Etat, ceux des communes, des hospices et des autres établissements publics.

XLV. La disposition ne s'applique pas aux fermiers de la chasse dans les bois des particuliers, ni aux fermiers de la chasse sur toutes les autres propriétés des particuliers.

XLVI. Elle ne s'applique pas non plus aux fermiers de la chasse, sur les propriétés de l'État autres que les bois, parce que l'État ne peut pas être considéré comme compris dans ces mots : communes ou établissements publics.

XLVII. La disposition ne peut s'appliquer qu'aux clauses relatives à la chasse, la loi le dit formellement ; mais ce que la loi ne dit pas, e t qui n'en est pas moins évident pour nous, c'est qu'elle ne doit s'appliquer qu'aux faits qui ne sont pas qualifiés délits par la loi sur la police de la chasse ; car pour ceux-ci une disposition pénale existant déjà, il n'était pas besoin d'une disposition particulière pour les fermiers de la chasse dans les bois soumis au régime forestier, ou sur les propriétés des communes ou établissements publics.

XLVIII. Qu'un fermier ne paie pas au jour fixé le prix de sa location , il y a bien contravention à une des clauses du cahier des charges ; mais cette contravention n'étant pas relative à la chasse, il n'y aura pas possibilité de lui faire application de l'art. 11.

XLXIX. Qu'un fermier chasse pendant la nuit lorsque le cahier des charges le défend formellement, il y aura bien évidemment contravention à l'une des clauses du cahier des charges relatives à la chasse ; néanmoins l'article 11 ne sera pas applicable, ce sera l'article 12, parce qu'indépendamment de la contravention aux clauses du cahier des charges, il y a une infraction à la règle générale tracée par l'article 12.

L. Si un fermier, à qui le cahier des charges permet de se faire accompagner par deux chasseurs, en conduit trois ou quatre sur le terrain affermé, il y a alors contravention à l'une des clauses du cahier des charges relatives à la chasse, et comme le fait n'est pas qualifié délit par la loi générale, ce sera le cas d'appliquer le n° 5 de l'article 11. Je suis porté à croire que je ne me trompe pas lorsque je relis les motifs de la loi :

« Dans l'état de la législation, a dit M. le garde des sceaux, en présentant la loi à la chambre des pairs les contraventions à ces clauses ne donnent lieu qu'à des réparations civiles. L'action de l'administration forestière est sans cesse entravée par les formalités qu'entraînent toujours les procès devant la juridiction civile. C'est ainsi que l'article 37 du Code forestier porte que toute contravention aux clauses et conditions du cahier des charges, relativement au mode d'abattage des arbres et au nettoiement des coupes, sera punie d'une amende qui ne pourra pas être moindre de cinquante francs, ni excéder cinq cents francs. L'intérêt général, qui a fait adopter cette mesure, justifie également celle que nous proposons. » Il ressort de ces paroles que le but du législateur n'a été d'atteindre, par la nouvelle disposition pénale, que les contraventions ne donnant lieu qu'à des réparations civiles, et ce, comme on l'a dit formellement, pour éviter les forma-

lités qu'entraînent toujours les procès devant la juridiction civile.

LI. Le n° 5 ne peut s'appliquer aux faits qui sont déjà
qualifiés délits par la loi générale , quel que soit ce délit, un fait de chasse sans permis, un fait de chasse en
temps prohibé, ou tout autre prévu et puni par la loi.

LII. Lorsque dans un cahier des charges on aura
surabondamment inséré des défenses déjà faites par la
loi générale, les choses resteront les mêmes, parce que
la peine attachée à un fait par la loi ne peut être ni changée ni modifiée par la convention des parties contrac-
tantes. Par exemple, si l'on avait stipulé que le fermier
ne pourrait chasser sans permis de chasse, la peine encourue ne serait pas celle du n° 5 , mais bien celle du
n° 1er ; comme la défense de chasser en temps prohibé
laisserait le délinquant sous l'application de l'art. 12.

LIII. Ainsi que nous l'avons dit , le cas où le fermier de la chasse enfreint la défense du cahier des
charges, de ne se faire accompagner que par un certain
nombre de chasseurs, est bien l'un de ceux dans lesquels le paragraphe 5 devra recevoir son application.
Ce fait n'est pas puni par la loi générale , et c'est une
contravention à l'une des clauses du cahier des charges
relatives à la chasse.

Lorsque le fermier de la chasse, qui n'a le droit que
d'amener avec lui un seul chasseur, en conduit cepen-

dant deux ou un plus grand nombre, contre qui devrá-t-on dresser procès-verbal ?

M. Delespaul a demandé à la chambre des députés, pendant la discussion de la loi, contre lequel des trois amis le procès-verbal serait rédigé, lorsque le fermier qui les avait conduits n'avait le droit que d'en conduire deux. « On les traduira tous trois devant les tribunaux qui jugeront, a répondu M. Crémieux. » — « Il n'y aura de délinquant, a dit M. Pascalis, que le fermier de la chasse, relativement au paragraphe dont nous nous occupons, et s'il a commis plusieurs délits, il encourra plusieurs peines ; si, au contraire, les chasseurs sont en délit, ils seront punis soit parce qu'ils n'ont point de permis de port d'armes, soit parce qu'ils chassent sur un terrain sans avoir le droit de chasse sur ce terrain. »

Ces réponses ne levaient pas la difficulté, car il restait encore à savoir lequel des trois sera considéré comme ayant chassé sans avoir le droit de chasse sur ce terrain. M. Delespaul l'a bien senti, aussi a-t-il ajouté que ce serait un point à régler dans l'ordonnance pour l'exécution de la loi, et M. le garde des sceaux s'est empressé de faire un signe d'assentiment.

Quant au fermier de la chasse, il n'y a rien à régler par l'ordonnance ; pour lui, la contravention est claire et patente : il ne devait conduire que deux amis, il en conduit trois, il y a contravention à l'une des clauses du cahier des charges relatives à la chasse, et par suite l'application du n° 5 devient inévitable.

Si les chasseurs sont en délit parce qu'ils ne sont pas munis de permis de chasse, tout est encore réglé par la loi. L'application du paragraphe 1er de l'article 11 doit être faite sans difficulté.

Mais ce qui reste, et qui reste seul à régler, c'est de poser le principe à l'aide duquel on devra choisir parmi les trois amis le coupable d'avoir chassé sur un terrain sur lequel il n'avait pas le droit de chasse.

La Chambre a compris la difficulté, et elle en a renvoyé l'examen à une ordonnance d'exécution. Que fera cette ordonnance? En attendant qu'elle intervienne, il faudra bien, surtout si elle se fait attendre, assurer l'exécution de la loi, et les tribunaux peuvent être appelés à résoudre la question. Il n'est donc pas inutile d'en dire quelques mots.

Dans mon opinion, l'impossibilité de désigner le coupable doit les innocenter tous. Il est évident que chacun des amis invités peut être de bonne foi, et bien que sa présence constitue un délit, à cause de la présence des autres, il n'est pas possible de dire lesquels sont exempts de reproche et lequel est coupable; on ne peut pas faire un choix qui serait tout à fait arbitraire, et dès qu'on ne peut pas choisir, il faut ou les condamner tous, ou les déclarer tous à l'abri de poursuites. Les condamner tous, c'est impossible, puisque le fait d'un certain nombre est licite; il ne reste donc plus qu'à s'abtenir à l'égard de tous.

ARTICLE XII. — Seront punis d'une amende de cinquante a deux cents francs, et pourront en outre l'être d'un emprisonnement de six jours a deux mois,

1° Ceux qui auront chassé en temps prohibé ;

2° Ceux qui auront chassé pendant la nuit ou a l'aide d'engins et instruments prohibés, ou par d'autres moyens que ceux qui sont autorisés par l'article 9 ;

3° Ceux qui seront détenteurs ou ceux qui seront trouvés munis ou porteurs, hors de leur domicile, de filets, engins ou autres instruments de chasse prohibés ;

4° Ceux qui, en temps ou la chasse est prohibée, auront mis en vente, vendu, acheté, transporté ou colporté du gibier ;

5° Ceux qui auront employé des drogues ou appats qui sont de nature a enivrer le gibier ou a le détruire ;

6° Ceux qui auront chassé avec appeaux, appelants ou chanterelles.

Les peines déterminées par le présent article, pourront être portées au double contre ceux qui auront chassé pendant la nuit sur le terrain d'autrui, et par l'un des moyens spécifiés au paragraphe

2, SI LES CHASSEURS ÉTAIENT MUNIS D'UNE ARME APPA-
RENTE OU CACHÉE.

LES PEINES DÉTERMINÉES PAR L'ARTICLE 11 ET PAR LE
PRÉSENT ARTICLE, SERONT TOUJOURS PORTÉES AU MAXI-
MUM, LORSQUE LES DÉLITS AURONT ÉTÉ COMMIS PAR LES
GARDES CHAMPÊTRES OU FORESTIERS DES COMMUNES, AINSI
QUE PAR LES GARDES FORESTIERS DE L'ÉTAT ET DES ÉTA-
BLISSEMENTS PUBLICS.

§ 1er, 2, 1º.

I. Les articles 1er et 3 avaient besoin d'une sanction
pénale. Ils la trouvent dans le premier numéro de l'article 12, qui inflige à celui qui a chassé en temps prohibé, toujours une amende, et, facultativement pour le
juge, la peine de l'emprisonnement, qui, dans aucun
des cas où il sera appliqué, n'aura moins de six jours.

§ 3, 2º.

II. La chasse est permise pendant le jour dans les
conditions de la loi, telle est la règle tracée par l'article 9. Le fait de chasser pendant la nuit est prévu
par le nº 2 de l'article 9. (Voyez nos observations sur
ce dernier article.)

III. Il importe peu que le délinquant possède ou ne
possède pas un permis de chasse, car la peine de l'article 12 est plus forte que celle de l'article 11, et suivant l'article 17, la première seule peut être appliquée.

IV. Il est sans intérêt que le fait de chasse ait eu

lieu en temps prohibé, les deux délits étant punis par la même peine.

V. Les engins et les instruments prohibés, sont tous les engins et instruments sans distinction. L'article 9 ne fait d'exception que pour l'emploi des furets et des bourses destinés à prendre les lapins.

VI. Que le chasseur à l'aide d'instrument autre que la bourse destinée à prendre le lapin, ait commis le délit la nuit et en temps prohibé, cela est sans conséquence ; le seul fait d'avoir chassé à l'aide d'un instrument prohibé, donne lieu à l'application de la peine de l'article 12. Les circonstances de nuit et de temps prohibé, constituant deux autres délits punis de la même peine, peuvent bien déterminer les juges à la sévérité, mais jamais ils ne pourront excéder le maximum de la peine portée en l'article 12.

VII. Les moyens autorisés par l'article 9 sont la chasse à tir et à courre, les furets et les bourses pour prendre les lapins, tous autres moyens sont défendus ; ainsi la chasse aux levriers est une chasse prohibée, et celui qui s'y est livré encourt la peine portée par l'art. 12.

Mais tout en interdisant d'une manière absolue la chasse au levrier, la loi a cependant voulu charger les préfets de permettre et de régler l'emploi des levriers pour la destruction de certains animaux. Ceux qui contreviennent à ces arrêtés doivent être condamnés à la peine de l'article 11 , conformément au n° 3 de cet article.

Il peut, par suite , paraître difficile de décider laquelle des deux peines, celle de l'article 11 ou celle de l'article 12, est applicable aux délits commis avec levriers ; aussi nous semble-t-il nécessaire de poser à cet égard une règle générale :

Lorsqu'il y a eu fait de chasse au lévrier, c'est une contravention à l'article 9 punie par l'article 12 ; mais ceux qui profitant de la permission exceptionnelle accordée par les Préfets n'emploient les levriers qu'à la destruction de certains animaux désignés dans les arrêtés ne se conforment cependant pas scrupuleusement aux conditions et moyens énoncés dans l'arrêté, commettent une infraction, non pas à l'article 9 , qui serait punie des peines portées à l'article 12, mais à l'arrêté du Préfet, infraction prévue par l'article 11. Ils n'ont pas, en effet, chassé au levrier, ils ont fait un emploi permis, mais irrégulier, des chiens levriers.

§ 4. 3°.

VIII. J'ai vu , avec regret, la persistance apportée à l'introduction dans la loi de cette disposition préventive. Elle me paraît trop générale et trop absolue . et je crains bien de ne pas me tromper en disant qu'elle sera d'une exécution au moins très-difficile, si elle n'est pas vexatoire.

Les deux chambres avaient d'abord voté le projet sans étendre la mesure aux détenteurs, et ce n'est que lorsqu'il est revenu à la chambre des pairs que cette aggravation a été enfin admise. La chambre des députés a cédé devant cette insistance, de sorte que la prohibition est devenue dans la loi aussi complète que possible.

Le respect du domicile avait jusqu'alors protégé la détention ; mais le désir de prévenir le braconnage a paralysé ce scrupule, et le législateur s'est rassuré sur les dangers de la mesure par la pensée qu'en ne conférant qu'aux magistrats seuls le pouvoir d'ordonner les visites domiciliaires, on ne devait pas avoir à craindre que les perquisitions fussent vexatoires. C'est cette explication qui a sans contredit fait adopter l'amendement. Je partage bien certainement la confiance de la chambre dans la sagesse des magistrats, mais cette garantie, toute rassurante qu'elle puisse être, sera-t-elle toujours efficace ? Sans doute lorsqu'il ne s'agira pas des cas de flagrant délit, la visite domiciliaire ne pourra être ordonnée que par le juge d'instruction ; mais ce magistrat ne procède pas toujours lui-même aux visites domiciliaires qu'il ordonne ; il use souvent de son droit de délégation, et en matière de délits de chasse, comme en toute autre, rien ne l'empêche de procéder d'après les dispositions générales du code d'instruction criminelle.

La garantie disparaîtra tout à fait dans les cas de flagrant délit ; tous ceux qui ont le droit de constater les contraventions au n° 3 pourront alors saisir à domicile les filets, engins ou autres instruments de chasse, en se conformant aux règles de la procédure criminelle. Tous ceux qui pour rassembler les preuves d'un crime ou d'un délit s'introduiront légalement dans le domicile d'un citoyen, pourront encore saisir ces engins ou instruments lorsqu'ils les apercevront dans leurs recherches, ayant d'abord un autre but ou même un autre prétexte. Dans ce cas, comme dans beaucoup d'autres, que deviendra la garantie qu'on a trouvée si rassurante ?

IX. Quoiqu'il en soit, pour qu'il y ait délit, il suffit qu'on soit détenteur, muni ou porteur, hors de son domicile, de filets, engins ou autres instruments de chasse prohibés, quand bien même il serait évident qu'on ne s'est pas livré et qu'on ne va pas se livrer à l'exercice de la chasse à l'aide de ces filets, engins ou autres instruments. « Le fait de les porter, a dit M. le rapporteur à la chambre des députés, doit faire présumer l'intention de s'en servir, par conséquent il en est de même du fait de les détenir. » La présomption a paru tellement forte que la loi ne permet même pas d'en diminuer l'autorité par l'évidence du contraire. Ainsi, ce n'est pas le délit de chasse qu'on punit, c'est l'intention présumée de le commettre ; que dis-je, l'intention ? La loi va bien plus loin, puisqu'elle frappe encore quand cette intention n'existe pas et lors-même qu'elle ne peut exister. La présence d'un filet dans un des coins de la maison d'un vieillard infirme et aveugle le place sur la même ligne que les plus hardis braconniers. La femme octogénaire, la jeune fille, les mineurs des deux sexes et de tout âge . personne enfin, ne peuvent échapper, par les meilleures raisons du monde, à l'application de la loi qui punit un fait licite pour prévenir un fait illicite.

X. Si l'objet prohibé est trouvé dans une habitation commune à toute une famille, tous les membres de cette famille sont de suite placés en suspicion ; mais il ne faut pas se laisser entraîner jusqu'à dire qu'ils doivent tous être condamnés. Le seul qui doive l'être c'est celui qui sera convaincu du délit de détention, à moins que la tolérance ou la négligence du maître de la maison ne soit de nature à faire porter la punition sur lui. Si la détention ne peut pas être spécialement imputée à l'un des membres de la famille, c'est alors le chef qui doit être condamné, car il est responsable même dans le cas où il aurait ignoré l'existence de l'objet prohibé. *Dura lex sed lex.*

XI. Je m'étais demandé ce qu'il fallait entendre par *domicile*, et j'avais pensé que cette expression comprenait non seulement les locaux servant à l'habitation, mais aussi toutes leurs dépendances. C'est parce qu'elle a assimilé à l'habitation elle-même les possessions qui y attiennent et qui sont entourées d'une clôture, que la loi accorde au propriétaire le droit d'y chasser ou faire chasser en tout temps sans permis. Le respect du domicile, que le législateur a consacré d'une manière si marquée dans l'article 2, devait préserver encore le propriétaire ou le possesseur de toutes recherches pour l'exécution du paragraphe 3 de l'article 12, et il aurait pu, sans craindre d'être inquiété, être porteur ou muni de filets, engins ou autres instruments de chasse prohibés, non seulement dans son habitation, mais encore dans toutes les dépendances de cette habitation, pourvu qu'elles fussent entourées d'une clôture faisant obstacle à toute communication avec les héritages voisins.

Avant l'adoption du mot *détenteur*, cette interprétation de la loi était clairement constatée par le rejet de l'amendement de M. d'Hérembault, qui voulait qu'on ajoutât ce mot et qu'on supprimât ceux-ci : *hors du domicile.*

« Le mot *détenteur* implique les visites domiciliaires, a dit M. Muteau. » M. Crémieux s'est empressé de re-

pousser les explications de M. d'Hérembault, en disant :
« Nous ne pouvons admettre les visites domiciliaires. »
M. Beaumont, le seul député qui ait appuyé l'amendement, a dit qu'on pourrait saisir les filets sans faire
de visites domiciliaires , par exemple toutes les fois
qu'il y aurait ouverture de succession et inventaire.
M. Crémieux répliqua : « La commission, dit-il, n'admet pas l'amendement, elle ne veut pas les visites domiciliaires. » La chambre n'en a pas voulu non plus,
et l'amendement fut rejeté. Alors les mots *hors du domicile* avaient leur portée et devaient recevoir l'interprétation que je leur avais donnée, mais du moment que
la chambre a changé d'avis et a admis le mot *détenteur*,
et par suite les visites domiciliaires , les mots *hors du
domicile* , sont devenus inutiles , et en en revenant à
l'amendement de M. d'Hérembault, on aurait pu l'admettre en entier et suprimer les mots *hors du domicile*;
ils sont tout-à-fait inutiles.

XII. L'admission du mot *détenteur* a une autre
portée.

Si la détention n'avait pas été un délit, le propriétaire ou le possesseur aurait pu, dans les dépendances
de son habitation, se servir de filets, engins ou autres
instruments pour prendre son gibier, personne n'ayant
le droit de pénétrer dans son domicile pour voir de
quelle manière il chasse ; il ne le pourra plus désor-

mais, puisque la détention de ces instruments constituerait un délit.

XIII. Ils ne peuvent pas davantage se servir de filets, engins et autres instruments prohibés , pour détruire les bêtes fauves qui ravageraient leurs propriétés. L'exercice de ce droit, consacré par la loi, et qui ne doit pas être confondu avec l'exercice du droit de chasse , est devenu sinon impossible, du moins fort difficile et en tout cas considérablement entravé. La distinction si sagement faite par M. le rapporteur à la chambre des députés, entre le cas où le propriétaire emploie les moyens qui lui paraissent le plus convenables pour détruire les animaux qui dévastent sa chose, et celui où il veut recourir aux moyens de les chasser, devient sans importance. La loi maintient au propriétaire le droit de détruire les bêtes fauves dans les dépendances de son habitation, par les moyens jugés les plus convenables, mais comme elle défend de détenir des filets , engins et autres instruments prohibés , elle en interdit l'usage même pour un fait licite.

XIV. Quels sont donc les filets , engins et autres instruments prohibés ? Au numéro 2 de l'article 12 , je trouve une peine contre ceux qui auront chassé à l'aide d'engins et instruments prohibés, mais la loi n'en dit pas davantage. A l'article 16, je vois que si les armes, filets , engins ou autres instruments de chasse n'ont pas été saisis , le délinquant doit être condamné à en payer la valeur, mais je ne trouve encore rien pour aider à la solution de la question.

Je crois qu'il faut retourner à l'article 9, où l'on voit qu'après avoir permis la chasse à tir et à courre, le législateur ajoute que tous autres moyens de chasse, à l'exception des furets et des bourses destinés à prendre le lapin, sont formellement prohibés.

Si je recours ensuite aux motifs de la loi, je vois que la chambre des pairs a entendu prohiber d'une manière absolue l'emploi des panneaux , lacets et filets ; je trouve qu'en présentant la loi à la chambre des députés, M. le garde-des-sceaux a dit que l'emploi des panneaux et des filets, l'usage des collets , et en un mot de tous ces instruments de destruction aujourd'hui permis, sont compris dans la prohibition générale.

Je raisonne ainsi : l'emploi des panneaux, des filets, des collets, et en un mot de tous les instruments de destruction, sont prohibés par l'article 9.

C'est donc de ces panneaux, filets, collets et instruments, que l'article 16 ordonne la confiscation.

C'est donc le fait de chasse avec ces panneaux, filets, collets et instruments, que punit le numéro 2 de l'article 12.

Et par suite, les filets, engins et autres instruments de chasse prohibés dont parle le paragraphe 3 du même

articlé, ce sont les panneaux, filets, collets et instruments dont il est parlé au paragraphe précédent et en
l'article 16.

XV. C'est ainsi que s'est trouvée justifiée à mes yeux
ma prévision sur l'exécution du paragraphe 3. Quels
sont les filets, engins et autres instruments de chasse ?
Beaucoup de personnes ne le savent pas, et bien peu
de jurisconsultes pourraient en établir une nomenclature exacte et complète. S'il n'est pas rigoureusement
nécessaire d'être initié à toutes les ruses des chasseurs
pour s'abstenir de contrevenir à l'article 9, il est indispensable de connaître tous les instruments dont parle
le numéro 3 de l'article 12, pour éviter la contravention si sévèrement punie par cet article. Or, comme
cela est impossible pour beaucoup de personnes qui
n'entendent rien à la chasse, il arrivera qu'il y aura
bien des délinquants sans intention et sans volonté de
l'être. Vainement pourra-t-on dire que l'instrument
n'est pas un instrument de chasse, qu'il n'a pas et n'a
jamais eu cette destination, s'il est reconnu qu'il peut
être employé à la chasse, il y aura délit, et l'ignorance
ou la bonne foi ne pourront pas détourner l'application
injuste d'une disposition trop sévère et surtout trop
absolue.

Ce n'est pas là que s'arrêtera la difficulté d'exécution. Il existe des instruments qui sont d'un usage déter-

miné et licite dans les habitudes d'un pays, et qui peuvent, bien qu'ils n'y soient pas destinés, servir également à la chasse. Par exemple :

Un filet sert à bien des usages, à la pêche, à la santé ou à l'ornement des chevaux, il sert aux habitants des campagnes pour transporter leurs provisions à la ville, etc. S'il arrive que l'un de ces filets soit confectionné de manière à ce qu'il puisse aussi servir à la chasse, sans que le détenteur s'en doute, il n'y en aura pas moins délit.

Ce que je dis pour les filets, qui est le premier exemple qui se présente à ma pensée, je pourrais le répéter pour les pièges et pour une quantité d'instruments qui, pour être susceptibles d'être employés à la chasse, ne sont cependant réellement destinés qu'à un autre usage.

XVI. Je le répète, la mesure préventive est beaucoup trop étendue, et c'est à la jurisprudence à en restreindre l'application dans les limites de la justice. Le but du législateur doit être atteint, mais non dépassé ; que la peine soit appliquée toutes les fois qu'un instrument de chasse sera trouvé en la possession d'un individu, même lorsque l'intention de s'en servir ne sera pas démontrée ; mais qu'elle ne le soit pas lorsque le contraire sera évident, qu'elle ne le soit pas surtout lorsque l'instrument, pouvant servir à la chasse, a cependant

entre les mains de son propriétaire une autre destination.

§ 5. (4°.)

XVII. Le n° 4 de l'article 12 n'est que la sanction
pénale des défenses faites dans l'article 4. Voyez ce
que nous avons dit sur ce dernier.

§ 6. (5°.)

XVIII. Le n° 5 est applicable à celui qui a employé
des drogues pour enivrer le gibier ou le détruire, soit
pour le laisser sur place, soit avec intention de s'en
emparer ; la loi ne distingue pas.

§ 7. (6°.)

XIX. La chasse avec appeaux, appelants ou avec la
chanterelle est considérée comme un moyen de destruction, et la chambre des pairs, en dernière analyse,
a fait un amendement pour la prohiber. La chambre
des députés l'a adopté.

XX. On se demande tout d'abord si cette chasse ne
se trouvait pas déjà défendue par l'article 9, et l'on est
disposé à répondre affirmativement, au moins pour le
cas où elle aurait lieu autrement qu'à tir ou à courre.
Par une défense spéciale et précise, cette chasse se
trouve aujourd'hui prohibée d'une manière générale
et absolue, en tout temps et sur tous les terrains,
excepté comme de raison sur ceux qui font partie de

l'habitation, aux termes de l'article 2. Les motifs qui
.nt fait adopter l'exception de cet article s'appliquent à
tous les modes de chasse.

XXI. La commission de la chambre des députés a
examiné la question de savoir s'il n'y avait pas lieu de
déclarer que l'amendement n'était pas applicable aux
chasses qui, aux termes de l'article 9, doivent être
réglées par les arrêtés des Préfets. Elle a reconnu que
les attributions données aux Préfets par l'article 9 à
l'égard de ces chasses d'une espèce particulière, com-
prenaient le droit de déterminer non-seulement l'époque où elles peuvent avoir lieu, mais encore les modes
et les procédés à employer, que dès lors les dispositions
de l'amendement ne dérogeaient pas à celles de l'article 9.

Lors de la discussion on a voulu préciser davantage,
et M. le garde-des-sceaux a répondu : « Les Préfets en
faisant leurs arrêtés pour la chasse des oiseaux de passage, pourront prendre telles dispositions qu'ils voudront, relativement au mode de cette chasse. »

Ainsi il demeure bien entendu que dans les arrêtés
que les Préfets devront prendre relativement à la chasse
des oiseaux de passage, du gibier d'eau et à la destruction des animaux malfaisants ou nuisibles, ils pourront introduire des exceptions à la règle générale tracée

dans le n° 6 de l'article 12, mais applicables à ces chasses et destruction seulement.

§ 8.

XXII. Porter au double les peines de l'article 12, c'est fixer l'amende à 100 fr. au moins et 400 fr. au plus, et l'emprisonnement à douze jours au moins et quatre mois au plus. La première condition, la condition indispensable pour que la disposition de cet article puisse être applicable, c'est que le chasseur ait été muni d'une arme apparente ou cachée. Si cette circonstance manque, le doublement devient impossible ; si elle existe, il faut en outre que le fait de chasse ait eu lieu pendant la nuit, et il faut encore qu'il ait eu lieu sur le terrain d'autrui, avec ou sans le consentement du propriétaire, la loi ne distingue pas; enfin il faut que le fait de chasse ait eu lieu par l'un des moyens spécifiés au n° 2 de l'article 12, c'est-à-dire à l'aide d'engins et instruments prohibés ou par d'autres moyens que ceux autorisés par l'article 9. Les moyens autorisés par l'article 9 sont la chasse à tir et à courre pendant le jour et l'emploi des furets et des bourses destinés à prendre le lapin : ces renvois successifs conduisent à conclure que de tous les moyens de chasse, un seul, celui de l'emploi des furets et des bourses pour prendre le lapin, peut faire échapper à l'application de la disposition dernière du n° 6 de l'article 12.

§ 9.

XXIII. La disposition du dernier paragraphe est le résultat d'un amendement introduit dans la loi par la commission de la chambre des députés, et voici comment M. Lenoble s'est exprimé dans son rapport :

« Dans le droit commun les agents chargés de cons-
» tater les délits, encourent le maximum de la peine ,
» lorsqu'ils se rendent coupables d'une infraction de la
» de la nature de celles qu'ils sont chargés de consta-
» ter. Le projet de loi est muet sur cette question et il
» serait douteux que la disposition du code pénal pût
» être invoquée ; votre commission vous propose par
» amendement de reproduire cette disposition à la fin
» de l'article 12 en ce qui concerne les gardes. Cette
» mesure ne paraîtra pas trop rigoureuse puisqu'à
» cause de leurs fonctions, ils ne doivent pas se livrer à
» l'exercice de la chasse. »

XXIV. En reproduisant formellement la disposition du code pénal dans la loi sur la chasse, il n'y a pas de doute, le droit commun devient applicable, mais en en limitant l'application aux gardes champêtres ou fores-tiers des communes et aux gardes forestiers de l'Etat et des établissements publics, il est également certain que le législateur a nécessairement exclu tous les autres fonctionnaires et agents qu'il ne dénomme pas et que par suite, ces derniers ne pourront plus voir invoquer contre eux les dispositions du code pénal, lorsqu'il s'agira d'une infraction à la loi sur la police de la chasse.

XXV. Toutes les peines déterminées par les articles 11 et 12 doivent toujours être portées au maximum , aussi bien celle à infliger pour détention d'un filet que celle pour fait de chasse sans permis.

Dans le cas de l'application de l'article 11, l'amende doit donc toujours être de 100 francs.

Dans le cas de l'article 12 elle devra toujours être de 200 francs.

XXVI. Si les juges veulent prononcer un emprison·nement, ils ne pourront condamner qu'à un emprisonnement de deux mois, parce que c'est là le maximum, et qu'ils ne peuvent prononcer que le maximum, ainsi : deux mois d'emprisonnement ou point d'emprisonnement.

XXVII. Si les juges veulent pour les cas prévus par la disposition du n° 6 de l'article 12, user de la faculté à eux laissée par ce paragraphe, ils pourront prononcer 400 francs d'amende et quatre mois d'emprisonnement. Mais comme en ne doublant pas , ils ne peuvent prononcer que le maximum , c'est ce maximum qui doit être doublé , lorsqu'ils usent du droit qui leur est accordé.

ARTICLE XIII. — Celui qui aura chassé sur le terrain d'autrui sans son consentement, si ce terrain est attenant a une maison habitée ou servant a l'habitation, et s'il est entouré d'une clôture continue faisant obstacle a toute communication avec les héritages voisins, sera puni d'une amende de cinquante a trois cents francs, et pourra l'être d'un emprisonnement de six jours a trois mois.

Si le délit a été commis pendant la nuit, le délinquant sera puni d'une amende de cent francs a mille francs, et pourra l'être d'un emprisonnement de trois mois a deux ans, sans préjudice, dans l'un et l'autre cas, s'il y a lieu, de plus fortes peines prononcées par le code pénal.

§ 1 et 2.

I. Comme l'a dit M. Martin (du Nord) garde-des-sceaux, en présentant la loi à la chambre des pairs, ce délit a paru sortir de la classe ordinaire des infractions de ce genre. Il est tellement grave que quelques personnes auraient voulu qu'il fût complètement assimilé au vol et puni comme tel, mais cette idée a été repoussée parce que si le fait de chasse eût été accompagné de certaines circonstances, il aurait été puni de peines afflictives et infamantes ; une semblable disposition n'aurait pas été en rapport avec les habitudes et les mœurs actuelles.

II. Pour qu'il y ait lieu à l'application de l'article 13,

il faut la réunion des quatre circonstances suivantes :

1° Fait de chasse sur le terrain d'autrui ;

2° Défaut de consentement du propriétaire ;

3° Il faut que le terrain soit attenant à une maison habitée ou servant à l'habitation ;

4° Et que ce terrain soit entouré d'une clôture continue faisant obstacle à toute communication avec les héritages voisins.

Si une seule de ces quatre circonstances manque, l'article 13 ne peut plus être appliqué.

III. J'ai suffisamment établi ce qui caractérise le fait de chasse sur le terrain d'autrui et je crois inutile d'y revenir. Voyez tome 1er page 297, et nos observations sur l'article 1er de la loi du 3 mai 1844.

IV. Quant aux 3e et 4e circonstances, voyez tome 1er, page 286 et nos observations sur l'article 2 de la loi du 3 mai 1844.

V. Le délit prévu par l'article 13 doit être puni d'une amende de 50 francs au moins et de 300 francs au plus.

Quant à l'emprisonnement, il est facultatif, et les juges peuvent, selon les circonstances, ou s'abstenir de le prononcer, ou le prononcer pour six jours au moins et trois mois au plus.

VI. Si le délit a été commis la nuit, l'amende doit être de 100 francs au moins et de 1,000 francs au plus.

L'emprisonnement qui, même dans ce cas, est facultatif, peut être prononcé pour trois mois au moins et deux ans au plus.

VII. Ces peines sont celles que les tribunaux doivent prononcer, à moins que le délit commis le jour ou la nuit, ne soit de nature à entraîner une peine plus forte, par application d'une disposition du code pénal ou de toute autre loi spéciale.

VIII. Le projet de loi rendait l'emprisonnement obligé dans les cas prévus par l'article 13, mais pour laisser la facilité de tempérer, au besoin, la sévérité de cette disposition, il avait permis l'application de l'article 463 du code pénal. La chambre des pairs a préféré, avec raison, rendre l'emprisonnement facultatif; elle a ainsi donné le moyen d'atteindre le but sans s'exposer aux graves inconvénients naissant de la faculté d'appliquer l'article 463 du code pénal. En effet, outre que cette faculté laissait aux tribunaux le droit de ne pas condamner à l'emprisonnement, elle leur permettait de prononcer une amende au-dessous du minimum et même de la réduire à une peine de simple police. C'était conduire directement à un résultat tout-à-fait contraire à celui qu'on se proposait; le délit que le législateur veut punir le plus sévèrement, aurait été celui qui aurait pu l'être le moins.

IX. Si la contravention à l'article 13 de la loi du 3

mai 1844, a été commise par un garde champêtre ou forestier d'une commune, ou par un garde forestier soit de l'Etat soit d'un établissement public, y a-t-il nécessité de prononcer, en ce cas, le maximum de la peine ?

L'article 12 dans son dernier paragraphe dispose que les peines déterminées par l'article 11 et l'article 12 seront toujours portées au maximum, lorsque les délits auront été commis par les gardes champêtres ou forestiers des communes, ainsi que les gardes forestiers de l'Etat et des établissements publics, mais cette disposition ne peut s'étendre aux cas prévus par l'article 13. Ce qui, à mon avis, en rend l'application impossible, ce sont les termes mêmes de l'article 12 qui précèdent d'ailleurs l'article 13. Les peines qui doivent toujours être portées au maximum, ce sont les peines déterminées par l'article 11 et par l'article 12; le législateur ne dit nulle part dans la loi du 3 mai 1844, qu'il doive en être de même des peines déterminées par l'article 13.

Si la loi du 3 mai 1844, ne contient aucune disposition imposant aux tribunaux l'obligation de prononcer le maximum, peut-on la faire résulter du droit commun ? je ne le crois pas. Sous l'empire de la loi du 30 avril 1790, je n'ai jamais partagé l'avis de ceux qui tenaient pour certain que l'article 198 du code pénal était applicable en matière de chasse et sous la loi nouvelle, je persiste dans mon opinion avec d'autant plus de raison qu'elle vient me fournir des arguments nouveaux et qui me paraissent irrésistibles. Sans doute le législateur, en introduisant le droit commun pour les articles 11 et 12, a voulu consacrer l'applicabilité du principe de l'article 198 du code pénal à la loi spéciale sur la police de la chasse, mais comme au lieu d'en reconnaître l'application d'une manière générale et absolue, il l'a limitée aux articles 11 et 12, il a par cette disposition restrictive repoussé l'article 198 du code pénal pour tous les autres cas.

Il n'est donc plus possible d'invoquer l'article 198 du code pénal en matière de chasse.

S'il était permis de recourir au code pénal, à côté de l'article 198, on trouverait l'article 463 qui, à mon avis, sont inséparables. On arriverait donc non-seulement à rendre possible, pour le délit le plus grave, une réduction de peine impossible pour tout autre, et à violer formellement le texte de l'article 20 de la loi du 3 mai 1844, qui porte que l'article 463 du code pénal ne sera pas applicable aux délits prévus par la présente loi.

ARTICLE XIV.— Les peines déterminées par les trois articles qui précèdent pourront être portées au double si le délinquant était en état de réci-

DIVE, S'IL ÉTAIT DÉGUISÉ OU MASQUÉ, S'IL A PRIS UN UN FAUX NOM, S'IL A USÉ DE VIOLENCES ENVERS LES PERSONNES, OU S'IL A FAIT DES MENACES, SANS PRÉJUDICE, S'IL Y A LIEU, DE PLUS FORTES PEINES PRONONCÉES PAR LA LOI.

LORSQU'IL Y AURA RÉCIDIVE, DANS LES CAS PRÉVUS EN L'ARTICLE 11, LA PEINE DE L'EMPRISONNEMENT DE SIX JOURS A TROIS MOIS POURRA ÊTRE APPLIQUÉE SI LE DÉLINQUANT N'A PAS SATISFAIT AUX CONDAMNATIONS PRÉCÉDENTES.

§ 1ᵉʳ.

I. La loi se sert du mot *pourront*, ce qui fait voir que c'est une faculté, et non plus une obligation comme sous l'empire de la loi du 30 avril 1790.

II. Le droit de porter les peines au double comprend la faculté de porter au double non seulement l'amende, mais encore l'emprisonnement, quand la loi permet de le prononcer; mais, comme de raison, la faculté de doubler ou de ne pas doubler laisse le droit de ne doubler que l'une des deux peines.

III. L'article 14 est applicable lorsque le délinquant est en état de récidive.

Nous verrons à l'article 15 quand il y a récidive. Voyez au surplus tome 2, page 68.

IV. La disposition relative à une troisième ou ultérieure contravention ne se trouvant pas reproduite dans la loi nouvelle, il n'est pas possible d'aller dans aucun cas au-delà du doublement de la peine ; la progression s'arrête après la seconde contravention.

V. On peut appliquer l'article 14 lorsque le délinquant était déguisé au moment où il a commis le délit.

On a rétabli ce mot *déguisé* qu'on avait supprimé dans un premier projet. Je l'ai vu avec peine reparaître, parce qu'il peut donner lieu à beaucoup de difficultés. Dans quel cas un chasseur doit-il être réputé *déguisé* ? Il est facile d'établir qu'un délinquant était masqué, mais il l'est beaucoup moins de constater le déguisement. C'est sans doute être déguisé que d'avoir la figure couverte de noir ou de rouge, de manière à être difficilement reconnu ; c'est être déguisé aussi que d'avoir un costume étranger et non usuel, mais je crois qu'on doit se garder d'aller plus loin. Je ne considère pas comme un déguisement l'emploi de tout costume en usage dans le pays, quand même il ne serait pas le costume habituel du délinquant. On ne pourrait pas prétendre qu'un chasseur appartenant à la classe riche de la société est déguisé par cela seul qu'il est vêtu comme un ouvrier, de même qu'on ne pourrait pas considérer comme déguisé un ouvrier vêtu comme un homme dans l'opulence. On ne doit pas d'ailleurs perdre de vue que les chasseurs ont des vêtements particuliers pour la chasse, et que le caprice et la fantaisie peuvent multiplier à l'infini les variétés dans les costumes. Il est donc juste et nécessaire de restreindre rigoureusement l'application de la loi pénale au cas où le déguisement est certain et incontestable. Les magistrats, du reste, comprendront à merveille que ce serait méconnaître l'esprit de la loi que d'entrer dans une voie de rigueur, et s'exposer à être conduit de sévérité en sévérité jusqu'au point de voir contester à l'un le droit de porter une veste, et à l'autre, celui de porter une blouse.

VI. Les peines peuvent aussi être doublées lorsque le délinquant était masqué. Il est facile de constater cette circonstance ; on sait qu'être masqué c'est avoir sur la figure un masque qui la cache et empêche qu'elle ne soit vue.

VII. Elles peuvent encore l'être lorsque le délinquant a pris un faux nom. Prendre un faux nom, c'est désigner une autre personne, ou prendre un nom inconnu ou non existant.

Cette disposition est-elle applicable au cas où un délinquant, en donnant son véritable nom, a cependant pris des prénoms qui ne sont pas les siens ?

Il faut distinguer :

Si les prénoms ont été donnés de manière à induire en erreur celui qui constate le délit et en même temps dans l'intention d'atteindre ce résultat ; il n'est pas douteux que le délinqant en s'attribuant les prénoms d'un autre, en les substituant aux siens, et en cherchant par cette manœuvre à rester inconnu, a réellement pris un faux nom dans le sens de la loi.

Mais si les différences dans les prénoms ne sont que le résultat de l'erreur, de l'oubli, de la négligence ou de l'indifférence, ou bien si elles ne sont pas de nature à tromper sur l'identité du délinquant, l'aggravation de peine ne pourra pas être prononcée.

On avait, dans le projet primitif, rendu la disposition de l'article 14 applicable au cas où le délinquant avait refusé de dire son nom. M. le garde des sceaux a fait de vains efforts pour soutenir sa proposition : « C'est un fait très-grave, disait-il, de ne pas répondre aux officiers de la justice qui vous demandent votre nom. » — « Mais, répondait l'honorable M. Boudet, dans une foule de cas le refus de dire son nom est plus grave que dans celui-ci, et cependant nulle part vous ne trouverez dans les lois un cas où l'on pût être puni pour le refus de dire son nom. » M. Boudet avait raison; l'innovation n'était pas heureuse, et sans pouvoir produire de bons résultats, elle présentait de graves inconvénients. Elle a définitivement disparu du projet, et il a été entendu que le délinquant n'était pas obligé de dire son nom ; que bien plus, il pouvait refuser formellement de le faire connaître.

VIII. L'article 14 est encore applicable dans le cas où le délinquant a usé de violences envers les personnes.

Il suffit qu'il y ait violences, légères ou non , pour que la disposition soit applicable.

La loi porte : *envers les personnes* , mais elle ne dit pas quelles personnes. Il ne me paraît pas douteux que le législateur a entendu parler de ceux qui constatent le délit comme de tous ceux qui les accompagnent , soit pour en requérir la constatation, soit pour aider à cette constatation ; par exemple, les gendarmes qui accompagnent un maréchal-des-logis de gendarmerie , un garde qui accompagne un maire , un propriétaire qui fait constater un délit en sa présence.

IX. Enfin on peut encore appliquer l'article 14 lorsque le délinquant a fait des menaces.

Dans un premier projet, on avait seulement admis comme circonstance aggravante la menace de faire usage des armes ; mais dans le second qui est devenu la loi , on admet la menace d'une manière générale , ce qui comprend non seulement la menace de faire usage des armes , mais encore les menaces par paroles et par gestes.

X. Le paragraphe 1er se termine par ces mots : *sans préjudice, s'il y a lieu, de plus fortes peines prononcées par la loi.* C'est une réserve pour l'exécution des autres lois, pour les faits qui seraient de nature à entraîner des peines plus graves , par exemple, pour les cas de meurtre, de blessures, de coups, etc., etc.

XI. Nous terminerons nos observations sur la première partie de l'article, en faisant remarquer que le mot *peines* ne comprend pas les dommages intérêts dus au propriétaire du droit de chasse ou au fermier. Sous l'empire de la loi du 30 avril 1790, il pouvait exister une question à cet égard ; mais elle ne peut plus naître sous la loi nouvelle. Le mot *indemnité* de la loi de 1790 est remplacé par les mots *dommages-intérêts* que la loi place tout-à-fait en dehors des peines. L'article 14 ne permet de doubler que les peines déterminées dans les trois articles qui précèdent, et parmi elles ne se trouvent pas énoncés les dommages-intérêts. Il ne devait pas, en effet, en être question, parce que les dommages-intérêts ne sont pas une peine.

§ 2.

XII. S'il y a récidive dans les cas prévus en l'article 11, la peine de l'emprisonnement de six jours à trois mois pourra être appliquée si le délinquant n'a pas satisfait aux condamnations précédentes.

La réunion de trois circonstances est nécessaire pour que ce paragraphe puisse être appliqué ; il faut :

1° Qu'il y ait récidive ;

2° Qu'on se trouve dans un des cas prévus par l'article 11 ;

3° Que le délinquant n'ait pas satisfait aux condamnations précédentes.

Nous verrons à l'article 15 quand il y a récidive.

Il suffit de recourir à l'article 11 pour bien connaître tous les cas qui peuvent donner lieu à l'application du dernier paragraphe de l'article 14. Mais pourquoi ce renvoi à l'article 11 seulement ? Le motif du législateur est bien facile à saisir : voulant donner aux tribunaux le pouvoir de prononcer une peine d'emprisonnement dans le cas où un délinquant qui n'a pas satisfait aux condamnations contre lui prononcées se trouve en état de récidive, il a dû manifester sa volonté et adopter une disposition particulière sans laquelle ce pouvoir n'aurait pas existé. Il s'est borné à renvoyer à l'article 11 parce que cet article ne permet pas d'appliquer aux délits qu'il punit la peine d'emprisonnement ; le renvoi aux articles 12 et 13 était inutile puisque tous deux ils confèrent aux tribunaux le droit de prononcer la peine de l'emprisonnement.

Toutefois il résulte de là que celui qui a commis un des délits prévus par l'article 11 et qui se trouve placé sous l'application du dernier paragraphe de l'article 14 pourra être condamné à trois mois d'emprisonnement, tandis que celui qui a commis un des délits prévus par l'article 12 , et qui se trouve en état de récidive , sans avoir satisfait aux condamnations précédentes , ne pourra être condamné qu'à deux mois d'emprisonnement, bien que le délit dont il est convaincu soit plus grand et doive , d'après la volonté du législateur et l'économie de la loi, être puni plus sévèrement.

XIII. Si le tribunal use de la faculté qui lui est lais-sée, il ne peut prononcer un emprisonnement pour moins de six jours.

XIV. M. Parès voulait que le second paragraphe de l'article 14 ne fût pas applicable aux insolvables qui produiraient un certificat d'indigence, afin de ne pas punir le délinquant de n'être pas riche ; mais comme l'a dit M. Dessaigne : « C'est précisément cet abus qu'il faut prévenir. » Ce ne serait plus de l'égalité si l'insol-vabilité conférait le privilége de violer impunément les lois.

ARTICLE XV.—IL Y A RÉCIDIVE LORSQUE, DANS LES DOUZE MOIS QUI ONT PRÉCÉDÉ L'INFRACTION , LE DÉLIN-QUANT A ÉTÉ CONDAMNÉ EN VERTU DE LA PRÉSENTE LOI.

I. Cette disposition fait disparaître les difficultés qu'avait fait naître l'article 3 de la loi du 30 avril 1790, en ce sens qu'on ne peut plus se demander aujourd'hui si les peines de la récidive peuvent être appliquées lors-que le premier délit n'est pas un délit de chasse ou est un délit de chasse d'une autre nature. La loi nouvelle fait à cet égard cesser tous les doutes en déclarant qu'il y a récidive toutes les fois que la loi du 3 mai 1844 aura été appliquée une première fois.

ʰ II. Il y aura récidive lorsqu'après avoir subi une condamnation pour contravention à un arrêté du Préfet pris pour prévenir la destruction des oiseaux, le condamné contreviendra aux clauses et conditions du cahier des charges pour l'adjudication du droit de chasse dans les bois soumis au régime forestier.

III. Il y aura récidive lorsqu'après avoir été condamné pour avoir détruit des œufs de faisans on chassera sans permis de chasse.

IV. Il y aura récidive quand le condamné, pour avoir colporté du gibier en temps prohibé, chassera sans permis ou chassera sur le terrain d'autrui sans consentement du propriétaire.

V. Il y aura récidive enfin toutes les fois que la loi sera appliquée pour une seconde fois dans l'espace de douze mois ; mais il n'y aura récidive qu'à cette condition. Elle n'existera pas lorsque le premier délit n'aura pas été puni par une des dispositions de la loi du 3 mai 1844, mais bien en vertu d'une autre loi.

VI. Pour qu'il y ait récidive, il faut que depuis une première condamnation jusqu'au jour du nouveau délit il ne se soit pas écoulé douze mois, quoiqu'il se soit écoulé plus de douze mois entre la date du premier délit et celle du second.

La Cour de cassation a formellement jugé, par arrêt du 23 mai 1839, que l'aggravation de peine contenue en l'article 3 de la loi du 30 avril 1790 pouvait être prononcée lorsque les douze mois ne s'étaient pas encore écoulés entre le jour de la première condamnation et celui du nouveau délit.

Le même principe est applicable à l'article 15 de la loi du 3 mai 1844. Ce n'est en effet que du jour de la punition que peut commencer à courir le délai fixé pour la récidive. Jusque-là il n'y a encore eu que prévention. (Voyez au surplus tome 2, liv. 11°, p. 65.)

ARTICLE XVI.—Tout jugement de condamnation prononcera la confiscation des filets, engins et autres instruments de chasse. Il ordonnera, en outre, la destruction des instruments de chasse prohibés.

Il prononcera également la confiscation des armes, excepté dans le cas ou le délit aura été commis par un individu muni d'un permis de chasse, dans le temps ou la chasse est autorisée.

Si les armes, filets, engins ou autres instruments de chasse n'ont pas été saisis, le délinquant sera condamné a les représenter ou a en payer la valeur, suivant la fixation qui en sera faite par le jugement, sans qu'elle puisse être au-dessous de cinquante francs.

Les armes, engins ou autres instruments de chasse, abandonnés par les délinquants restés inconnus, seront saisis et déposés au greffe du tribunal compétent. La confiscation, et, s'il y a lieu, la des-

TRUCTION, EN SERONT ORDONNÉES SUR LE VU DU PROCÈS-VERBAL,

DANS TOUS LES CAS, LA QUOTITÉ DES DOMMAGES-INTÉRÊTS EST LAISSÉE A L'APPRÉCIATION DES TRIBUNAUX.

§ 1er.

I. La loi du 30 avril 1790 n'autorisait pas les tribunaux à prononcer la confiscation des filets, engins et autres instruments de chasse. Voyez tome 2, pages 18 et 41.

La confiscation ne devait en être ordonnée que lorsqu'on faisait application de l'article 9 du titre 32 de l'ordonnance de 1669. Voyez ibidem page 41.

II. Depuis la promulgation de la loi du 3 mai 1844, il n'est plus permis de faire une distinction. L'article 16 veut d'une manière impérative que tout jugement de condamnation prononce la confiscation des filets, engins et autres instruments de chasse.

III. Cette règle est générale. Elle est applicable à tout jugement de condamnation. La confiscation est une peine accessoire qu'il faut toujours prononcer aussi bien lorsque le délit a été commis avec des filets seulement, que lorsque le chasseur s'est servi en même temps d'une arme.

IV. Ce n'est pas seulement la confiscation des filets, engins et autres instruments de chasse *prohibés* que la loi exige. Le législateur en s'abstenant d'ajouter le mot *prohibés* à la fin de la première phrase a clairement fait voir que les tribunaux ne devaient faire aucune distinction entre ceux qui sont prohibés et ceux qui ne le sont pas.

Il suit de là que si la condamnation est prononcée pour emploi de *bourses* destinées à prendre le lapin, ces bourses devront être confisquées quoique n'étant pas des filets prohibés.

V. Toutefois la confiscation ne pourra pas être étendue aux furets, pas plus qu'elle ne peut porter sur les chiens, parce que les furets comme les chiens ne sont pas des instruments de chasse dans le sens de l'article 16 de la loi du 3 mai 1844.

VI. Le projet de loi prononçait la confiscation du gibier; mais cette disposition ayant été repoussée par la chambre des pairs, nous avons la preuve certaine que le législateur ne permet cette confiscation que dans les cas prévus par l'article 4.

VII. Le premier paragraphe de l'article 16 est applicable à toutes les contraventions prévues et punies par la loi du 3 mai 1844, comme il était applicable à toutes les infractions aux arrêtés des préfets pris en exécution de cette loi. Il y a lieu à confiscation, lorsque les procédés pour la chasse aux oiseaux de passage n'ont pas été employés conformément à l'arrêté du Préfet. Il en est de même lorsque le jugement de condamnation est rendu pour punir une infraction à l'arrêté concernant la chasse du gibier d'eau ou la destruction des animaux nuisibles ou malfaisants. Il en est encore de même lorsqu'il s'agit d'une contravention aux clauses et conditions du cahier des charges de la part d'un fermier de la chasse dans les bois soumis au régime forestier , si pour la commettre, il a employé des engins ou autres instruments de chasse.

VIII. On doit prononcer la confiscation de tous les filets, engins et autres instruments de chasse, qu'ils soient prohibés ou non ; mais on ne doit ordonner la destruction que des instruments prohibés.

IX. Le mot *instruments*, qui se trouve dans la seconde disposition du premier paragraphe, comprend d'une manière générale tous les filets, engins , panneaux, lacets et autres instruments; s'il s'y rencontre seul , c'est qu'on a voulu éviter une répétition tout à fait inutile pour l'intelligence de la loi.

X. La destruction des instruments prohibés ne doit avoir lieu qu'en exécution du jugement de condamnation, passé en force de chose jugée. Ceux qui opèrent la saisie doivent se borner à déposer les objets au greffe du tribunal, et ne peuvent jamais se permettre d'en opérer la destruction par anticipation.

XI. La destruction ne peut du reste avoir lieu lorsque les objets n'ont pas été saisis, et qu'au lieu de les représenter, le condamné use de son droit d'en payer la valeur.

XII. Ce sont les filets, engins et instruments, qui ont servi à commettre le délit, qui doivent être confisqués et détruits s'ils sont prohibés. Ils doivent l'être quand il serait prouvé à l'évidence qu'ils n'appartiennent pas au délinquant ; tant pis pour le propriétaire qui a confié des instruments qui ont servi à contrevenir à la loi.

XIII. Lorsque le jugement applique la peine de l'article 12 à ceux qui sont détenteurs, ou à ceux qui sont trouvés munis ou porteurs des filets, engins ou autres instruments de chasse, la confiscation et la destruction doivent être ordonnées comme dans les cas de fait de chasse.

XIV. Mais il n'y a pas lieu à prononcer la confiscation et la destruction dans le cas de condamnation pour contravention à la dernière disposition de l'article 4 ; les œufs et les couvées ne sont pas des instruments de chasse.

§ 2.

XV. L'article 5 de la loi du 30 avril 1790 prononçait la confiscation des armes avec lesquelles la contravention avait été commise.

L'article 3 du décret du 4 mai 1812 voulait aussi que dans tous les cas il y eût lieu à la confiscation des armes. (Voyez tome 1er, pages 173, 196, et tome 2,

pages 3, 16, 17, 20, 22, 23, 24. 25 , 48, 49, 50, 51,
52, 53, 54, 55, 62, 87, 88, 92 , 99 , 100, 101 , 102 ,
103, 105, 106, 125, 126 et 127.)

La loi du 3 mai 1844 reproduit la même disposition,
mais elle apporte à cette règle générale une exception
pour le cas où le délit sera commis par un individu
muni d'un permis de chasse et dans le temps où la
chasse est autorisée. Quand la chasse est ouverte, celui qui a un permis de chasse ne doit jamais voir prononcer la confiscation de son arme ; mais quand elle
est fermée, le permis n'empêche pas la confiscation.

XVI. Hors ce cas d'exception , la confiscation de
l'arme doit toujours être prononcée pour tous les délits qui ont été commis avec armes. Elle doit l'être ,
quand même l'arme n'appartiendrait pas au délinquant.
La Cour royale de Douai, par arrêt du 13 décembre
1834, a jugé que le fusil devait être confisqué quand
même ce fusil aurait été remis au délinquant comme
garde national, et serait la propriété de l'Etat. C'est
sans doute pousser fort loin la sévérité , mais ce n'est
que faire une juste application de la loi pénale dont
l'Etat n'a pas à souffrir , parce que le garde national ,
lorsque l'inspecteur chargé de la surveillance des armes, lui demandera la représentation du fusil qui lui a
été confié , devra compte de sa valeur conformément
à l'ordonnance royale du 24 octobre 1833, article 35.

Tout autre propriétaire que l'Etat a aussi son recours contre celui qui par son fait a rendu la confiscation nécessaire.

§ 3.

XVII. L'article 3 du décret du 4 mai 1812 voulait que, si les armes n'avaient pas été saisies, les délinquants fussent condamnés à les rapporter au greffe ou à en payer la valeur suivant la fixation faite par le jugement, sans que cette fixation puisse être au-dessous de 50 francs.

XVIII. La loi du 3 mai 1844 reproduit, la même disposition en l'étendant aux filets, engins et autres instruments de chasse.

XIX. Lorsque les armes, filets, engins ou autres instruments de chasse ont été saisis, le dépôt en est effectué au greffe du tribunal , et l'exécution du jugement qui en ordonne la confiscation est fort facile. Les armes et les instruments de chasse non prohibés sont tenus à la disposition de l'administration des domaines, et les instruments prohibés sont détruits aussitôt que le jugement de condamnation est devenu inattaquable.

XX. La loi, en prévoyant le cas où les armes, filets, engins ou autres instruments de chasse n'ont pas été saisis, semble admettre implicitement la saisie des armes. Cependant dans l'article 25, elle défend de désarmer les chasseurs. L'article 5 de la loi du 30 avril

1790 , qui portait aussi que les armes seraient confisquées, ajoutait : « Sans néanmoins que les gardes puissent désarmer les chasseurs. »

Sous l'ancienne législation comme sous la nouvelle,
la nécessité de concilier l'autorisation de saisir les
armes avec la défense de désarmer les chasseurs , se
fait donc également sentir.

Avant comme depuis la promulgation de la loi nouvelle, le seul moyen d'assurer l'exécution des deux
dispositions législatives, c'est de maintenir rigoureusement la défense de désarmer les chasseurs et de restreindre le droit de saisie aux cas où les armes sont
abandonnées.

XXI. Toutefois si, en contravention à la loi , un
chasseur était désarmé , il y aurait sans doute lieu à
réprimander et même à punir celui qui aurait enfreint
la défense, mais il ne s'ensuivrait pas que l'arme dût
être rendue à son propriétaire, parce que le même
jugement ne peut pas ordonner tout à la fois que l'arme
sera remise et confisquée.

XXII. La loi du 3 mai 1844, en ordonnant la confiscation des filets , engins et autres instruments de
chasse, nous paraît en permettre la saisie. L'article
25 ne contient aucune disposition dont on puisse argumenter pour soutenir qu'on ne peut pas s'emparer
des filets, engins et autres instruments de chasse. Ce-

pendant s'il n'y avait pas autant de raisons pour défendre de s'emparer de ces engins et instruments que pour s'opposer au désarmement du chasseur, la prudence commandait peut-être d'étendre jusque-là la précaution. Sans doute le fusil entre les mains du chasseur est plus à redouter qu'un filet, mais une rixe peut aussi bien, dans un cas que dans l'autre, naître de la résistance du délinquant. Le législateur a-t-il été touché de cette assimilation ? Je l'aurais désiré, mais je ne le crois pas. L'article 16 contient le pouvoir de saisir les armes, filets, engins et autres instruments de chasse. Le droit de saisir emporte celui de s'emparer des objets. L'article 25 vient ensuite modifier l'article 16 ; il contient une exception, mais il n'en contient qu'une, et elle est relative aux armes.

XXIII. Il résulte de là que celui qui constate un délit de chasse commis à l'aide d'un filet ou autre instrument de chasse ne fait qu'une chose licite en s'emparant de ces objets. Le chasseur qui résiste se constitue en état de rébellion.

XXIV. Lorsque les armes, filets, engins ou autres instruments de chasse n'ont pas été saisis, le délinquant sera condamné à les représenter ou à en payer la valeur suivant la fixation qui en sera faite par le jugement, sans qu'elle puisse être au dessous de 50 francs. Telle était la disposition du décret du 4 mai 1812.

XXV. On avait voulu introduire dans la disposition le mot *identiquement*, afin de faire cesser un usage abusif dont l'effet est de rendre complètement illusoire la confiscation du fusil. Cet usage, c'est d'admettre les délinquants à déposer au greffe une arme sans valeur, hors de service et achetée à bas prix pour remplacer le fusil dont on s'est servi. Le gouvernement avait consenti à cette modification, mais la commission de la chambre des députés a préféré en revenir à l'ancienne rédaction, et voici les motifs qui nous sont donnés par son rapporteur : « Quoique votre commission, a-t-il dit, ait reconnu l'avantage de pouvoir contraindre les délinquants à déposer identiquement les armes ou instruments de chasse, elle a pensé que toutes les fois que les procès-verbaux contiendraient des désignations tellement précises que ces armes ou instruments fussent facilement reconnaissables, le jugement rappellerait ces désignations, de manière que le délinquant serait forcé de faire identiquement ce dépôt ou de payer la valeur réglée par le jugement. Elle a pensé que dans les autres cas le débat sur l'identité entre la personne chargée de recevoir le dépôt et le délinquant serait fâcheux, et elle vous propose de supprimer le mot *identiquement*. » On est donc revenu définitivement à l'ancien état de choses. La seule innovation admise, c'est d'avoir rendu applicable à la confiscation des filets et engins la législation relative à celle des armes. (Voyez tome 2, pages 48, 49, 53, 54, 55 et 88.)

XXVI. La confiscation doit être prononcée aussi bien lorsque l'action a été introduite à la requête du propriétaire du terrain, que lorsque c'est le ministère public qui s'est constitué partie poursuivante.

XXVII. La Cour de cassation, par son arrêt du 23 février 1839, a même jugé que le tribunal devait prononcer cette peine lorsque, dans une instance introduite par le propriétaire, le ministère public s'abstenait de la requérir. Cet arrêt porte :

« Attendu...... que le tribunal devant lequel elle est
» intentée ne peut pas dès lors se dispenser d'infliger au
» délinquant les peines portées par les articles 1er et 5
» de la susdite loi, lors même que le ministère public
» se serait abstenu ou aurait refusé d'en requérir l'ap-
» plication. »

Cette décision est à l'abri de toute critique sérieuse. Sans doute un tribunal ne peut poursuivre un délit, mais une fois saisi du fait, il doit appliquer la loi. Ce n'est pas le cas d'invoquer ici la règle qui défend d'allouer au-delà de ce qui est demandé ; elle peut bien s'opposer à ce qu'on accorde au propriétaire du terrain une indemnité qu'il ne demande pas ; mais la confiscation, peine accessoire de l'amende, n'a pas besoin d'être requise pour être prononcée.

XXVIII. Si le délit a été commis avec une arme et des filets, la confiscation doit porter à la fois sur le fusil et les filets. Le délinquant doit représenter tous les instruments de chasse s'ils n'ont pas été saisis, ou en payer la valeur.

XXIX. J'ai traité, au tome 2, page 22, la question de savoir, s'il devait être prononcé autant de confiscations qu'il y avait de délits. Je ne répéterai pas ce j'ai dit, mais j'ajouterai que la Cour royale de Nancy a depuis rendu un arrêt tout à fait conforme à l'opinion que j'avais développée ; par arrêt du 15 janvier 1840, elle a jugé formellement que pour chaque contravention la confiscation de l'arme devait être prononcée, quand même celle pour laquelle le prévenu était poursuivi serait antérieure à un premier jugement, qui aurait déjà prononcé contre lui une condamnation semblable.

Si j'ai eu la satisfaction de voir adopter mes motifs par la Cour royale de Nancy, j'ai éprouvé le regret d'être combattu par un jurisconsulte dont, à juste titre, les opinions sont d'un grand poids.

En rapportant l'arrêt de la Cour royale de Nancy, volume 1840, 2ᵉ partie, page 101, M. Dalloz nous fait connaître qu'il n'admet pas cette doctrine; son opinion contraire est fondée sur les conséquences qui découlent 1° de la disposition prohibitive du cumul des peines ; 2° du principe de jurisprudence qui considère la confiscation comme *réelle* ; 3° de la règle du droit criminel, qui veut que dans le doute on adopte l'interprétation la plus favorable au prévenu.

A ces objections, je réponds que la disposition du cumul, si elle est applicable, s'opposera tout aussi bien à la condamnation à l'amende qu'à la confiscation, et que c'est donc une question générale et non une objection spéciale pour la confiscation ; qu'en considérant même la confiscation comme *réelle*, on n'arriverait pas encore à la nécessité d'adopter l'opinion de M. Dalloz, puisque rien ne peut établir que c'est avec la même arme que les délits ont été commis. Il importe donc peu que la confiscation ait été convertie en une peine pécuniaire à défaut de représentation de l'arme. Le droit que donne la loi de déposer l'arme ou d'en payer la valeur, est une faculté laissée au condamné pour l'exécution de la condamnation, mais qui ne peut pas devenir un motif pour la faire prononcer. Ce n'est pas dans cette option que j'ai trouvé la base de mon avis ; mon principe est celui-ci : la confiscation fait partie intégrante de la disposition pénale.

M. Dalloz nous communique une observation de l'un de ses correspondants, qui contient des considérations fort graves, mais qui ne nous paraissent pas suffisantes à elles seules pour justifier notre opinion. Si, en effet, on se place dans l'hypothèse où le dernier délit est postérieur d'un ou de deux jours seulement à la première condamnation, la disposition du jugement relative à la confiscation n'ayant pas encore été exécutée, il y a lieu de croire que le délinquant s'est servi de la même arme, s'en suivra-t-il donc qu'il faudrait se dispenser de prononcer la confiscation pour le second délit de chasse? C'est ce qu'on ne prétendra point ; autrement, on devrait aller jusqu'à soutenir que la confiscation, lorsqu'elle a été ordonnée par un précédent jugement ne peut plus être prononcée que pour les délits postérieurs à l'exécution de cette condamnation, car c'est alors seulement que la présomption sur laquelle on veut se fonder cesserait d'exister. Une semblable proposition est évidemment inadmissible ; nulle part la loi du 30 avril 1790 n'établissait une semblable distinction ; elle voulait au contraire que, *dans tous les cas*, l'arme avec laquelle la contravention avait été commise fût confisquée.

Ces réflexions justifieraient notre opinion, si d'ailleurs elle n'avait pas pour base le texte même de la loi qui, en déterminant la peine à prononcer, ne contient aucune distinction pour faciliter l'exécution de la condamnation. Rapprocher les condamnations pour les combiner, afin d'en faciliter l'exécution, c'est violer la loi, tandis que c'est s'y conformer que d'isoler les deux délits et les deux peines. Il y a deux délits, deux peines, deux condamnations, il doit y avoir deux exécutions; il y a eu deux confiscations et l'on doit déposer deux ar_ mes, comme l'on doit payer deux amendes.

XXX. Ce qui était vrai sous l'empire de la loi du 30 avril 1790 ne l'est pas moins depuis la promulgation de la loi nouvelle. Comme ce qui est vrai pour la con- fiscation des armes, devra l'être nécessairement aussi pour la confiscation des filets, engins et autres instru- ments de chasse.

XXXI. L'article 17 de la loi nouvelle voulant qu'en cas de conviction de plusieurs délits commis avant la déclaration du procès-verbal, la peine la plus forte soit seule prononcée, il n'y a lieu qu'à une seule con- fiscation lorsqu'en vertu de cet article on ne prononce qu'une peine.

Et pour que cette confiscation ait lieu, il faut qu'elle soit un accessoire de la peine la plus forte qui est pro· noncée. Expliquons-nous.

Si la confiscation était l'accessoire des peines pro- noncées pour deux ou plusieurs délits comme on ne prononcerait qu'une peine, on ne pourrait par suite prononcer qu'une seule confiscation. Pas de difficulté.

Si la confiscation n'était applicable à aucun délit,

on ne pourrait la prononcer, encore moins de doute
à cet égard.

Mais si la confiscation se trouve être une peine accessoire d'un délit et ne l'être pas d'un autre, elle ne
doit être prononcée qu'autant que c'est la peine dont
elle est l'accessoire qui est prononcée comme la plus
forte. Ainsi, par exemple, si je suis convaincu d'avoir
chassé sans permis et d'avoir vendu mon gibier, la
peine la plus forte étant celle prononcée pour ce dernier délit, la confiscation du fusil ne devra pas être
ordonnée, parce qu'elle n'est pas l'accessoire de la
peine à appliquer, mais seulement de celle qui ne l'est
pas. Si, au contraire, je suis convaincu d'avoir chassé
en temps prohibé et d'avoir détruit des œufs de perdrix
sur le terrain d'autrui, la confiscation doit être prononcée parce qu'elle est l'accessoire de la peine à prononcer pour le délit puni par la peine la plus forte.
Nous reviendrons sur ces difficultés en examinant l'article 17.

XXXII. Les principes qui commandent la distinction pour les cas de confiscation des armes, doivent
recevoir leur application lorsque l'un des délits entraîne
la confiscation du fusil et l'autre la confiscation des
filets. Si je suis convaincu d'avoir chassé sans permis
de chasse et en même temps avec des filets, l'arme

ne doit pas être confisquée parce que cette peine n'est pas accessoire de la peine encourue.

§ 4.

XXXIII. Lorsque les délinquants sont restés inconnus, bien qu'il y ait eu saisie des armes, engins ou autres instruments de chasse, il n'est pas possible de prononcer aucune peine et alors la confiscation n'est plus prononcée comme peine accessoire, mais en vertu du paragraphe 4 de l'article 16 ; c'est une disposition toute spéciale qu'il faut appliquer. Les armes, engins et tous autres instruments de chasse abandonnés par les délinquants, doivent être déposés au greffe du tribunal compétent et sur le vu du procès-verbal la confiscation et s'il y a lieu la destruction en sont ordonnées.

XXXIV. La destruction ne doit être ordonnée que pour les instruments prohibés; quant aux autres, on ne prononce que la confiscation.

XXXV. La loi dit que ces confiscation et destruction doivent être ordonnées par le tribunal compétent, mais pas plus ici que dans aucun autre article, elle ne fait connaître quel est ce tribunal. Il est évident cependant que ce tribunal est celui de l'arrondissement dans lequel le délit a été commis. Voyez au surplus sur la compétence des tribunaux, ce que nous avons dit tome 1er, livre neuvième, page 393 et suivantes ; sous ce rapport rien n'est changé.

XXXVI. C'est le procureur du roi qui doit présenter au tribunal le procès-verbal et demander par une simple requête la confiscation, et s'il y a lieu la destruction des objets abandonnés et saisis.

§ 5.

XXXVII. La loi du 30 avril 1790, accordait au propriétaire une indemnité de dix livres, sans préjudice de plus grands dommages-intérêts s'il y écl.oit.

XXXVIII. Sous l'empire de cette loi le minimum de l'indemnité pour délit de chasse était toujours de dix francs.

XXXIX. Dans un premier projet de loi on avait dit que le jugement qui prononcerait sur le délit de chasse statuerait aussi sur les dommages-intérêts, s'il en était réclamé par la partie civile, et l'on ajoutait que les dommages-intérêts ne pourraient être inférieurs à l'amende simple prononcée par le jugement.

Tout en fixant un minimum, cette disposition chargeait le tribunal de statuer sur les dommages-intérêts, ce qui impliquait pour les magistrats le droit de les refuser lorsqu'il ne serait pas établi qu'il y a eu dommage. Cette faculté était déjà une dérogation formelle à l'article 1er de la loi du 30 avril 1790, qui voulait que l'indemnité de dix francs fût allouée même pour le cas où il n'y avait eu aucun préjudice. Par cela seul que le droit de propriété avait été violé, l'indemnité était due sans préjudice aux dommages-intérêts à allouer pour les pertes éprouvées. D'après le projet, plus d'indemnité, des dommages-intérêts seulement. Cette innovation pouvait conduire à un résultat tout-à-fait contraire à celui qu'on veut obtenir; l'intervention des propriétaires astreints désormais à justifier du dommage pour réussir dans leurs actions, aura lieu bien plus rarement. Je ne sais si on a été touché de cette observation, mais dans le projet présenté à la chambre des pairs on avait supprimé la première partie de l'article et l'on s'était borné à dire que les dommages-intérêts ne pourraient être inférieurs à l'amende prononcée par le jugement ou à la moitié de cette amende si elle était portée au double. M. Martin (du Nord), garde-des-sceaux, en présentant ce projet à la chambre des pairs, disait : «Il me semble convenable de fixer un minimum aux dommages-intérêts qui seront alloués aux parties lésées par un délit de chasse. La loi de 1790 avait réglé d'une manière uniforme l'indemnité à laquelle le propriétaire lésé aurait droit. Cette indemnité était fort modique. Il en résultait que les parties civiles exerçaient très rarement des poursuites. Nous avons pensé que si le minimum des dommages-intérêts était fixé au même taux que l'amende, le but qu'on doit se proposer sera atteint. » Je crois que M. Martin (du Nord) avait parfaitement raison.

La commission de la chambre des députés a modifié le paragraphe et l'a rédigé ainsi : « Dans aucun cas les dommages-intérêts ne pourront être inférieurs à 25 francs. » Pour justifier cet amendement, M. le rapporteur a dit : « Aux termes du dernier paragraphe de l'article, les dommages-intérêts ne peuvent être inférieurs à l'amende simple prononcée par le jugement. Votre commission a trouvé que dans certains cas, cette fixation de minimum serait exagérée ; car les dommages-intérêts sont la réparation du préjudice causé à autrui, et ce préjudice résulte d'un fait matériel indépendant de l'appréciation des circonstances qui l'ont accompagné. Si la loi, dans l'intérêt de la vindicte publique, a gradué les peines en raison de ces circonstances, le tort matériel souffert n'en est pas plus grand; dès lors le chiffre de l'amende ne peut servir de base invariable à celui des dommages-intérêts. Toutefois il est bon que les dommages-intérêts ne soient pas immodérement réduits, et c'est dans l'intention d'atteindre ce but que votre commission vous propose d'en fixer le minimum à 25 francs. »

Rien ne révélait dans ce discours, comme on le voit, la pensée qu'il fallût *à priori* établir qu'il y a eu dommage pour pouvoir obtenir l'indemnité de 25 francs substituée à celle de 10 francs. La loi nouvelle comme la loi ancienne fixaient un minimum, mais laissaient aux tribunaux toute latitude pour porter selon le préjudice et les circonstances les dommages-intérêts à un taux plus élevé.

Si le projet avait été adopté avec cette rédaction, il n'aurait donc fait que reproduire l'ancienne législation, sauf la substitution du chiffre 25 au chiffre 10, et nous n'aurions qu'à renvoyer à nos observations, tome 1er pages 241, 242, 243, 371, 372; tome 2, pages 2, 17, 19, 22, 24, 26, 145, 162 et 163. Mais lors de la discussion, la chambre des députés a voulu en revenir au système du droit commun, elle a voulu que la quotité des dommages-intérêts fût entièrement laissée à l'appréciation des tribunaux, et la loi a fini par consacrer, dans tous les cas, cette appréciation.

XL. Les tribunaux pourront donc accorder ou refuser des dommages-intérêts.

De là la nécessité pour le plaignant de fournir la preuve qu'il a éprouvé un préjudice. Il ne suffira plus que son droit de propriété ait été violé, il faudra établir qu'il a éprouvé au préjudice matériel. C'est là, je ne crains pas de le répéter, une disposition qui conduira inévitablement à un résultat bien opposé à celui qu'on veut atteindre. Au lieu d'encourager les poursuites de la part des propriétaires, on les en éloigne en ouvrant la carrière à toutes les difficultés de preuves et de procédure.

XLI. Nous avons dit, tome 2, page 19, qu'on ne pouvait pas prononcer l'indemnité de dix francs, lorsque le propriétaire se bornait à porter plainte au procureur du roi sans intervenir dans l'instance pour se faire adjuger cette indemnité. J'en dois dire autant sous la loi nouvelle et je pense encore que les dommages-intérêts ne doivent être accordés que lorsqu'ils sont réclamés par des conclusions formelles.

Je croyais ce principe à l'abri de toute espèce de contestation, et j'avoue que ce n'est pas sans étonnement que j'ai vu ériger en question, ce que j'avais signalé comme une erreur qui n'a pas besoin d'être combattue. Puisque c'était une difficulté sous la loi ancienne, elle pourrait se représenter sous la loi nouvelle, il ne me paraît donc pas inutile d'en dire quelques mots.

La Cour royale de Douai avait, par arrêt du 2 décembre 1836, fait justice de ce que j'appelais une erreur.

Il porte : « Attendu que le sieur Agache ne s'était » pas constitué partie civile ; que dès lors le ministère » public n'avait pas à requérir ni les premiers juges à » prononcer des dommages-intérêts au profit du pro- » priétaire des fruits. »

Dans une espèce semblable le tribunal de Châtellerault a prononcé la condamnation à 10 fr. d'indemnité.

Sur l'appel, M. Flandin, premier avocat général près la Cour royale de Poitiers, a combattu avec force et talent cette partie du jugement. Qu'est-ce que l'indemnité s'est demandé ce magistrat? La réparation du tort causé au propriétaire par la violation de sa propriété. Cette indemnité n'a pas, comme l'amende, le caractère de peine; comment donc pourrait-elle être allouée d'office par le juge? Si cette indemnité est de même nature que les dommages-intérêts (ce qui résulte bien évidemment et du sens attaché au mot *indemnité*, employé par l'article 1er de la loi du 30 avril 1790, et du membre de phrase qui suit : *sans préjudice à de plus grands dommages-intérêts s'il y échoit*), elle ne peut être accordée qu'à celui qui la réclame ; ce serait autrement statuer *ultrà petita*. A la vérité, le propriétaire pour l'obtenir n'a besoin de justifier d'aucun dommage ; mais si cette indemnité lui est acquise de plein droit et par la seule force de la loi, il n'en doit pas moins intervenir au procès pour la demander, et le ministère public n'a pas qualité pour la réclamer en son nom. Satisfait d'avoir dénoncé le délit à la vindicte publique, le propriétaire peut ne pas vouloir d'indemnité. La lui accordera-t-on malgré lui ? Il est un cas où la loi a dérogé à à la règle, qui ne permet pas aux juges d'accorder au-delà de ce qui leur est demandé ; ce cas, c'est celui de l'article 366 du code d'inst. crim. Cet article autorise la Cour d'assises, après un arrêt de condamnation , à ordonner que les effets pris seront restitués au proprié-

taire. Mais , pour cela , il a fallu un texte exprès ; et à
défaut de texte, il faut rentrer dans la règle générale.

Ces raisonnements sont si justes , ces observations
sont si simples, qu'il me paraît plus difficile de les réfu-
ter que de ne pas les accueillir.

La Cour royale de Poitiers n'en a pas été touchée ,
et, par un arrêt du 20 mai 1843, rapporté dans Dalloz,
volume 1843 , 2ᵉ partie , page 168 , elle a maintenu la
disposition du jugement de Châtellerault. Voici par
quels motifs.

« Attendu que le fait de chasse sur le terrain d'au-
» trui, sans son consentement, ne pouvant être poursuivi
» que sur la plainte du propriétaire , une conséquence
» nécessaire de ce principe est que l'indemnité de 10 fr.,
» que l'article 1ᵉʳ de la loi du 30 avril 1790 accorde
» au propriétaire ou possesseur du terrain , doit être
» prononcée par tout jugement qui déclare un individu
» coupable du délit prévu et puni par cet article. »

Ainsi, le propriétaire ou le possesseur doit être créancier malgré lui ; qu'il s'abstienne de paraître en première instance; qu'il ne réponde pas à l'appel qui lui
sera fait par la partie condamnée , qui voudra recourir
au second degré de juridiction ; qu'il ne soit même pas
appelé; enfin, absent, comme présent, il sera , bon
gré mal gré , déclaré créancier.

C'est à mon avis une doctrine qui bouleverse les prin-

cipes du droit commun, et qui dans son application ferait naître des questions difficiles à résoudre. Comment
s'acquitterait-on envers ce créancier malgré lui ? comment lui-même parviendrait-il à être payé s'il lui pre-
nait envie de l'être ? Pourrait-il faire signifier le jugement ? Pourrait-il le faire exécuter, lui qui n'y a pas été
partie ? Non, c'est M. l'avocat-général Flandin qui est
dans le vrai. Sous la loi du 30 avril 1790, l'indemnité
de 10 fr. était un minimum de dommages-intérêts qu'on
devait accorder, mais qu'on ne pouvait accorder que
lorsqu'il était demandé. Sous la loi du 3 mai 1844, il
n'y a plus de minimum, et la quotité est laissée à l'appréciation des tribunaux ; mais, comme sous la loi ancienne, les dommages-intérêts ne peuvent être accordés qu'à ceux qui les demandent par des conclusions
formelles.

ARTICLE XVII. — En cas de conviction de plusieurs délits prévus par la présente loi, par le code
pénal ordinaire ou par les lois spéciales, la peine
la plus forte sera seule prononcée.

Les peines encourues pour des faits postérieurs a
la déclaration du procès-verbal de contravention
pourront être cumulées, s'il y a lieu, sans préjudice
des peines de la récidive.

I. Sous l'empire de l'ancienne législation la question
de savoir si l'art. 365 du code d'inst. crim. était appli-

cable aux délits de chasse était fort grave, et a amené bien des dissidences dans la jurisprudence comme parmi les auteurs.

J'ai examiné cette difficulté dans le tome 2, livre 12, page 93, et j'ai adopté la négative. J'avais alors en ma faveur l'autorité de la Cour suprême ; mais postérieurement cette cour s'est attachée à faire prévaloir une jurisprudence tout opposée, ainsi qu'on peut s'en convaincre par la lecture de ses arrêts des 17 mai et 2 juin 1838. Par ces arrêts, il est formellement jugé que le principe de la non cumulation des peines doit s'appliquer au cas où les faits punissables sont prévus par des lois spéciales, comme à celui où ils sont qualifiés par le code pénal. Ses arrêts des 16 mars, 23 mai et 25 juillet 1839 témoignent qu'elle persiste dans cette doctrine.

La Cour royale de Bordeaux a jugé dans le même sens le 13 mai 1840.

La Cour royale de Bourges a résisté à cette jurisprudence, en jugeant par arrêt du 4 juin 1840, que celui qui s'était rendu coupable du double délit de chasse, sans permis de port d'armes et sur le terrain d'autrui, devait être condamné cumulativement aux amendes prononcées par le décret de 1812 et la loi de 1790, et non pas à l'amende la plus forte par application de l'article 365 du code d'instruction criminelle.

La Cour royale de Douai, par ses arrêts des 23 novembre 1839, 26 novembre 1841 et 27 août 1842, a adopté le principe de la Cour de cassation. La Cour royale de Poitiers en a fait autant par celui qu'elle a rendu en 1843.

II. En présentant le projet, M. Martin (du Nord), garde des sceaux, a dit : « D'après l'article 365 du code d'instruction criminelle, le prévenu reconnu coupable de plusieurs délits au moment où il est jugé n'est pas puni des peines portées contre chacun de ces délits; la peine la plus sévère lui est seulement appliquée. » Sans faire remarquer que M. le garde des sceaux pose en principe incontestable, ce qui a été pendant tant d'années, et ce qui peut être encore aujourd'hui l'objet d'une sérieuse controverse, constatons que dans la pensée du ministre l'article 365 du code d'inst. crim. s'applique aux matières spéciales.

L'article 17 reproduit, a dit M. le rapporteur à la chambre des députés, les dispositions du droit commun, qui veulent que la peine la plus forte soit seule prononcée.

De là il résulte clairement que le législateur a voulu rendre applicable à la loi du 3 mai 1844 la règle générale de l'article 365 du code d'inst. crim., dont les termes d'ailleurs sont passés dans le premier paragraphe de la loi nouvelle.

III. Ainsi, plus de doute que lorsque le même fait constituera plusieurs délits, il ne pourra être puni que de la peine la plus forte. Par exemple, celui qui chasse sans permis en temps prohibé, commet tout à la fois la contravention punie par le paragraphe 1er de l'art. 11 et celle punie par le premier paragraphe de l'art. 12; mais aux termes de l'art. 17, on ne peut lui appliquer que la peine la plus forte, c'est-à-dire celle de l'article 12.

IV. Si celui qui a commis un délit de chasse se trouvait sous la prévention d'un autre délit prévu par le code pénal et qu'il arrivât qu'il fût convaincu des deux délits, le tribunal ne pourrait prononcer que la plus forte des deux peines encourues.

V. Il en est de même si celui qui a contrevenu à la loi du 3 mai 1844 est en même temps convaincu d'un des délits prévus par les lois sur les contributions indirectes.

VI. Il est évident que les termes de l'article 17 ne permettent, en cas de conviction de plusieurs délits, que de prononcer la peine la plus forte; mais que doit-on entendre par ces mots : la peine la plus forte ? La peine la plus forte est celle qui permet de punir le plus sévèrement le délinquant.

La peine de l'emprisonnement est plus forte que celle de l'amende. Elle est la plus forte quand même l'emprisonnement ne pourrait être que d'un jour et que l'amende serait nécessairement très-élevée. Ainsi quand un délit peut être puni par un emprisonnement d'un jour et que l'autre ne peut l'être que d'une amende, aussi élevée qu'elle puisse être, c'est la première de ces deux peines qui doit nécessairement être appliquée.

VII. C'est le maximum de la peine applicable qu'il faut envisager pour décider quelle est la peine la plus forte.

Ainsi, dans le cas où un individu a chassé sans permis de chasse en temps prohibé, c'est l'article 12 qu'il faut appliquer, parce qu'il permet de prononcer un emprisonnement, tandis que l'article 11 ne contient pas cette faculté, et ensuite parce que le maximum de l'article 12 est de 200 francs, tandis que celui de l'article 11 n'est que de 100 francs.

Si celui qui chasse en temps prohibé avait antérieurement commis un vol, c'est l'article 401 du code pénal et non l'article 12 de la loi du 3 mai 1844 qu'il faut appliquer, parce que, bien que l'emprisonnement puisse être prononcée pour les deux délits, l'article 401 du code pénal permet de le prononcer pour cinq ans, tandis que l'article 12 de la loi du 3 mai 1844 ne l'autorise que pour deux mois.

VIII. Quand les deux peines consistent en une

amende seulement, l'article qui laisse la possibilité de prononcer l'amende la plus forte doit seul être appliqué.

Ainsi, lorsqu'un individu est convaincu d'avoir chassé sans permis et sans le consentement du propriétaire, sur un terrain non dépouillé de ses fruits, ces délits sont tous deux punis de la même peine par l'article 11, n°s 1 et 2 ; mais le second paragraphe permet d'élever l'amende au double, c'est donc celui-ci et non le premier qu'il faut appliquer.

IX. Quand le maximum de l'amende est absolument le même pour les deux délits, et que, pour aucun des deux, on ne peut prononcer l'emprisonnement, c'est alors par le minimum qu'il faut déterminer la peine applicable, et l'article qui l'élève le plus haut est le seul applicable.

X. C'est la peine principale, sans qu'il soit tenu compte des peines accessoires, qui doit seule faire déterminer la disposition répressive. Cette observation a de l'importance, on va pouvoir en juger.

Sans doute lorsqu'un individu sera convaincu d'avoir détruit sur le terrain d'autrui des couvées de perdrix, et d'avoir chassé sans permis de chasse, c'est-à-dire de deux délits punis de la même peine par l'article 11, il devra être condamné par application du numéro 1er, à une amende de 16 à 100 francs et voir prononcer la confiscation de son arme. Dans ce cas, cette peine est la plus forte, parce que l'amende qui, du reste, est bien la même, doit être accompagnée de la confiscation, tandis que l'amende prononcée pour l'autre délit ne peut pas entraîner cette peine accessoire. Mais c'est seulement lorsque les maximum et les minimum sont absolument les mêmes que la peine accessoire peut être prise en considération ; hors ce cas elle est tout-à-fait sans influence.

XI. On ne peut jamais en cas de conviction de deux délits prendre la peine principale applicable à l'un, et la peine accessoire applicable à l'autre.

Un individu est convaincu tout à la fois d'avoir chassé sans permis de chasse et d'avoir vendu son gibier. Le premier délit est puni par l'article 11 d'une amende de 16 à 100 francs, le second l'est par l'article 12 d'une amende de 50 à 200 francs et d'un emprisonnement. Le choix à faire entre ces deux peines n'est pas difficile, évidemment la peine la plus forte c'est celle de l'article 12. Mais ce choix fait, on ne peut plus recourir à l'article 11 pour baser sur lui le droit de prononcer la confiscation de l'arme. Une fois qu'on a déterminé la peine la plus forte et reconnu le texte de loi à appliquer, celui qui ne contient que la peine la moins forte se trouve écarté entièrement, en ce sens qu'il n'est plus possible de le rapprocher et de le combiner avec l'autre pour en obtenir la punition la plus sévère. De même qu'on ne pourrait pas prononcer l'emprisonnement en vertu d'un article et l'amende en vertu d'un autre, de même on ne peut pas prononcer l'emprisonnement ou une amende de 200 francs en vertu de l'article 12 et la confiscation en vertu de l'article 11.

Si cela est vrai lorsqu'il s'agit de deux délits prévus par la loi sur la police de la chasse, c'est encore moins contestable lorsque l'un des deux délits est puni par cette loi, et l'autre par le code pénal. Quand un individu sera convaincu de vol et du fait d'avoir chassé en temps prohibé, bien évidemment on ne pourra pas le condamner à cinq ans d'emprisonnement par application de l'article 401 du code pénal, et ordonner en outre la confiscation de son fusil par application des articles 12 et 16 de la loi du 3 mai 1844.

Cette question s'est présentée devant la Cour royale de Poitiers et y a reçu une solution contraire à l'opinion que je viens d'émettre. Par arrêt du 20 mai 1843 rapporté dans le recueil de Jurisprudence de M. Dalloz, cette cour a formellement jugé que le principe de non cumul des peines ne faisait pas obstacle à ce que la confiscation du fusil fût prononcée indépendamment de a peine applicable au délit de coups et blessures. « Les dispositions de l'article 365 du code d'instruction cri·

minelle, dit cette cour, sainement interprétées ne forment pas obstacle à ce que la confiscation établie dans l'intérêt général en vue du caractère propre au délit de chasse, soit prononcée cumulativement avec la peine principale la plus forte, puisque le but du législateur ne serait pas atteint si celui contre lequel il a prescrit cette mesure, par cela qu'outre le délit spécial qui la rend nécessaire, il en aurait commis un autre plus grave. » Il échappe bien à la peine principale, pourquoi n'échapperait-il pas à la peine accessoire ? J'irais même jusqu'à dire que la distinction entre la peine principale et la peine accessoire n'est pas fondée; ces deux peines ne sont que des éléments qui composent la peine à appliquer, à moins qu'en cas de conviction de plusieurs délits elle ne doive être remplacée par une peine plus forte, mais alors remplacée en entier, et non pas seulement dans l'une des deux parties qui la composent.

XII. En voulant que la peine la plus forte soit seule prononcée, le législateur n'a pas exigé que ce fût nécessairement le maximum de cette peine.

En cas de conviction du délit de chasse sans permis et en temps prohibé, la peine à appliquer est celle de l'article 12 ; mais ce n'est pas à dire pour cela que les juges devront prononcer de toute nécessité une amende de 200 francs. L'obligation d'infliger la peine la plus forte n'est autre chose que la raison de décider entre deux dispositions pénales, et une fois qu'elle est déterminée, elle devient applicable dans son ensemble avec ses rigueurs comme avec ses latitudes ; l'article 17 qui a produit tout son effet devient sans influence sur l'application de la peine.

Dans l'espèce, l'article 17 commande d'appliquer l'article 12, mais de l'appliquer selon son texte, c'est-à-dire en prononçant une amende de 50 francs au moins et de 200 francs au plus, sauf aux juges à user ou non de la faculté de prononcer un emprisonnement. En un mot, l'article 11 est écarté, l'article 12 doit être seul consulté et appliqué. Voila tout ce que veut l'article 17.

XIII. Doit-on au moins prononcer une amende plus élevée que le maximum de la peine la moins forte, et, par exemple, dans notre espèce, l'amende peut-elle être au-dessous de 100 francs ? Les principes que je viens de poser ne permettent pas de décider cette dernière question autrement que par l'affirmative. Peu importe que l'article 11 contienne un maximum de 100 francs, c'est l'article 12 qui est devenu seul applicable, et il permet de ne prononcer qu'une amende de 50 francs.

XIV. Je sais bien que dans des cas fort rares l'application pourrait conduire à un résultat contraire à celui que le législateur s'est proposé. Il a voulu que la peine la plus forte fût prononcée, et cependant sans sortir du cercle de la légalité, son intention pourra n'être pas remplie toutes les fois que l'article 17 forcera de préférer une disposition pénale qui, à raison de la faculté de prononcer l'emprisonnement, ne portera qu'une amende moins élevée que celle de l'article 11. Mais c'est aux tribunaux à y pourvoir ; ils auront toujours les moyens de le faire puisqu'ils pourraient au besoin user de la faculté de prononcer l'emprisonnement.

XV. Nous sommes conduits plus loin si nous nous plaçons dans l'hypothèse où un individu est tout à la fois convaincu de vol et du fait de chasse en temps prohibé. La peine la plus forte est celle de l'article 401 du code pénal, c'est donc cet article qu'il faut appliquer ; mais l'article 401 tombe sous l'application de l'article 463 du même code, et nous nous demandons si les juges pourront, lorsqu'il y aura des circonstances atténuantes, réduire l'emprisonnement même au-dessous de six jours, et l'amende au-dessousde 16 francs ? Ne pourront-ils pas même prononcer seulement l'une de ces peines ? Pourquoi ne pourraient-ils pas user du droit que leur accorde la loi ? Ce n'est pas la conséquence extrême d'un principe, ni même l'abus qu'on pourrait en faire, qui peuvent autoriser à en méconnaître l'existence. Je sais bien qu'on pourrait arriver, sans violer le texte de la loi, à punir le délit de chasse moins sévèrement qu'il ne l'aurait été s'il n'avait pas été accompagné du délit de vol; mais le remède se trouvera dans la sagesse des magistrats, à qui la loi ne donne le droit d'appliquer l'art. 463 que lorsqu'il y a des circonstances atténuantes. Ils seront trop fidèles observateurs de leur devoir pour ne pas tenir compte de la réunion des deux délits, et pour ne pas, par suite, se montrer difficiles et exigeants.

Il est une autre objection à rencontrer; je la trouve dans l'art. 20 de la loi du 3 mai 1844, qui veut que l'article 463 du code pénal ne soit jamais applicable aux délits prévus par cette loi.

D'une part on dira : il est impossible d'appliquer l'article 463 du code pénal sans violer l'article 20 de la loi du 3 mai 1844, lorsqu'il s'agit de la répression d'un délit prévu par cette loi. Or, le fait de chasse en temps prohibé est bien rangé au nombre de ces délits, et il ne peut perdre son caractère par cela qu'accompagné d'un vol la répression n'en est plus demandée à l'article 12, mais à l'article 401 du du code pénal. En voulant que l'art. 463 du code pénal ne fût jamais applicable, le législateur a évidemment voulu que jamais une peine moindre que le minimum par lui fixé ne pût être appliquée ; ce serait aller ouvertement contre son intention que d'arriver à faire indirectement ce qu'il défend de faire directement. Est-il possible d'ailleurs , dans le cas où un délit aggravé par un autre exige une peine plus forte , de faire ce que l'on ne pourrait certes pas se permettre si le délit de chasse était isolé ? Ces observations sont fort graves , mais je crois cependant qu'on peut victorieusement répondre que l'application de l'article 463 ne viole pas, dans le cas donné, l'article 20 de la loi du 3 mai 1844. Qu'a voulu cet article ? que les peines portées dans ceux qui le précèdent ne puissent pas être diminuées. Cela est vrai, mais comme l'atténuation ne portera pas sur une de ces peines, son esprit comme son texte seront respectés. Je conviens que le fait d'avoir chassé en temps prohibé ne perd pas son caractère de délit de chasse pour être confondu avec le délit de vol, et être avec lui réprimé par une peine commune; mais, comme entre la peine du délit de chasse et celle du vol l'article 17 veut que ce soit celle du vol qu'on préfère, ce n'est plus dès lors l'article 12 de la loi du 3 mars 1844 , sans l'article 463 du code pénal, mais bien l'article 401 du code pénal avec l'article 463 du même code , qui édictent la peine. L'article 463 est inséparable de l'article 401, c'est le complément de la disposition pénale, qu'il n'est pas permis de diviser pour en prendre la partie sévère et en rejeter la partie qui permet d'être juste. On dit que c'est permettre, au moyen de l'application de l'article 463, de descendre jusqu'aux peines de simple police ; si c'est là un inconvénient , il est moins grave que celui qui, dans le système contraire, obligerait les tribunaux à prononcer au moins une année d'emprisonnement. La sagesse des magistrats nous garantira des abus dans l'application de l'article 463 ; elle serait impuissante si on les plaçait désarmés sous le joug impératif de l'article 401.

XVI. Par le même arrêt, la Cour royale de Poitiers a jugé aussi qu'il devait en être, et à plus forte raison, de l'indemnité attribuée au propriétaire des fruits comme de la confiscation de l'arme du chasseur. Je pense aussi que l'indemnité sous la loi du 30 avril 1790, pas plus que les dommages-intérêts sous celle du 3 mai 1844, n'ont un caractère pénal. C'est la réparation d'un préjudice et non la répression d'un délit. Ainsi que l'on se conforme à un article de la loi sur la police de la chasse ou à un article du code pénal pour la répression de deux délits, le dernier paragraphe de l'article 16 n'en devra pas moins être appliqué. Il n'est au surplus que la reproduction du droit commun.

XVII. Ce que nous avons dit pour le cas de conviction de deux délits s'applique à celui où ils sont plus nombreux.

§ 2.

XVIII. Le but de l'article 17 , en déclarant qu'en cas de conviction de plusieurs délits prévus par la loi , par le code pénal ordinaire ou par les lois spéciales , la peine la plus forte serait seule prononcée, n'est pas de faire cesser toute controverse sur l'applicabilité de l'article 365 du code d'instruction criminelle. M. le garde-des-sceaux nous l'a dit ; dans sa pensée, l'affirmative n'était pas douteuse : « D'après l'article 365 du code d'instruction criminelle, le prévenu reconnu coupable de plusieurs délits , au moment où il est jugé, n'est pas puni des peines portées contre chacun de ces délits; la peine la plus sévère lui est seule appliquée. » En constatant et proclamant le droit commun , on a voulu seulement y déroger pour les délits de chasse. C'est encore M. le garde-des-sceaux qui nous l'a dit en présentant le projet : « Il était nécessaire de déroger au principe à l'égard des délits de chasse, délits spéciaux que l'on commet sans scrupule et avec tant de facilité. Sans cette dérogation , le braconnier contre lequel un procès-verbal aurait été rédigé pourrait, dans l'intervalle du premier délit constaté jusqu'au jour du jugement , en commettre impunément plusieurs autres. C'est ce qu'a voulu prévenir l'article qui admet le cumul des peines. »

M. le garde-des-sceaux nous l'enseigne donc fort clairement, le cumul des peines n'est permis que dans le
cas d'une seconde contravention à la loi sur la police
de la chasse. Hors ce cas, nous demeurons dans le droit
commun.

XIX. C'est la déclaration du procès-verbal qui trace
la limite entre l'exception et le droit commun. Les peines encourues pour des faits postérieurs à la déclaration
du procès-verbal de contravention pourront seules être
cumulées.

XX. Le projet n'admettait le cumul des peines que
lorsque les délits auraient eu lieu à des jours différents.
La chambre des pairs a modifié cette rédaction et a
voulu ne pas laisser toute la journée aux délinquants
pour commettre impunément d'autres délits. Cette
modification ayant été acceptée, il est demeuré bien
entendu que la disposition n'était applicable qu'aux
délits commis avant la déclaration du procès-verbal et
que dès lors ceux commis postérieurement devaient
être punis.

Ainsi, quant aux délits commis avant la déclaration
du procès-verbal, l'article 365 du code d'instruction
criminelle, reproduit dans le paragraphe 1er de l'article 17, doit être appliqué ; c'est le droit commun, la
peine la plus forte doit seule être prononcée, soit qu'il
s'agisse de plusieurs délits tous prévus par la loi sur la

14

chasse , soit qu'il s'agisse d'un délit de chasse et d'un ou plusieurs autres délits prévus et punis par le code pénal ou des lois spéciales autres que celles du 3 mai 1844.

Quant aux délits commis postérieurement à la déclaration du procès-verbal , ils doivent être punis ; c'est le cas de dérogation à la règle générale.

XXI. Cette dérogation s'étend-elle aux cas où l'un des deux délits n'est pas un délit de chasse ?

Les termes de l'article 17 sont généraux, mais il est évident que le législateur ne s'est préoccupé que des délits de chasse. Si la peine la plus forte doit seule être prononcée en cas de conviction d'un délit de chasse et d'un délit d'une autre nature, ce n'est pas en vertu de l'article 17 de la loi du 3 mai 1844 , qu'on appliquera l'article 365 du code d'instruction criminelle , mais ce sera parce que ce dernier article constitue le droit commun reconnu par l'article 17 de la loi sur la chasse. On l'appliquera de même et par la même raison que dans le cas de conviction d'un délit prévu par le code pénal et d'un délit prévu par une loi spéciale autre que la loi sur la chasse; on suivra en un mot la règle générale à laquelle l'article 17 n'a apporté qu'une exception qu'il faut restreindre selon le vœu du législateur. Qu'a-t-il voulu en effet ? empêcher que le braconnier contre lequel un procès-verbal est rédigé, puisse impunément commettre un second délit de chasse. L'exception est donc clairement restreinte au cas de deux délits de chasse; c'est donc seulement alors que les peines peu-être cumulées.

XXII. Qu'arrivera t-il s'il n'y a pas eu déclaration de procès-verbal ? Le délinquant pourra-t-il commettre un second délit de chasse sans encourir l'application du second paragraphe de l'article 17 ? Pourra-t-il soutenir que la déclaration du procès-verbal est l'avertissement légal qui peut seul le mettre en garde contre la menace d'être placé hors du droit commun ?

M. Isambert avait proposé de dire : *Postérieur au procès-verbal de contravention ou à la citation.* « Il faut prendre l'un ou l'autre, a dit M. le garde-des-sceaux, car il y a un délai nécessaire entre le procès-verbal et la citation. » — « J'ai dit *ou à la citation*, a répondu M. Isambert, parce que le procès-verbal peut être inconnu de la partie qui a commis le délit, et il est à craindre que l'intervalle soit plus ou moins long. D'après le droit commun, d'après même les lois de septembre 1835, relatives aux délits de la presse, il est de règle que les peines ne puissent être cumulées que pour faits postérieurs à la *poursuite.* » Personne n'a contesté l'applicabilité de ces principes, et chacun s'est ingénié à trouver une rédaction qui rendît bien la pensée. « Mettez *postérieure à la poursuite*, » dit M.

Isambert? » — « Pourquoi ne pas mettre *postérieure à la
déclaration du procès-verbal*, a dit M. le garde-des-
sceaux ? » — « Mettez *notification*, a dit M. Parès »
On a mis le mot *déclaration*. Peu importe ; ce qu'il y a
d'important à savoir, c'est qu'il a été entendu que
lorsqu'il n'y a pas eu déclaration du procès-verbal, on
restait dans le droit commun.

XXIII. Par *déclaration*, il ne faut pas entendre une
déclaration faite en l'absence du délinquant ou de manière qu'il puisse l'ignorer, mais un avertissement qui
lui fasse connaître qu'on constate contre lui un délit
et qu'il est prévenu que sous les peines de droit il ne
doit pas en commettre un second.

XXIV. Le procès-verbal n'est pas, du reste, le seul
avertissement qu'on puisse donner. Une citation ou
tout autre acte signifié au délinquant doivent avoir le
même effet, pourvu qu'ils lui fassent suffisamment connaître la poursuite. La loi ne contient rien de sacra-
mentel, et son but est aussi évident que sa volonté.

XXV. Lorsqu'il y a lieu de cumuler les peines pour
deux contraventions à la loi du 3 mai 1844, les deux
délits doivent être punis comme entièrement isolés, et
les peines doivent être réunies pour former le quantum
de la condamnation, sauf, bien entendu, aux magistrats à profiter de la latitude que la loi laisse entre un
minimum et un maximum.

———

ARTICLE XVIII. — EN CAS DE CONDAMNATION POUR DÉLITS PRÉVUS PAR LA PRÉSENTE LOI , LES TRIBUNAUX POURRONT PRIVER LE DÉLINQUANT DU DROIT D'OBTENIR UN PERMIS DE CHASSE POUR UN TEMPS QUI N'EXCÉDERA PAS CINQ ANS.

I. Peu importe que la condamnation ait été prononcée pour fait de chasse sans permis ou , par exemple , pour destruction de couvées sur le terrain d'autrui ; il suffit , pour l'interdiction temporaire du permis de chasse , qu'il y ait eu délit prévu par la *présente* loi.

II. Le projet de loi portait : *pour un temps qui n'excédera pas dix ans* ; la commission de la chambre des députés a réduit la suspension possible du droit à cinq ans.

III. C'est là un maximum fixé par la loi. Rien n'empêche les tribunaux, en usant de la faculté qui leur est laissée de prononcer ou de ne pas prononcer la privation du permis de chasse , de la limiter à tel laps de temps qu'ils voudront choisir au-dessous de cinq ans.

ARTICLE XIX. — LA GRATIFICATION MENTIONNÉE EN L'ART. 40 SERA PRÉLEVÉE SUR LE PRODUIT DES AMENDES.

LE SURPLUS DESDITES AMENDES SERA ATTRIBUÉ AUX

COMMUNES SUR LE TERRITOIRE DESQUELLES LES INFRAC-
TIONS AURONT ÉTÉ COMMISES,

§ 1 et 2.

I. Cette disposition n'est à vrai dire qu'un règlement qui ne regarde en rien les tribunaux et les condamnés. Les tribunaux doivent prononcer les amendes et les condamnés doivent les payer sans se préoccuper des moyens qui seront employés pour les faire parvenir à leur destination. Aussi ne chercherons-nous pas ici comment se fera la distribution entre plusieurs communes sur le territoire desquelles l'infraction se sera continuée ; nous ne nous demanderons pas ce qu'il adviendra lorsque plusieurs délits n'auront entraîné qu'une seule peine. Ces difficultés d'exécution ne sont pas du domaine de la loi et seront probablement aplanies par des règlements et des instructions qui assureront à la volonté du législateur son accomplissement.

II. Cet article 19 introduit dans la législation une innovation qui pourra produire de bons fruits, mais dont les résultats auraient pu être plus certains s'ils avaient été plus promptement et plus ostensiblement provoqués par un paiement direct entre les mains du receveur de la commune. Cette observation qui a été faite n'ayant pas été accueillie, j'en conclus que le législateur a voulu conserver le mode de recouvrement actuel, c'est-à-dire le paiement entre les mains du receveur des domaines et de l'enregistrement.

ARTICLE XX. — L'ARTICLE 463 DU CODE PÉNAL NE SERA PAS APPLICABLE AUX DÉLITS PRÉVUS PAR LA PRÉSENTE LOI.

Dans aucun cas et pour aucun motif, les tribunaux ne pourront prononcer une amende au-dessous du minimum fixé par la loi du 3 mai 1844.

SECTION III.

De la poursuite et du jugement.

ARTICLE XXI.—LES DÉLITS PRÉVUS PAR LA PRÉSENTE LOI SERONT PROUVÉS, SOIT PAR PROCÈS-VERBAUX OU RAPPORTS, SOIT PAR TÉMOINS, A DÉFAUT DE RAPPORTS ET PROCÈS-VERBAUX, OU A LEUR APPUI.

Le projet portait :

Les délits prévus par la présente loi seront prouvés par procès-verbaux ou par témoins.

La chambre des pairs a voulu la concurrence de toutes les preuves et non pas l'une à défaut de l'autre. Ce sont les principes du droit commun , c'est le premier paragraphe de l'article 154, du code d'instruction criminelle. (Voyez tome 1er, pages 321 et 364.)

ARTICLE XXII.— LES PROCÈS-VERBAUX DES MAIRES ET ADJOINTS , COMMISSAIRES DE POLICE , OFFICIER , MARÉCHAL-DES-LOGIS OU BRIGADIER DE GENDARMERIE , GENDARMES, GARDES-FORESTIER , GARDES-PÊCHE , GARDES-CHAMPÊTRES , OU GARDES ASSERMENTÉS DES PARTICULIERS , FERONT FOI JUSQU'A PREUVE CONTRAIRE.

I. Après bien des débats, on en est venu à maintenir l'ancienne législation. (Voyez tome 1er, page 321 et suivantes.

II. Sous l'empire de la loi du 30 avril 1790 , il n'était pas douteux que les procureurs du roi, leurs substituts , les juges-de-paix, les juges d'instruction, les Préfets des départements et le préfet de police , eussent qualité comme tous les autres officiers de police judiciaire , pour constater les délits de chasse. Le code d'instruction criminelle , promulgué longtemps après la loi de 1790 , avait nécessairement placé ces délits comme les autres, dans les attributions des officiers de police judiciaire. On ne faisait aucune distinction, et, en effet, il n'était pas possible d'en faire surtout depuis la promulgation du code dont les dispositions suppléaient au silence de la loi de 1790.

En est-il encore de même sous la loi nouvelle ?

En énumérant soigneusement les fonctionnaires à qui il conférait le droit de constater les contraventions, le législateur en a circonscrit le nombre et a dérogé au code d'instruction criminelle. On s'explique difficilement les motifs de cette innovation, et l'on est tenté de la considérer comme involontaire. Cependant , quand dans une loi toute spéciale le législateur désigne formellement ceux qui seront chargés d'en assurer l'exécution , il exclut par là tous autres qui ne sont pas compris dans la nomenclature. Il n'est pas permis de rechercher l'intention quand la volonté est manifeste , et il n'est pas possible de dire qu'elle ne l'est pas quand elle est exprimée en termes si positifs et si exclusifs.

III. La foi due aux procès-verbaux s'étend seulement aux faits que le rédacteur a pu constater par l'usage de ses sens ou par des moyens propres à en vérifier l'exactitude. (V. arrêt de la Cour de cassation, du 29 janvier 1825 , rapporté dans Sirey, t. 25, 1re partie, page 280.)

IV. La foi ne s'étend point aux faits que le rédacteur du procès-verbal dit avoir été déclarés par des tiers. (Arrêt de la Cour de cassation du 2 janvier 1830 , rapporté dans Sirey, tome 30 , 1re partie, page 149.)

V. La foi ne s'étend pas à des faits autres que ceux constatés par les procès-verbaux. (Voyez les arrêts rendus par la Cour de cassation , les 30 mai et 19 juillet 1831.)

VI. Dans le projet, l'article se terminait par ces mots : conformément à l'article 154 du code d'instruction criminelle. En rappelant ainsi l'article 154 du code d'instruction criminelle, l'article 22 renvoyait au droit commun. Ainsi, le droit de faire une preuve contraire, c'est-à-dire la faculté de débattre le procès-verbal par des preuves, soit écrites, soit testimoniales, pourvu toutefois que le tribunal jugeât à propos de les admettre, comme le porte la disposition finale de l'article 154 du code d'instruction criminelle, était formellement reconnu. La suppression de cette dernière partie de l'article ne peut modifier en rien ce droit de défense qui est la loi commune. Sa suppression n'a eu lieu que parce que ce renvoi a paru inutile.

VII. Ordinairement les adjoints ne sont appelés à agir qu'en cas d'absence du maire ; mais il n'en est pas ainsi pour les attributions que leur confère la loi sur la police de la chasse ; ils ont le droit et même le devoir d'agir concurremment, que le maire soit absent ou qu'il soit présent, qu'il agisse ou qu'il s'abstienne.

VIII. Pour la forme des procès-verbaux, voyez tome 1er, page 338 et suivantes.

ARTICLE XXIII. — Les procès-verbaux des employés des contributions indirectes et des octrois feront également foi, jusqu'à preuve contraire, lorsque, dans la limite de leurs attributions res-

PECTIVES, CES AGENTS RECHERCHERONT ET CONSTATE-
RONT LES DÉLITS PRÉVUS PAR LE PARAGRAPHE 1er DE
L'ART. 4.

I. Le but de cette disposition est d'assurer l'exécution de la mesure contenue au paragraphe 1er de l'article 4. La loi ne charge pas par l'article 23 les employés des contributions indirectes et des octrois de
rechercher et de constater les délits de chasse; elle leur
confère qualité pour constater seulement les faits de
mise en vente, de vente, d'achat, de transport et de
colportage du gibier, et elle déclare que dans les limites
de ces attributions leurs procès-verbaux feront foi jusqu'à preuve contraire.

Le motif de cette mesure, c'est que par leurs fonctions ces employés sont en position de découvrir et de
constater les contraventions au paragraphe 1er de
l'article 4. Les employés des contributions indirectes
sont chargés de certaines recherches dans les lieux ouverts au public, et l'on a voulu que, lorsqu'en remplissant d'autres devoirs, ils trouveraient l'occasion de
constater une infraction à l'article 4, paragraphe 1er,
ils eussent qualité pour le faire. Les employés de l'octroi devaient recevoir la même mission ; placés aux
portes des villes pour surveiller ce qu'on y introduit,
personne mieux qu'eux ne peut empêcher l'entrée du

gibier en en opérant la saisie et en constatant le délit de transport.

III. les infractions dont il s'agit n'en pourront pas moins être constatées par les gardes et les gendarmes; le législateur a voulu seulement faire un appel au concours d'employés qui, dans l'exercice de leurs fonctions, trouveront souvent l'occasion de constater les contraventions à l'article 4 de la loi du 3 mai 1844.

IV. Il est inutile, du reste, de faire remarquer que cette mission n'est qu'accessoire, et qu'elle ne peut conférer le pouvoir de faire des visites dans les maisons non soumises à l'exercice.

ARTICLE XXIV. — DANS LES VINGT-QUATRE HEURES DU DÉLIT, LES PROCÈS-VERBAUX DES GARDES SERONT, A PEINE DE NULLITÉ, AFFIRMÉS PAR LES RÉDACTEURS DEVANT LE JUGE DE PAIX OU L'UN DE SES SUPPLÉANTS, OU DEVANT LE MAIRE OU L'ADJOINT, SOIT DE LA COMMUNE DE LEUR RÉSIDENCE, SOIT DE CELLE OU LE DÉLIT AURA ÉTÉ COMMIS.

I. L'affirmation n'est nécessaire que pour les procès-verbaux rédigés par des gardes.

Le projet de loi assujettissait à cette formalité les procès-verbaux des gendarmes, mais comme l'a dit M. le rapporteur à la chambre des députés, cela s'expliquait lorsque leurs procès-verbaux devaient faire foi jusqu'à inscription de faux; et s'il n'est rien innové à cet égard, il n'y a pas lieu de leur imposer une obligation à laquelle ils ne sont pas soumis en ce moment. (Voyez tome 1ᵉʳ, pages 325, 338 et 339.)

Il en est de même des procès-verbaux tenus par les maires, adjoints, commissaires de police, officier, maréchal-des-logis ou brigadier de gendarmerie. Le texte de la loi est clair. Voyez, du reste, tome 1ᵉʳ, page 342.

Quant aux procès-verbaux rédigés par les gardes forestiers, l'ancienne législation voulait qu'ils fussent affirmés. Voyez tome 1ᵉʳ, page 361. L'article 24 le veut de même, ce mot *gardes*, sans distinction, s'applique aussi bien aux gardes forestiers qu'aux gardes champêtres.

II. La loi nouvelle ne dérogeant en rien à l'ancienne législation touchant la forme des procès-verbaux, nous pouvons nous borner à renvoyer au tome 1ᵉʳ, livre 7ᵉ, section 2ᵉ.

III. C'est donc dans les vingt-quatre heures que tous les procès-verbaux doivent être affirmés à peine de nullité.

L'article 10 de la loi du 30 avril 1790, et les articles 6 et 7 de la loi du 28 septembre 1791, exigeaient aussi que l'affirmation eût lieu dans le même délai. (Voyez tome 1ᵉʳ, pages 348, 349.)

IV. Que doit-on entendre par vingt-quatre heures ? C'est là une question qui n'est pas sans intérêt.

Il est de principe que la computation d'un délai fixé par la loi à un nombre d'heures , à 24 heures , par exemple, doit être faite non *de die ad diem*, mais *de horâ ad horam*.

C'est ainsi que la Cour de cassation a jugé par arrêt du 5 janvier 1809, qu'un procès-verbal constatant un délit forestier, rédigé le 13 mai à six heures du matin et affirmé le lendemain 14 à sept heures après-midi , était nul pour n'avoir pas été affirmé dans le délai voulu par la loi.

Voici cet arrêt :

« La Cour sur les conclusions de M. Jourde, substi-
» tut du procureur-général; ——attendu que ne s'agissant
» point dans l'espèce d'un délai fixé par la loi à un
» nombre de jours déterminé , à l'égard desquels il est
» vrai que la computation doit se faire *de die ad diem* et
» non *de horâ ad horam*, mais seulement d'un délai
» préfix de 24 heures, dans l'espace desquelles l'article
» 7 du titre 4 de la loi du 29 septembre 1791, a voulu
» que les gardes forestiers affirmassent leurs procès-
» verbaux , la Cour de justice criminelle du départe-
» ment de la Haute-Saône s'est littéralement conformée
» à la loi , en déclarant nul un procès-verbal affirmé le
» lendemain de sa rédaction , mais après l'expiration
» des 24 heures depuis la date fixée , soit par la men-
» tion de l'heure que le garde forestier a indiquée dans

» le procès-verbal , soit par la mention de l'heure de
» l'affirmation faite par l'officier public qui a reçu cette
» affirmation : — Rejette, etc.»

La Cour royale d'Orléans a aussi jugé, par arrêt du
18 juillet 1835 , que la computation du délai doit être
faite d'heure à heure, en déclarant valable une surenchère faite à quatre heures du soir, et dénoncée le lendemain à la même heure.

La Cour royale de Montpellier a jugé , au contraire,
par arrêt du 7 mai 1838, que le délai de vingt-quatre
heures ne pouvait courir qu'à l'expiration du jour de
la surenchère.

La Cour de Liége , par arrêt du 5 janvier 1809 , et
la Cour de cassation par arrêt du 21 décembre 1812 ,
avaient déjà décidé qu'en accordant un délai de 24 heures le législateur voulait donner un jour entier.

Dans les espèces de ces arrêts il s'agissait d'interpréter l'article 711 du code de procédure civile , mais ce
n'en était pas moins toujours la question de savoir ce
qu'il faut entendre par un délai de 24 heures. Toutefois
il faut signaler une différence tellement essentielle
qu'elle ne permet pas d'opposer ces dernières décisions
à l'arrêt de la Cour de cassation , rendu le 5 janvier
1809 , relativement à l'affirmation des procès-verbaux
des gardes forestiers. Les procès-verbaux des gardes
forestiers doivent énoncer l'heure ; les actes de suren-

chère ne doivent pas contenir cette énonciation. Les actes d'affirmation des procès-verbaux doivent indiquer l'heure ; les exploits de dénonciation ne sont pas assujettis à cette indication. La Cour de cassation a donc pu reconnaître la nullité d'un procès-verbal rédigé le 13 mai, à six heures du matin et affirmé le lendemain 14, à sept heures après-midi, et les Cours royales ont pu valider des surenchères et des dénonciations faites sans indication de l'heure.

L'opinion de la Cour de cassation conserve donc toute sa valeur et je crois qu'elle doit servir de règle tout aussi bien pour le cas où il s'agit de l'affirmation d'un procès-verbal constatant un délit de chasse que pour celui où il faut déterminer le délai de l'affirmation d'un procès-verbal constatant un délit forestier lorsque ces procès-verbaux contiendront l'énonciation de l'heure.

Mais il reste à se demander ce qu'il convient de décider lorsque ces actes seront muets sur l'heure.

En ce qui touche l'acte d'affirmation, il ne peut naître aucune difficulté sérieuse, car il doit nécessairement pour être régulier énoncer l'heure de l'affirmation. C'est là une des premières conditions de sa validité ; si elle manquait, rien ne prouverait que le vœu de la loi ait été rempli. Toutefois si l'affirmation était reçue le jour même de la rédaction du procès-verbal, on pourrait ne pas mentionner l'heure, attendu qu'il serait alors de toute évidence que le délai de 24 heures n'était pas expiré.

On est beaucoup plus embarrassé pour déterminer les conséquences de l'omission de l'heure dans le procès-verbal constatant le délit. La loi n'exige pas que le procès-verbal contienne l'indication de l'heure, et cependant sans cette indication à quoi servira la mention dans l'acte d'affirmation ? Elle sera tout à fait inutile, puisque le point de départ manquera. C'est, je l'avoue, cette difficulté qui m'a arrêté le plus longtemps et n'ayant trouvé aucun guide ni dans la doctrine, ni dans la jurisprudence, c'est dans la loi même que j'ai cru trouver la base de mon opinion.

Sans doute la loi du 30 avril 1790, ne voulait pas que le procès-verbal énonçât l'heure du délit ; la loi nouvelle n'est pas plus exigeante, mais l'article 24 de cette dernière loi comme l'article 10 de la loi du 30 avril 1790 et les articles 6 et 7 de la loi du 28 septembre contiennent la disposition impérative qui exige l'affirmation dans les vingt-quatre heures. Or, comme il incombe à celui qui me reproche un délit de le prouver, s'il veut faire cette preuve par un procès-verbal, il faut que cet acte soit régulier. Pour être régulier, il doit être affirmé dans les vingt-quatre heures ; sinon il est sans valeur, il est nul, et la preuve n'est pas faite.

Il suit de là que lorsque l'omission de l'heure du délit empêchera qu'il ne soit prouvé que l'affirmation a eu lieu dans les vingt-quatre heures, il n'y aura pas de procès-verbal régulier et partant il n'y aura pas de preuve.

Je résume donc ainsi une discussion, peut-être trop longue , mais que j'ai cru utile de ne pas abréger , afin de bien faire voir quel ordre d'idées j'ai dû traverser avant d'arriver à une solution qui me paraît la seule possible.

Lorsque le procès-verbal constatera l'heure du délit, et l'acte d'affirmation l'heure de sa réception , pas de difficulté ; on verra si conformément à la loi , l'affirmation a eu lieu dans les vingt-quatre heures. Un procès-verbal constatant un délit commis à quatre heures du soir et affirmé le lendemain à trois heures du soir est valable. Il est valable encore s'il est affirmé le lendemain à qaatre heures du soir, parceque l'acte d'affirmation, ne recevant son complément que par la signature, il s'écoule nécessairement un trait de temps entre le commencement de la rédaction et le moment de la signature ; mais il est nul s'il est affirmé plus tard.

Lorsque l'acte d'affirmation a lieu le jour même du procès-verbal, l'énonciation de l'heure devient sans objet tout aussi bien dans l'acte d'affirmation .que dans le procès-verbal, parce qu'il est évident que le délai de 24 heures n'était pas expiré, et que, dans ce cas, la validité du procès-verbal ne peut de ce chef être jamais contestée.

Mais quand l'affirmation n'a lieu que le lendemain, il faut de toute nécessité qu'on trouve l'heure du délit dans le procès-verbal, et celle de l'affirmation dans l'acte qui la constate, afin qu'on puisse juger si le procès-verbal a été affirmé dans les 24 heures, ainsi que le veut l'article 24, à peine de nullité.

V. J'ai entendu demander si les 24 heures commençaient à courir de l'heure du délit ou de celle de la déclaration du procès-verbal. La réponse se trouve dans le texte de la loi; l'article 24 porte *dans les 24 heures du délit.* On conçoit du reste que le législateur ne pouvait pas laisser à celui qui constate un délit la faculté de rédiger son procès-verbal quand cela lui conviendrait, et d'étendre ainsi indéfiniment le délai accordé pour l'affirmation.

VI. L'affirmation doit être faite devant le juge de paix ou l'un de ses suppléants, ou devant le maire ou l'adjoint, soit de la commune de la résidence du rédacteur, soit de la commune où le délit aura été commis.

Sous l'ancienne législation, les suppléants des juges de paix n'avaient qualité pour recevoir l'affirmation qu'en cas d'absence ou d'empêchement du juge de paix. Il en était de même des adjoints, qui n'étaient appelés qu'à suppléer les maires. La rédaction de l'article 24 me paraît conçue en termes qui indiquent que, bien loin de disposer pour les cas d'absence ou d'empêchement, le législateur a voulu, au contraire, conférer concurremment à tous les magistrats qu'il désigne le pouvoir de recevoir l'acte d'affirmation. Le rédacteur du procès verbal se conforme à la loi en affirmant devant le juge de paix, *ou* devant l'un de ses suppléants, *ou* devant le maire, *ou* devant l'adjoint. Cette répétition du mot *ou* fait clairement voir que la loi laisse le choix tout aussi bien entre le juge de paix et l'un de ses suppléants qu'entre le juge de paix et le maire.

Les juges de paix, suppléants, maires et adjoints qui peuvent recevoir l'affirmation sont ceux de la commune de la résidence du rédacteur du procès-verbal, et ceux de la commune où le délit a été commis.

Les juges de paix et les suppléants de la résidence sont ceux du canton de la résidence; c'est là l'esprit de la loi, et il ne faut pas le méconnaître au point de penser qu'elle n'a voulu conférer le pouvoir de recevoir l'affirmation aux juges de paix et aux suppléants qu'autant qu'ils habiteraient la même commune que le rédacteur du procès-verbal.

VII. De même les juges de paix et suppléants de la commune où le délit a été commis sont ceux du canton dans lequel se trouve cette commune.

VIII. Un membre du conseil municipal n'a pas le

droit de recevoir une affirmation, même en cas d'absence du maire et des adjoints. (Voyez tome 1er,
page 354.)

Cependant si les fonctions de maire étaient confiées
à un membre du conseil municipal désigné par le rang
qu'il occupe au tableau, il aurait dans ses attributions
le droit de recevoir les affirmations, comme il a tous
ceux dont les maires titulaires sont ordinairement
investis.

ARTICLE XXV.—Les délinquants ne pourront
être saisis ni désarmés ; néanmoins, s'ils sont déguisés
ou masqués, s'ils refusent de faire connaître leurs
noms, ou s'ils n'ont pas de domicile connu, ils seront
conduits immédiatement devant le maire ou le juge
de paix, lequel s'assurera de leur individualité.

I. Cet article reproduit les dispositions des articles 5
et 7 de la loi du 30 avril 1790. (Voyez tome 1er, pages
173, 331, 332, et tome 2, pages 49 et 53.)

Toutefois la loi nouvelle apporte deux modifications
qu'il faut signaler. Elle ajoute aux cas dans lesquels
l'arrestation était permise, celui où le délinquant refuse
de faire connaître son nom et elle n'exige plus comme
garantie la réquisition de l'autorité municipale.

II. Les délinquants ne pourront être saisis, telle est
la règle générale; néanmoins s'ils sont déguisés ou mas-

qués, ou s'ils refusent de faire connaître leurs noms,
ou s'ils n'ont pas de domicile connu, ils seront conduits devant le maire ou le juge de paix; telles sont les
exceptions.

III. Pour se trouver placé sous la législation exceptionnelle, il ne faut pas la réunion de toutes les circonstances énumérées en l'article 25 ; il suffit de l'une
d'elles. Ainsi il suffit que le chasseur soit déguisé quand
même il voudrait faire connaître son nom, comme il
suffit qu'il n'ait pas de domicile connu, quand du reste
il ne serait ni déguisé ni masqué et qu'il ferait connaître
son nom. Il ne peut y avoir de doute à cet égard, le
législateur a employé la disjonctive *ou* et non pas l
conjonctive *et*. Son intention se trouve d'ailleurs révélée dans l'exposé des motifs lus à la chambre des pairs;
M. le garde-des-sceaux y a dit positivement qu'il n'y
aura d'exception que dans les cas où le chasseur sera
déguisé ou masqué et dans ceux où il n'aura pas de
domicile connu ou refusera de dire son nom.

IV. La disposition relative à ceux qui refusent de dire
leur nom était portée aussi dans l'article 14, et sur
les observations fort justes qui ont été faites, que nulle
part on ne trouvait dans les lois un cas où l'on fût puni
pour le refus de faire connaître son nom, la disposition
fut rayée de l'article 14. Dans cette discussion, on fut
naturellement appelé à porter son attention sur l'article

25. M. Hébert, qui voulait le maintien de la disposition dans l'article 14, déclara que dans sa conviction, l'article 25 ne contenait qu'un droit de sommer le délinquant de se rendre devant le maire ou devant le juge de paix, mais qu'on ne pouvait pas mettre la main sur sa personne. M. Vivien a répondu : « La loi porterait donc : Ils seront conduits avec la faculté de ne pas y aller. Cela est absurde. Si vous entendez l'article 25 comme la raison et le bon sens veulent qu'il soit entendu, c'est-à-dire que dans le cas où les chasseurs ne veulent pas établir leur identité, on peut les conduire devant le magistrat, l'article 14 est inutile. Si, au contraire, vous êtes disposés à dire dans l'article 25 : Ils seront conduits devant le maire avec la faculté pour eux de n'y point aller, c'est-à-dire qu'on les y mènera si cela leur plaît, alors l'article est dérisoire. » M. Hébert répéta que dans son esprit, l'article ne conférait que le droit de sommer. « Non, a répondu M. Crémieux ; *conduits* veut dire qu'on peut contraindre le chasseur à se rendre devant l'officier municipal. C'est la répétition des articles 5 et 7 de la loi de 1790, dont l'un défend le désarmement et dont l'autre autorise l'arrestation. » M. Crémieux a raison, la loi de 1790 autorisait l'arrestation; mais M. Crémieux oublie qu'elle ne la permettait que sur la réquisition de l'autorité municipale, ce qui était ou une garantie ou très sou-

vent, sinon toujours, un obstacle à l'exercice de ce droit.

Il est donc demeuré, bien entendu, que le droit conféré par l'article 25 de la loi du 3 mai 1844 était le droit d'arrestation.

V. On ne peut pas se dissimuler qu'il sera fort facile d'abuser du droit d'arrestation que la loi abandonne à la discrétion des gardes et des gendarmes. Le refus de faire connaître son nom, la question de domicile comme toutes les autres circonstances qui peuvent aux termes de la loi autoriser l'arrestation, par exception au droit commun, seront, par la force des choses, appréciés souverainement par ceux qui constateront le délit. Il faut espérer qu'une surveillance active et au besoin une répression sévère préviendront les vexations que la loi, dans la vue d'empêcher l'impunité, n'a pas jugé convenable de prendre en considération. S'il n'est plus possible de nier que le législateur ait autorisé l'arrestation dans certains cas, il n'est pas moins certain qu'il a voulu, en règle générale, que les chasseurs ne soient pas saisis, et c'est un devoir pour tous ceux qui sont chargés de l'application de la loi de garantir aux citoyens le bénéfice du droit commun. C'est au surplus dans la prudence de ceux qui sont chargés de constater les contraventions et dans la fermeté des magistrats que se trouvent les seules ressources des chasseurs, car la violation la plus flagrante des dispositions de l'article ne peut jamais être une cause de nullité du procès verbal.

VI. Une difficulté grave , c'est de savoir si l'exception doit s'appliquer à l'arrestation et au désarmement.

Il semble tout d'abord que du moment que l'arrestation est permise , il doit s'ensuivre la permission de désarmer le chasseur. C'est une précaution consacrée par l'usage et commandée par la prudence. En lisant l'exposé des motifs , on est, de plus en plus, porté à croire que l'intention du législateur a été de ne faire aucune distinction entre les deux mesures. En effet, après avoir dit : « La crainte que des collisions fussent le résultat des efforts tentés pour désarmer ou arrêter des délinquants a fait conserver la disposition de la loi de 1790, qui défend , en termes formels , cette arrestation et ce désarmement ; » M. le garde-des-sceaux a ajouté : « Il n'y aura d'exception que dans les cas , etc. » Il est donc clair que dans la pensée de M. le garde-des-sceaux l'exception doit s'appliquer au désarmement comme à l'arrestation.

Cependant, je ne puis pas partager cette manière de voir, et je pense que la loi restreint l'exception à l'arrestation. Je ne conteste pas la force et la valeur des observations qui précèdent, mais je n'hésite pas à dire qu'on ne peut recourir à l'interprétation que lorsque le texte laisse plus ou moins d'incertitude, et ici il me paraît trop clair et trop précis pour qu'il soit permis de s'en écarter en en recherchant les motifs. Que dispose l'article 25? Il pose d'abord une règle générale : *Les délinquants ne pourront être saisis ni désarmés* ; voilà une défense de *saisir* et de *désarmer* ; puis vient une exception : *Néanmoins s'ils sont déguisés ou masqués, s'ils refusent de faire connaître leurs noms ou s'ils n'ont pas de domicile connu, ils seront conduits immédiatement devant le maire ou le juge de paix, lequel s'assurera de leur individualité.* Sur quoi porte cette exception? Sur la double défense de saisir et de désarmer? évidemment non. Le droit de conduire le délinquant devant le maire ou le juge de paix constitue bien celui de l'arrêter, parce qu'il peut être nécessaire d'arrêter pour conduire, mais ne comporte pas du tout le droit de désarmer, parce qu'on peut fort bien conduire, et même arrêter sans désarmer. Il faut donc renfermer l'exception dans les termes de la loi, et ne pas lui donner une extension à l'aide de raisonnements et de considérations. Prendre l'exception dans ses limites, c'est reconnaître que le droit de conduire constitue seul l'exception, et laisser la défense de désarmer comme une règle générale qui n'est modifiée par aucune disposition. C'est au surplus l'avis de M. Crémieux qui, s'expliquant sur le sens du mot *conduits,* a dit formellement, comme je l'ai rappelé ci-dessus : « Le mot *conduits* veut dire qu'on peut contraindre le chasseur *sans le désarmer*. » C'est la répétition des articles 5 et 7 de la loi de 1790, dont l'un défend le désarmement des chasseurs, dont l'autre autorise l'arrestation.

VII. Le maire ou le juge de paix doit s'assurer de l'individualité ; c'est un devoir imposé par l'article 25. Le chasseur une fois connu doit être sur-le-champ mis en liberté ; le droit d'arrêter ne comporte pas celui de détenir. Il est certain que les magistrats ne négligeront rien pour s'assurer de l'individualité du chasseur et le remettre ensuite en liberté ; mais si malgré leurs efforts, ils ne pouvaient parvenir à connaître le délinquant, ils sont, sans doute, autorisés à le faire conduire sur-le-champ devant le procureur du roi, qui est alors appelé à statuer. Je dis sur-le-champ, pour bien faire sentir que le chasseur ne doit pas être incarcéré , soit pour attendre une correspondance de gendarmerie, soit pour tout autre motif. C'est, sans doute, obliger le chasseur à deux voyages qui peuvent être longs et pénibles, mais qui sont préférables à une détention provisoire, qui serait illégale et que rien ne peut autoriser en aucun cas.

VIII. En résumé, constatons que l'article 25 contient trois dispositions importantes :

La première, c'est la défense générale, absolue, et sans exception de désarmer les délinquants.

La seconde, c'est la défense générale d'arrêter les délinquants, même en cas de flagrant délit.

La troisième, c'est l'autorisation d'arrêter et conduire immédiatement devant le maire ou le juge de paix les délinquants qui sont déguisés ou masqués, ceux qui refusent de faire connaître leurs noms et ceux qui n'ont pas de domicile connu.

ARTICLE XXVI. — Tous les délits prévus par la présente loi seront poursuivis d'office par le ministère public, sans préjudice du droit conféré aux parties lésées par l'article 182 du code d'instruction criminelle.

Néanmoins, dans le cas de chasse sur le terrain d'autrui sans le consentement du propriétaire, la poursuite d'office ne pourra être exercée par le ministère public, sans une plainte de la partie intéressée, qu'autant que le délit aura été commis dans un terrain clos, suivant les termes de l'article 2, et attenant a une habitation, ou sur des terres non encore dépouillées de leurs fruits.

§ 1 et 2.

I. Le premier paragraphe contient une règle générale : *tous les délits prévus par la présente loi seront poursuivis d'office par le ministère public.*

II. Le second paragraphe apporte une exception générale à cette règle : *Néanmoins dans le cas de chasse sur le terrain d'autrui sans le consentement du propriétaire, la poursuite d'office ne pourra être exercée par le ministère public, sans une plainte de la partie intéressée.*

III. La dernière disposition du second paragraphe de l'article 26, soustrait à la règle exceptionnelle et fait rentrer sous le régime du principe général du premier paragraphe : 1° le fait de chasse sur le terrain d'autrui sans le consentement du propriétaire, lorsque le délit a été commis dans un terrain clos, et attenant à une habitation; 2° le fait de chasse sur le terrain d'autrui sans son consentement lorsqu'il a eu lieu sur des terres non encore dépouillées de leurs fruits.

IV. Ainsi, le ministère public peut poursuivre d'office et sans plainte tous les délits, même ceux commis sur le terrain d'autrui, terrain clos et attenant à une habitation ou non encore dépouillé de ses fruits.

Il ne peut pas poursuivre sans plainte de la partie intéressée, les faits de chasse commis sur le terrain d'autrui qui n'est pas ou clos suivant les termes de l'article 2 et attenant à une habitation, ou non encore dépouillé de ses fruits. Telle est l'économie de la loi.

V. Dans un premier projet les dispositions du second paragraphe en formaient deux autres ainsi conçus :

« Dans les cas prévus par les paragraphes 2 et 5 de

l'article 11 , le ministère public ne pourra poursuivre que sur la plainte de la partie intéressée.

» Toutefois cette plainte ne sera pas nécessaire si la chasse a eu lieu sur des terres qui ne sont pas encore dépouillées de leurs fruits ou sur un terrain entouré d'une clôture telle qu'elle est définie audit paragraphe. »

Comme on peut le voir, tout cela est consacré en d'autres termes par l'article 26.

VI. Dans un second projet, ces deux paragraphes du premier projet furent remplacés par un seul ainsi rédigé :

« Néanmoins, en cas de chasse sur le terrain d'autrui, sans le consentement du propriétaire, le ministère public ne pourra poursuivre que sur la plainte de la partie intéressée à moins que le terrain ne soit clos dans le sens de la présente loi et attenant à une habitation; auquel cas la poursuite d'office est autorisée. »

Ce projet n'admettait plus que l'une des deux exceptions portées dans le précédent; il repoussait l'autre. Il voulait accorder au ministère public le droit de poursuite d'office lorsque le terrain serait clos dans le sens de la loi et attenant à une habitation, mais il le lui refusait pour fait de chasse dans les récoltes d'autrui, s'il n'y avait plainte du propriétaire.

Le motif de cette restriction et de la préférence donnée au premier cas sur le second , pour en faire une exception, a été que le cas du fait de chasse sur un terrain clos et attenant à une habitation est une violation de domicile. Oui, sans doute, il y a violation de domicile, mais ce fait n'est pas constitutif du délit en question. Qu'en restera-t-il, en effet, de ce délit, malgré la violation de domicile, si le propriétaire du droit de chasse, dans le terrain clos, vient déclarer après la poursuite d'office du ministère public qu'il avait consenti le fait de chasse ? le délit s'évanouira. C'est, en effet, l'absence et l'absence seule du consentement qui lui donne naissance. La violation du domicile ne peut d'aucune manière communiquer au fait de chasse le germe de la criminalité recherchée. Mais il en est de même de cette circonstance que le terrain ne serait pas dépouillé de ses récoltes. D'un côté comme de l'autre, le fait est purement accessoire. Il est sans doute aggravant, plus aggravant dans le premier cas que dans le second et l'on ne s'étonnera pas de voir différencier les peines ; mais si l'on va au fond des choses, il n'y a pas plus de raison, pour l'un que pour l'autre, de donner ouverture à la poursuite d'office. La nature du délit est identique, il s'agit toujours du consentement du propriétaire. La première exception admise , il n'y avait donc pas de motif bien légitime pour effacer la seconde. Nous sommes cependant loin de vouloir justifier la première.

VII. Lorsque le projet revint à la chambre des pairs, la disposition relative aux terres non encore dépouillées de leurs récoltes fut par un amendement réintroduite dans la loi pour en faire irrévocablement partie.

VIII. Dans diverses circonstances on a manifesté le désir de conférer au ministère public le droit de poursuivre d'office et sans plainte dans tous les cas. A la chambre des pairs ce n'est pas sans peine qu'on y a renoncé, mais il a fallu reconnaître que pour le fait de chasse sur le terrain d'autrui, ce qui constitue le délit c'est le défaut de consentement. Or, permettre au ministère public de poursuivre sans attendre une plainte, c'est l'autoriser à diriger des poursuites contre un délit possible, contre un délit éventuel, contre un délit réel si le propriétaire approuve la poursuite, mais contre une action licite s'il vient déclarer qu'il l'avait autorisée ou qu'il y donne son approbation. Comme l'a dit M. le rapporteur : « Cela n'est pas sérieux. » Cette observation a fait reculer la chambre des pairs devant les inconvénients d'une disposition générale, mais n'a-t-elle pas trop vite perdu de vue le principe auquel elle venait de rendre hommage ? Elle avait reconnu l'impossibilité de conférer d'une manière générale au ministère public le droit de poursuivre d'office les délits commis sur le terrain d'autrui et immédiatement après cette sage résolution, elle vient décider que ce pouvoir lui sera laissé dans les cas où le terrain sera clos ou non dépouillé de ses fruits ! La raison de repousser la proposition particulière était évidemment la même que pour repousser la proposition générale. L'on se trouvait toujours en face de la même impossibilité d'application. Pour qu'il y ait délit dans le fait de chasse sur un terrain clos, il faut, ainsi que pour le terrain non clos, qu'il y ait absence de consentement. Pour qu'il y ait délit sur un terrain non récolté, il faut, ainsi que pour le terrain récolté, qu'il y ait absence de consentement. Si le fait de chasse a été commandé, autorisé ou s'il est seulement approuvé, le délit n'existe pas, pas plus sur un terrain clos ou chargé de sa récolte que sur tout autre. Comment donc permettre de poursuivre d'office dans deux cas et le défendre dans tous les autres ? Ainsi que l'a dit M. le rapporteur : « Cela n'est pas sérieux ; » si la mesure n'est pas possible comme règle générale, elle ne l'était pas davantage comme exception.

En acceptant l'amendement, la chambre des députés comprit fort bien toute sa portée, et M. le rapporteur a pris le soin de nous l'expliquer dans des termes qui nous paraissent le résumé le plus satisfaisant de cette discussion. Voici ses paroles : « Le second paragraphe de l'article 26, que vous avez voté, a été modifié en ce sens, qu'en cas de chasse sur le terrain d'autrui sans le consentement du propriétaire, le ministère public pourra poursuivre d'office si les terres ne sont pas encore dépouillées de leurs fruits. Quelques explications paraissent nécessaires.

« Dans le cas de chasse sur les terres d'autrui, non couvertes de fruits, le consentement du propriétaire était présumé sous l'empire de la loi du 30 avril 1790, et il l'est encore dans le projet de loi, puisque la première partie du deuxième paragraphe de l'article en pose le principe. Il ne peut y avoir poursuite que par le propriétaire ou sur sa plainte.

» La chasse sur le terrain d'autrui chargé de fruits était toujours punie par la loi du 30 avril 1790. Le consentement du propriétaire ne légitimait pas le fait, car la prohibition atteignait le propriétaire lui-même.

» Le projet de loi change cet état de choses. Le propriétaire qui chasse sur ses terres, non dépouillées de leurs fruits, ne commet pas de délit, et on ne peut lui contester le droit de permettre de faire faire ce qu'il peut faire lui-même. C'est dans cet esprit qu'a été rédigé le deuxième paragraphe de l'article 11, qui ne punit le fait de chasse sur le terrain d'autrui, non dépouillé de ses fruits, que lorsque ce fait a lieu sans le consentement du propriétaire.

» Mais ce consentement sera-t-il présumé ?

» On ne peut contester que le propriétaire d'un terrain couvert de fruits peut, à son gré, par tous moyens, causer dommage à ces fruits : cela peut être un abus de la propriété, mais c'est son droit. S'il le fait par lui-même, la loi n'a pas à intervenir, s'il le fait par des tiers, la surveillance de la loi , son action ne doivent s'arrêter qu'au moment où il est établi que ces tiers ont, à un titre quelconque, représenté le propriétaire. Ce principe est la base du code rural, et il n'y a pas de motifs pour en repousser l'application quand il s'agit d'un fait de chasse qui cause aux récoltes un dommage plus ou moins considérable.

» Au surplus, si la surveillance est nécessaire, la poursuite d'office n'aboutira à une condamnation qu'autant que la chasse aura eu lieu sans le consentement du pro-priétaire; c'est la disposition du deuxième paragraphe de l'article 11. Ce sera au ministère public, avant d'inten-ter une action , à s'assurer s'il y a consentement, car la justification de ce consentement pendant l'instance fera tomber la poursuite. »

Je comprends fort bien les raisons spéciales qui peu-vent porter à autoriser, par exception, la poursuite d'of-fice dans les deux cas énoncés dans l'article 26 ; mais je n'en pense pas moins que l'application du principe ne devait pas en souffrir. Après tout cela , on en est con-duit à ceci : au lieu d'être obligé d'attendre la plainte le ministère public pourra la provoquer. C'est bien peu de chose qu'une poursuite d'office qui doit disparaître à la première volonté du propriétaire.

X. En résumant la discussion précédente, il suit que le ministère public ne peut pas, en règle générale, poursuivre d'office le fait de chasse sur le terrain d'autrui, mais qu'il le peut, par exception, dans deux cas. Toutefois, la justification du consentement fait tomber la poursuite.

Toujours est-il qu'avec le consentement du propriétaire on peut chasser sur les terres encore chargées de leurs récoltes. Sous l'empire de la loi de 1790, il n'en était pas ainsi, non pas parce qu'elle contenait une disposition formelle à cet égard, mais par suite de l'application d'un principe que nous allons rappeler. Voici comment on arrivait à établir tout à la fois le délit et le droit de poursuite d'office : les préfets, chargés par la loi de déterminer l'époque de l'ouverture de la chasse, avaient soin d'insérer dans leurs arrêtés que la chasse n'était ouverte que sur les terrains entièrement récoltés. Celui qui chassait sur un terrain encore chargé de ses fruits, quand même ce terrain aurait été sa propriété, chassait donc avant l'ouverture de la chasse, puisque pour ce terrain la chasse n'était pas ouverte. Alors on ne condamnait pas pour avoir chassé dans des récoltes, mais bien pour avoir chassé avant l'ouverture de la chasse.

Pourra-t-il en être de même sous la loi nouvelle ? Je ne le crois pas.

Sous l'empire de la loi du 30 avril 1790 , le droit de restreindre à certains terrains l'ouverture de la chasse n'a jamais été contesté aux Préfets. L'article 1er de cette loi portait : *Sauf à chaque département à fixer pour l'avenir le temps dans lequel la chasse sera libre dans son arrendissement aux propriétaires sur leurs terres non closes.* L'article 3 de la loi nouvelle porte : *Les Préfets détermineront, par des arrêtés publiés au moins dix jours à l'avance l'époque de l'ouverture et celle de la clôture de la chasse dans chaque département.*

A la vérité il n'y a pas de différence notable dans les textes , mais il en existe une fort importante dans les motifs de la loi. L'article 1er de la loi du 30 avril 1790 avait en vue la protection à accorder aux récoltes, et c'est ainsi que dans sa première disposition, pour le présent, le législateur ne permet la chasse qu'après le 1er septembre et sur les terres dépouillées, et qu'après l'enlèvement des fruits pour les autres terres. Saisissant l'esprit de cette loi et voulant atteindre le but du législateur, les Préfets appelés par la dernière disposition de l'article 1er à fixer pour l'avenir l'époque de l'ouverture de la chasse , ont constamment pris pour guide la première disposition et se sont bornés à la renouveler en n'ouvrant chaque année la chasse que sur les terres dépouillées de leurs récoltes. En rapprochant l'article 3 de l'article 26, on s'assure que la loi du 3 mai 1844 a voulu conférer non le droit de faire respecter chaque pièce de terre en particulier, mais bien celui de fixer dans un intérêt général et complexe le jour de l'ouverture de la chasse. Ce n'est donc pas en saisissant bien le sens de l'article 1er de la loi du 30 avril 1790 comme l'ont fait jusqu'à ce jour les Préfets, mais en combinant les articles 3 et 26 de la loi nouvelle, qu'on parvient à connaître l'intention du législateur et à bien constater l'étendue des droits et des devoirs des Préfets ; cette intention se trouve du reste révélée dans la discussion de la loi d'après laquelle il est demeuré entendu pour tous que la chasse dans les récoltes serait permise avec le consentement du propriétaire. Si le législateur n'avait voulu prendre en considération que la protection due aux récoltes, il n'aurait pas permis au propriétaire de chasser et laisser chasser sur ses terres non encore dépouillées de leurs fruits. Disons donc que les Préfets ne peuvent plus comme par le passé fixer l'ouverture de la chasse en réservant les propriétés non récoltées, mais qu'ils doivent se borner à déterminer d'une manière générale et absolue le jour de l'ouverture de la chasse. Sans doute l'article 3, qui leur donne le droit et leur impose le devoir de déterminer par des arrêtés l'époque de l'ouverture et celle de la fermeture de la chasse dans chaque département, doit être entendu en ce sens que le Préfet peut déterminer des jours différents pour l'ouverture ou la clôture de la chasse dans les différentes parties de son département ; qu'il peut, par exemple, fixer un jour particulier pour chaque arrondissement ; qu'il est même possible d'en fixer un pour chaque canton et même pour chaque commune, on peut aller jusque-là ; mais en permettant ces distinctions que peuvent commander les accidens du sol et le mode de culture, la loi ne remet au Préfet que le droit d'application d'une mesure générale et non le pouvoir de soustraire au droit commun une nature de propriété. C'est là, il ne faut pas en douter, l'interprétation qui sera donnée par les Préfets à l'article 3 de la loi du 3 mai 1844.

Le droit de chasser, de faire chasser et de laisser chasser dans les terrains clos et sur ceux non encore dépouillés de leurs fruits nous paraît donc irrévocablement acquis au propriétaire et à toute personne sous la condition du consentement de ce dernier et du permis de chasse; ce qui est toujours entendu.

XI. La loi du 30 avril 1790 portait : *propriétaire ou toute autre personne intéressée.* La loi du 3 mai 1844, dans son article 26, se sert de ces mots : *partie intéressée.* La législation nouvelle n'a pas fait disparaître les difficultés soulevées sous la loi de 1790. (Voyez tome 1er, page 229 et suivantes.)

Qu'entend-on par *partie intéressée* ? la partie intéressée c'est, à mon avis, celui à qui appartient le droit de chasse. Ce droit ne peut être simultanément au propriétaire du terrain et au fermier, il faut qu'il soit à l'un ou à l'autre. Je crois avoir démontré dans mon premier volume, et je pense encore aujourd'hui que lorsqu'il n'y a pas de bail, ou ce qui revient au même, lorsque le bail est muet, c'est au propriétaire qu'appartient le droit de chasse.

XII. Quand le propriétaire a conservé le droit de chasse sur un terrain affermé, c'est donc lui et non le fermier qui peut poursuivre, qui peut se plaindre pour provoquer la poursuite du ministère public, qui peut donner son consentement pour la prévenir ou la faire tomber.

XIII. Ce n'est pas à dire pour cela que le fermier sera privé du droit de défendre ses récoltes, il est étranger à l'exercice du droit de chasse, mais il peut aussi bien demander des dommages-intérêts pour réparation du préjudice qui lui a été causé en basant cette demande sur un fait de chasse que sur tout autre. Mais il ne peut agir que par action civile et ne peut jamais invoquer les dispositions de l'article 26 de la loi du 3 mai 1844. (Voyez tome 1er, pages 372 et suivantes.)

XIV. Ces principes ne peuvent pas s'appliquer aux délits de chasse commis dans les possessions attenant à une habitation et entourées d'une clôture continue faisant obstacle à toute communication avec les héritages voisins. Les dépendances de l'habitation sont considérées comme le domicile et comme le fermier peut chasser en tout temps et sans permis dans ces possessions à lui affermées, il a, par une conséquence nécessaire, la faculté de se plaindre de la violation de son droit ou de permettre à un autre de l'exercer.

XV. Dans le cas où le propriétaire aurait restreint l'exercice du droit de chasse même dans ses propriétés, la convention devrait être exécutée de bonne foi entre les deux parties, mais le ministère public ne pourrait pas intervenir pour la répression des infractions parce qu'aux yeux de la loi, les dépendances de l'habitation c'est le domicile, et que le domicile est inviolable. Pour lui, le propriétaire, la partie intéressée dans le sens de l'article 26, c'est le fermier, c'est l'habitant.

XVI. Si le délit de chasse a été commis dans une des forêts de l'Etat, le droit de poursuivre appartient à l'administration forestière ; c'est elle qui est la partie intéressée.

XVII. Mais si cette administration a affermé le droit de chasse, qui a le droit de poursuivre ? Voyez tome 1er page 378.

Nous ajouterons à ce que nous avons dit dans notre Traité que la Cour royale de Bourges a , par arrêt du 5 mars 1823, jugé que les fermiers de la chasse dans les forêts ont le droit de poursuivre la réparation du préjudice qu'on leur cause, malgré le cahier des charges qui réserve à l'administration forestière la poursuite des délits ; voici dans quelle circonstance : les fermiers avaient assigné un chasseur devant le tribunal de police correctionnelle. On leur opposa le défaut de qualité en se fondant sur le cahier des charges qui réservait à l'administration le droit de poursuite. Cette exception fut rejetée par le motif que tous ceux qui souffrent d'un dommage ont une action en réparation, aux termes des articles 1er du code d'instruction criminelle, 715, 1134 et 1172 du code civil et de la loi du 24 août 1790. Le pourvoi en cassation fut repoussé par arrêt du 21 janvier 1837.

La Cour royale de Douai a jugé dans le même sens par arrêt du 21 juin 1838.

D'un autre côté, la Cour de cassation a jugé, par arrêt du 8 mai 1841, que l'administration forestière avait qualité pour poursuivre les délits de chasse dans les forêts de l'État, même dans celles où le droit de chasse a été affermé.

Ainsi, d'après cette jurisprudence, le droit de poursuivre appartiendrait tout à la fois à l'administration forestière et au fermier de la chasse. C'est ce qu'il me paraît fort difficile d'admettre. Que le fermier, qui a souffert d'un fait de chasse, ait une action en réparation, personne ne le contestera ; mais une action en dommages-intérêts ne résulte pas nécessairement d'un délit, et lorsqu'elle a pour cause un fait de chasse, dont la poursuite est réservée à l'administration propriétaire du terrain, elle ne naît pas d'un délit, et par suite , elle ne peut être portée que devant la juridiction civile. De même lorsque l'administration forestière a affermé, sans réserve, le droit de chasse, elle n'est pas privée du droit de demander la réparation du dommage qui peut lui être causé, mais alors ce n'est pas au tribunal correctionnel qu'elle doit s'adresser ; le fait dont elle se plaint n'est pas délit quant à elle, et ne peut le devenir que par la plainte du fermier.

S'il en était autrement le même délit de chasse pourrait être poursuivi deux fois.

XVIII. Les termes du second paragraphe de l'art. 26 laissent subsister une question fort grave qui est celle-ci : le ministère public peut-il poursuivre, et *sans plainte de l'administration*, les délits commis dans les forêts de l'État, des hospices, des communes et des établissements publics ?

Les dispositions de la loi du 30 avril 1790 étaient générales, et s'étendaient conséquemment à tous les

délits de chasse commis tant sur les propriétés de l'É-
tat et des établissements publics, que sur celles des particuliers.

Les dispositions de la loi nouvelle ne sont pas moins
générales.

L'article 8 de la loi du 30 avril 1790, qui voulait
que le fait de chasse sur le terrain d'autrui ne pût être
poursuivi que sur la plainte du propriétaire ou autre
partie intéressée, était donc une règle générale. La
preuve se trouvait dans l'article 16, qui consacrait la
seule exception que le législateur ait voulu admettre.
On en trouve une autre preuve dans l'unanimité avec
laquelle les Cours et tribunaux ont toujours décidé
que c'était dans la loi de 1790, et non ailleurs, qu'il
fallait puiser les règles de pénalité et de prescription
pour tous les délits de chasse, sans aucune autre exception que celle admise pour les délits commis dans
les bois de la couronne.

La loi nouvelle n'est pas moins positive que celle
de 1790, et la preuve que c'est une règle générale que
le législateur a voulu établir se trouve dans l'article 30,
lequel fait rentrer dans la règle générale les délits
commis dans les propriétés de la couronne, pour lesquelles l'article 16 de la loi de 1790 avait fait une
exception.

J'en concluais, comme j'en conclus encore aujour-
d'hui, que s'il s'agit de déterminer le droit et le mode

de poursuite, il doit en être de même que s'il est question de faire application des peines ou de régler le délai
de la prescription, c'est-à-dire que, dans aucun cas,
aucune distinction n'est possible, pas plus entre les
propriétés qu'entre les parties intéressées.

La question a été soumise, en 1839, au tribunal de
Montdidier qui, par jugement du 7 novembre de cette
année, l'a résolue dans un sens contraire à la jurisprudence de la Cour de cassation ; il ne me paraît pas
inutile d'en rapporter les motifs, les voici :

« Attendu qu'il résulte de l'ensemble des disposi-
» tions du code forestier qu'il n'a pour objet que la con-
» servation des bois et forêts et la répression des délits
» intéressant cette conservation ;

» Attendu que, si l'article 59 dudit code attribue à
» l'administration forestière la poursuite de tous les
» délits et contraventions commis dans les bois et
» forêts soumis au régime forestier, sans préjudice à
» l'action appartenant au ministère public, cette dis-
» position ne peut s'entendre que dans un sens néces-
» sairement restreint aux délits déclarés tels par la loi
» forestière elle-même ;

» Attendu, en effet, qu'en prenant dans un sens ab-
» solu cette expression : *tous délits et contraventions,*
» il faudrait en conclure que l'administration forestière
» aurait qualité pour poursuivre un vol d'argent ou des

» voies de fait, par cela seul qu'ils auraient lieu dans
» les bois et forêts régis par elle, ce qui serait évidem-
» ment absurde ;

» Attendu qu'il suit de là que, pour tous autres délits
» que ceux réprimés par le code forestier, ce code n'a
» autorisé aucune attribution nouvelle soit à l'adminis-
» tration forestière, soit au ministère public, et qu'à
» leur égard il y a toujours lieu à l'application du droit
» commun ;

» Attendu que l'arrêté du 19 ventôse an X, n'est re-
» latif qu'aux bois des communes, qu'ainsi lors même
» qu'on pourrait inférer des termes de l'article 1er un
» droit absolu d'action directe pour le ministère pu-
» blic dérogatoire au droit commun, ce droit ne serait
» point applicable aux bois des établissements publics ;

» Attendu que le délit de chasse ne se trouve point
» compris parmi ceux que le code du 21 mai 1827 a
» prévus et réprimés ;

» Que, par conséquent, il faut en revenir à la loi du
» 30 avril 1790 pour la répression de ce délit, lorsqu'il
» a été commis dans un bois soumis au régime fores-
» tier, aussi bien que sur toute autre propriété ;

» Attendu qu'aux termes de l'article huit de cette
» même loi, le délit de chasse en temps non prohibé ne
» peut être poursuivi que sur la plainte du propriétaire;

» Attendu, dans le fait, que non seulement il n'y a

» point eu plainte de la part de la commission adminis-
» trative des hospices de Mareuil, mais, au contraire,
» déclaration formelle que son intention était qu'il ne
» fût point donné suite au procès-verbal;

» Le tribunal jugeant en premier ressort déclare le
» ministère public non recevable dans son action, sans
» dépens. »

Sur l'appel, ce jugement fut confirmé, par arrêt de la Cour royale d'Amiens du 13 janvier 1840.

Déférée à la Cour suprême, cette décision fut cassée par arrêt du 6 mars 1840.

L'affaire fut renvoyée devant la Cour royale de Douai, qui jugea comme la Cour de cassation et par les mêmes motifs. Cet arrêt est du 30 avril 1840.

Ce sont toujours les arrêtés du 28 vendémiaire an V et du 10 ventôse an X qui servent de base au raisonnement : la chasse dans les bois de l'État est défendue par l'arrêté du 28 vendémiaire an V; les bois des hospices sont assimilés aux bois de l'État par l'arrêté du 19 ventôse an X ; donc en admettant que les délits de chasse commis dans ces bois soient restés, quant à la pénalité, sous l'application de la loi de 1790, ils sont, quant au caractère et au mode de poursuite, soumis à l'application de l'arrêté de l'an V, et partant, à l'action directe du ministère public.

Le respect que l'on doit toujours aux décisions de la

Cour suprême a pu me faire céder trop vite devant leur autorité. Les scrupules que j'ai toujours éprouvés, au lieu de disparaître par la réflexion, n'ont fait que se fortifier, et j'en suis venu au regret d'avoir hésité à adopter franchement une opinion contraire à celle de la Cour de cassation, malgré la persistance qu'elle met à la professer dans toutes les occasions. J'ai étudié à fond et plusieurs fois la question, et jamais je n'ai pu comprendre que la Cour régulatrice, qui reconnaît que nonobstant les arrêtés des 28 vendémiaire an V et 19 ventôse an X, la loi de 1790 était seule applicable pour la pénalité, pour les délais de prescription et pour la constatation des délits, la repousse et se reporte à ces arrêtés lorsqu'il s'agit du droit de poursuite.

L'arrêté du 28 vendémiaire an V, en interdisant la chasse dans les forêts nationales, et en disposant que sur les procès-verbaux dressés par les gardes forestiers, les contrevenants seraient poursuivis en conformité de la loi du 3 brumaire an IV, non plus que l'arrêté du 19 ventôse an X, n'ont entendu abroger ou modifier les dispositions de la loi du 30 avril 1790. Ils ont pu, ce me semble, défendre la chasse dans les forêts nationales, assimiler à ces forêts les bois des établissements publics, charger les gardes forestiers de constater les infractions et le ministère public de poursuivre les contraventions, sans abolir les restrictions apportées au droit de poursuite par la loi du 30 avril 1790.

C'est prendre une base tout à fait fausse que de dire que par suite de ces arrêtés le fait de chasse devient un délit forestier, conformément à l'article 4 du titre 30 de l'ordonnance de 1669, puisqu'il est de jurisprudence invariable que ce n'est pas dans cette ordonnance, mais bien dans la loi de 1790 qu'il faut chercher les règles à suivre. En effet, la Cour de cassation ne jugeait-elle pas elle-même que ce n'était pas dans l'ordonnance de 1669, mais bien dans la loi de 1790, qu'on trouvait la pénalité pour un fait de chasse dans une forêt de l'État ? Ne jugeait-elle pas qu'un délit de chasse commis dans un bois de l'État ne se prescrivait pas par trois mois, comme un délit forestier, mais bien par un mois, comme le veut la loi du 30 avril 1790 ? N'était-il pas de jurisprudence que les procès-verbaux des gardes forestiers ne faisaient pas foi jusqu'à inscription de faux, lorsqu'ils constataient un délit de chasse, parce que ce délit ne peut être assimilé à un délit forestier ? La Cour royale de Douai elle-même n'avait-elle pas jugé, par un arrêt du 7 décembre 1839, que les gardes forestiers ne sont pas institués pour constater les délits de chasse ; que s'ils ont ce droit, ils le tiennent, non du code forestier, mais bien de la loi du 30 avril 1790 ? N'a-t-elle pas proclamé, en conséquence, qu'il suivait de là que pour régler l'exercice de leur droit, il fallait recourir, non au code forestier, mais à

17

la loi de 1790, et que ce point de départ une fois admis, on se trouvait dans la nécessité de conclure que les procès-verbaux des gardes forestiers ne devaient faire foi que jusqu'à preuve contraire lorsqu'ils constatent des délits de chasse? Enfin, peut-on dire encore que le délit de chasse est un délit forestier, depuis la promulgation du code forestier, qui prévoit tous les délits forestiers, et garde le plus profond silence sur les délits de chasse?

L'argument tiré des articles 1er et 159 du code forestier m'a paru toujours sans valeur aucune, puisqu'il est évident que ce code est resté étranger aux faits de chasse. La volonté du législateur est d'autant plus certaine, qu'elle a été formellement exprimée dans le discours du commissaire du Roi, lors de la présentation de ce code.

XIX. Les raisons que nous venons de donner, nous paraissent déterminantes, et cependant la Cour de cassation n'en persiste pas moins à juger que les délits de chasse, commis dans les forêts de l'État, sont des délits forestiers; par arrêt du 19 septembre 1840, elle a cassé celui qu'avait rendu la Cour royale de Douai, le 7 décembre précédent. Persistera-t-elle sous l'empire de la nouvelle loi sur la police de la chasse? L'article 26 de cette loi n'est que la reproduction des dispositions de la loi du 30 avril 1790, et par conséquent, les raisons de décider sont restées les mêmes.

Pour moi, je persiste à penser que depuis, comme avant la promulgation de la loi du 3 mai 1844, le ministère public, sans la plainte de la partie intéressée, ne peut pas plus poursuivre d'office les délits de chasse commis dans les forêts de l'État, des communes et des établissements publics, qu'il ne peut poursuivre les délits commis sur toute autre propriété.

———

ARTICLE XXVII. — Ceux qui auront commis conjointement les délits de chasse seront condamnés solidairement aux amendes, dommages-intérêts et frais.

I. Cet article reproduit les dispositions de l'article 55 du code pénal, qui constitue le droit commun.

II. Sous la législation ancienne de nombreuses difficultés se sont élevées pour l'application du principe de la solidarité. L'article 27 ne les fera pas disparaître ; il sera toujours fort difficile de bien préciser les cas où les délits de chasse auront été commis conjointement.

III. Les délinquants ne doivent pas être condamnés solidairement lorsqu'il n'y a aucune liaison, aucune connexité entre les contraventions qui ne sont que le fait propre ou individuel de chaque contrevenant, par exemple, comme dans l'espèce où plusieurs chasseurs sont condamnés pour avoir chassé ensemble sans permis de chasse.

Mais il y aurait lieu à l'application de l'article 27, si deux individus étaient condamnés pour avoir tendu ensemble un filet ou un autre instrument de chasse. (Voyez tome 2, pages 56 et suivantes.)

IV. La Cour de cassation a jugé, par arrêt du 22 avril 1843, que la solidarité ne pouvait être prononcée que contre des individus qui ont concouru au même fait de contravention, et nullement contre ceux qui ont commis isolément des contraventions de même nature.

V. La Cour royale de Poitiers, par arrêt du 29 mai 1843, a condamné solidairement à l'amende et aux frais, tous ceux qui avaient pris part à une battue exécutée par un lieutenant de louveterie pour la destruction des sangliers.

La Cour royale n'a vu dans la battue qu'un fait unique, qu'un seul délit commis conjointement par plusieurs personnes, aussi n'a-t-elle condamné qu'à une seule amende de 20 fr.; c'était alors bien le cas d'une condamnation solidaire. Elle a prononcé aussi la confiscation des fusils, et en celá, elle a encore eu raison, parce que tous les fusils avaient servi à commettre le délit.

VI. La solidarité doit être prononcée contre les auteurs du même délit, qu'ils se soient ou non concertés pour le commettre, bien qu'il y ait entre eux divers degrés de culpabilité, et enfin, que les peines prononcées ne soient pas les mêmes contre tous. C'est ce qu'a jugé la Cour de cassation par son arrêt du 2 mars 1814.

VII. La solidarité a lieu envers le fisc ou la partie lésée, mais la répartition des condamnations doit être faite entre les condamnés suivant le degré de culpabilité ; ainsi la totalité des condamnations peut être laissée à la charge de l'auteur principal. (Arrêt de la Cour royale de Lyon du 5 janvier 1821.

VIII. Il ne faut pas confondre le cas où des délits sont commis conjointement, avec celui où un seul délit est commis par plusieurs personnes.

Cette distinction nous conduit à examiner la question de complicité d'une manière générale, et c'est, je crois, ici le lieu de traiter cette importante difficulté.

IX. Il est très difficile de donner une définition exacte et complète de la complicité, mais on comprend que c'est une participation à une action punie par la loi.

Les caractères constitutifs de la complicité sont énumérés dans les articles 60, 61, 62 et 63 du code pénal. Ce sont, par exemple, la provocation, les instructions, la remise des armes ou instruments devant servir à l'action, l'assistance donnée aux délinquants en les logeant habituellement et le recélé fait sciemment des produits de leurs délits.

La loi punit-elle la complicité en matière de chasse?
En d'autres termes , l'article 59 du code pénal , qui
punit les complices d'un délit de la même peine que
les auteurs de ce délit , sauf les cas où la loi en aurait
disposé autrement, doit-il recevoir son application ?

La loi du 30 avril 1790 et la loi du 3 mai 1844 ne
contiennent aucune disposition relative à la complicité.
Ce silence semble donc placer les complices des délits
de chasse sous l'empire du principe général écrit dans
l'article 59 du code pénal.

C'est au surplus dans ce sens que s'est prononcée la
Cour de cassation, par son arrêt du 6 décembre 1839.
Dans l'espèce jugée , il s'agissait d'un garçon traiteur
qui avait été surpris emportant un chevreuil, dans la
forêt de Fontainebleau. Un garde ayant tué ce gibier
la veille l'avait vendu à un traiteur qui s'était chargé
de le faire enlever. Le traiteur et son garçon avaient
été poursuivis sous la prévention principalement de
complicité de délit de chasse. Pour les acquitter, le
jugement attaqué posait en principe que le délit de
chasse est personnel et direct , et en déduisait que
l'acheteur du gibier , sachant même qu'il a été tué
sans droit dans une forêt royale, ne pouvait être poursuivi comme complice de celui qui s'est indûment
procuré, par un fait de chasse, le gibier qu'il a vendu.

La Cour de cassation a cassé ce jugement par les motifs suivants :

« Vu les articles 59 , 60 et 62 du code pénal ; at» tendu que la prévention avait pour objet une com» plicité, par recélé, d'un délit de chasse; que le tribu» nal de Melun, au lieu d'examiner si le délit de chasse
» était constant et si la preuve de la complicité était ac» quise, a relaxé les prévenus par le seul motif de droit
» que le délit de chasse ne pouvant jamais résulter que
» d'un fait personnel et direct, aucun fait de compli» cité ne saurait fonder une action correctionnelle ;
» —mais attendu que la disposition des articles 59 ,
» 60 et 62 du code pénal est générale et s'applique à
» tous les crimes et délits, à moins que la loi n'en ait
» autrement ordonné , et qu'aucune loi spéciale sur la
» chasse , et notamment celle du 30 avril 1790 n'a
» dérogé aux règles générales sur la complicité ; —
» qu'ainsi le jugement attaqué a formellement violé les
» articles du code pénal précités ; casse. »

Si les principes généraux sur la complicité devaient être appliqués en matière de chasse , il serait souvent impossible de vaincre les nombreuses difficultés qui surgiraient à chaque pas. Cependant ce ne serait là qu'une considération impuissante à faire rejeter des principes écrits dans la loi. Il importe donc d'examiner si la Cour de cassation a bien ou mal jugé.

Et, d'abord, il faut admettre, 1° que la disposition des articles 59, 60 et 62 du code pénal est générale et s'applique à tous les crimes et délits, à moins que la loi n'en ait autrement ordonné ; 2° que la loi sur la chasse n'a pas dérogé en termes exprès aux règles générales de la complicité. Mais si on parvient à démontrer que ces règles sont incompatibles avec les délits de chasse, on aura prouvé que la loi en a implicitement, mais nécessairement, disposé autrement. Arrêtons-nous à l'espèce jugée par la Cour de cassation.

Comme nous l'avons démontré dans notre *Traité du Droit de Chasse*, il ne faut pas que du gibier soit en la possession du chasseur pour constituer le délit de chasse ; ce délit existe indépendamment de cette prise de possession. C'est ainsi que le chasseur qui n'a rien tué ni rien pris doit être puni de la même peine, que si la chasse avait été fructueuse. Le gibier dans ce dernier cas serait bien à la vérité le résultat, le produit de la chasse, mais ne servirait pas à constituer un délit.

La loi s'est occupée de la police de la chasse, de l'exercice du droit de chasse ; elle a imposé des prescriptions dont l'infraction est punie, mais elle a toutefois respecté les règles du droit naturel qui reconnaît à chaque homme le droit de chasser et la propriété du gibier qu'il met dans sa possession, car ce qui n'appartient à personne, devient la propriété du premier occupant. C'est ainsi que celui qui chasse en contravention à la loi doit être puni, mais le gibier qu'il a pris est sa propriété aussi certaine que si l'exercice de son droit de chasse eût été légitime. La loi aurait pu sans aucun doute prononcer la confiscation de ce gibier, mais elle ne l'a pas fait, et, par conséquent, la règle du premier occupant doit nécessairement recevoir son application. Un arrêt de la Cour de cassation du 13 août 1840, a consacré de nouveau ce principe qui a été développé dans notre Traité.

Il est donc indubitable que le délinquant est propriétaire du gibier par lui pris en délit. S'il en est ainsi, il peut donc le manger, le vendre; on peut donc le lui acheter sans se rendre son complice, car le délit qu'il a commis ne consiste pas dans la *possession* du gibier et l'usage qu'il en fait, mais dans le moyen qu'il a employé pour arriver à cette possession. L'art. 62 du code pénal qui punit comme complice celui qui sciemment recèle une chose enlevée, détournée ou obtenue à l'aide d'un délit, suppose nécessairement, comme dans le vol, par exemple, que cette chose obtenue à l'aide d'un vol, n'est pas en la légitime possession de celui qui l'a soustraite, qu'elle continue d'appartenir au véritable propriétaire auquel elle a été enlevée et c'est pour cela qu'elle défend de trafiquer de cette chose en punissant celui qui la recèle sciemment ; mais il n'en peut être ainsi pour le produit d'une chasse illicite, car il appar-tient dans tous les cas au délinquant qui peut en dispo-ser comme bon lui semble.

Il faut donc dire que d'après la loi du 30 avril 1790, le fait d'avoir sciemment recélé du gibier obtenu à l'aide d'un délit de chasse, n'était pas puni. Il en est de même sous l'empire de la loi du 3 mai 1844, qui ne prononce, dans aucun cas, la saisie du gibier sur la personne du chasseur ; mais qui contient une dispo-sition nouvelle, en ordonnant cette saisie, pendant le temps où la chasse n'est pas permise, sur ceux qui mettent en vente, vendent, achètent, transportent et colportent du gibier, et qui, dans ces cas, punit les acheteurs, vendeurs, transporteurs et colporteurs, non pas comme complices par recélé de celui qui a chassé en temps prohibé, mais comme ayant commis un délit principal, un délit distinct qui ne se lie nullement, dit le rapporteur de cette loi, à l'exercice du droit de chasse.

Ainsi, celui qui aura chassé en temps prohibé, com-met un délit d'après la loi nouvelle, comme d'après la loi ancienne, mais le gibier, produit de sa chasse, lui appartient incontestablement ; seulement si, pendant que la chasse est prohibée, il le met en vente, le vend, le transporte ou le colporte, il commet un nouveau

délit, et celui qui, pendant le même temps de prohibition, achète ce gibier, le transporte ou le colporte,
commet aussi un délit principal ; mais ce dernier ne
commettra aucun délit ni principal, ni par complicité,
si, se livrant aux mêmes actes pendant que la chasse
est permise, il a reçu sciemment le gibier d'un chasseur
qui a chassé ou sans permis de chasse, ou sur le terrain d'autrui, sans le consentement du propriétaire,
parce que la loi autorise indistinctement le négoce du
gibier, lorsque la chasse est ouverte.

L'opinion contraire conduirait à des conséquences
qui sont inadmissibles, et c'est ainsi que l'achat du
gibier, pendant que la chasse est permise, devrait être
considéré comme une complicité du délit, tandis que
cette même acquisition faite en temps prohibé, constituerait un délit principal, à moins qu'on ne dise qu'un
achat fait en temps prohibé, constitue à la fois une
complicité de délit et un délit principal ; ce qui ne
peut être. Il faut donc maintenir que l'achat ou la vente
du gibier sont tout-à-fait étrangers à l'exercice du droit
de chasse, et que, par conséquent, il est impossible de
se rendre complice par recélé d'un délit de chasse.

Le peut-on d'une autre manière, soit par des provo-
cations à l'action de chasser, soit par des instructions
données pour sa réalisation, soit par le fait de fournir
habituellement lieu de retraite ou de réunion aux chas-

scurs délinquants dont on connaît la conduite illégale.

Il est permis d'en douter , d'abord parce que la loi sur la chasse est une loi de *police* qui règle *l'exercice du Droit de Chasse* (Voyez l'intitulé de la section première et l'article 30 de la loi nouvelle), et que les caractères généraux de la complicité ne s'appliquent pas à ces sortes de lois, à moins qu'elles ne s'en soient expliquées comme nous en avons un exemple dans les articles 41, 42, 44 et 53, de la loi du 28 avril 1816, relative aux contraventions en matière de douane, de la compétence correctionnelle , lorsqu'elle a voulu punir comme les auteurs de ces contraventions les individus qui y avaient participé comme *assureurs* ou *intéressés* d'une manière quelconque.

Il ne faut pas perdre de vue que tout individu a le droit de chasser, droit qu'il tient de la nature et que le législateur n'a voulu que régler ce droit par des lois de police relatives à la sûreté publique, ce qui l'a déterminé à prononcer quelques fois des peines sévères, mais qui n'en peuvent pas changer le caractère, qui est d'être des lois de réglement. Eh bien! s'il est permis en principe de chasser, mais que seulement il faille pour exercer ce droit remplir certaines formalités , peut-on dire raisonnablement que celui qui provoque à la chasse provoque à une action défendue par la loi? La loi ne s'occupe que de *l'exercice* de la chasse, c'est-

à-dire qu'elle ne punit que cet exercice. C'est ainsi que
le décret du 4 mai 1812 exigeait que pour être passi-
ble d'une peine, le délinquant ait été *trouvé chassant.*
Il ne suffisait pas sous l'empire de cette loi que l'on ait
eu la conviction qu'un individu avait chassé en délit,
il fallait rapporter la preuve qu'il avait été *trouvé* chassant pour pouvoir le faire condamner, il fallait l'avoir
vu chasser. C'était la seule preuve admise par la loi.
Cette loi, comme toutes les lois de police, ne punit
que le fait du délit constaté. Elle néglige tout ce qui a
pu le précéder, la tentative par exemple. S'il en est
ainsi, comment pourrait-on considérer comme délinquant celui qui a donné des instructions pour commettre le délit de chasse ? Le délit de chasse s'en serait suivi
que celui qui aurait donné ces instructions ne pourrait
être puni, si le flagrant délit n'était pas constaté ; et
il pourrait l'être dans le cas contraire ! Cela n'est pas
possible. La position du complice, dans ces deux cas,
est absolument la même, et ne peut par conséquent
pas donner des résultats diamétralement opposés. Le
législateur n'a voulu punir que le flagrant délit constaté
de visu. (L'article 25 de la loi du 3 mai 1844, nous en
fournit une autre preuve.) Il n'a pas voulu se préoccuper de tout ce qui a précédé ou suivi le délit.
Telle est l'interprétation qui a toujours été faite des
lois du 30 avril 1790 et 4 mai 1812, car sous l'em-

pire de ces lois, pas un seul individu n'a été condamné comme complice d'un chasseur, si ce n'est par l'arrêt de la Cour de cassation du 6 décembre 1839 , que nous avons suffisamment réfuté.

Et qu'on ne dise pas que la généralité de l'article 59 du code pénal, ne comporte que les exceptions écrites dans la loi elle-même. Lorsque ces exceptions résultent de la nature même de la contravention spéciale , la loi n'a pas besoin de s'en occuper, car elle ferait une chose inutile. C'est ainsi par exemple, qu'elle n'a pas dit que les complices des vagabonds et des mendiants ne pourraient pas être recherchés, et cependant qu'on consulte tous les recueils de jurisprudence, et on ne trouvera pas une seule décision qui ait condamné un individu comme complice de l'un de ces délits qui sont essentiellement personnels ou directs , comme l'examen le plus superficiel pourrait en convaincre.

L'interprétation qui était donnée aux lois de 1790 et 1812, doit l'être aussi à celle du 3 mai 1844 à laquelle elles ont servi de base. On ne peut changer, en effet, ce qui résulte de la nature même d'une loi sans s'en expliquer formellement. Eh bien ! qu'on parcoure la nouvelle loi et on aura la conviction que le seul genre de complicité qu'elle ait voulu punir, c'est la mise en vente, la vente, l'achat, le transport, le colportage du gibier pendant le temps où la chasse n'est pas permise et encore a-t-elle senti la nécessité de constituer ces genres de complicité en délits principaux, parce que la complicité, comme l'entend le code pénal, est repoussée par la nature de ces contraventions.

La loi du 3 mai 1844, par son article 4, a interdit de mettre en vente, de vendre, d'acheter, de transporter et de colporter du gibier pendant le temps où la chasse n'est pas permise. Le rapport fait à la chambre des députés fait connaître l'esprit qui a présidé à la rédaction de cette disposition. On y lit que la violation des prohibitions de cet article donnera *toujours* lieu à une condamnation ; que la possession du gibier constatée hors du domicile est *toujours* un délit ; que le *fait seul* de l'existence du gibier, dans ce cas, constitue le délit d'une *manière absolue* ; qu'il n'y aura jamais lieu d'admettre une excuse, même celle qui s'appuierait sur la provenance légitime de ce gibier. Il résulte évidemment de ce rapport que la loi n'a voulu punir que le fait matériel de mise en vente, de vente, d'achat, de transport et de colportage de gibier ; que ce sont les seuls faits qui soient prohibés, qu'elle n'a pas voulu se préoccuper des circonstances qui auraient précédé, préparé ou facilité ces faits, que par conséquent elle a mis à l'écart les caractères constitutifs de la complicité. Elle s'est au surplus conformée en cela aux principes généraux de législation en matière de simple contravention. Donc sous ce rapport encore pas de complicité possible.

Le mode ordinaire de constater les délits de chasse, est la rédaction des procès-verbaux qui font foi jusqu'à preuve contraire; sera-t-il jamais possible de prouver la complicité de ces délits par ce moyen ? évidemment non; la loi n'a donc pas pensé à la complicité, mais au délit flagrant qui comporte seul ce genre de preuve.

Conçoit-on que l'on puisse se rendre complice d'un individu qui chasse sans permis de chasse, lequel délivré moyennant le paiement d'un droit de 25 francs exclusivement personnel et ne devant donner lieu qu'à une action personnelle et directe contre celui qui a voulu se soustraire au paiement de cet impôt. Qu'y a-t-il de répréhensible, au point de vue légal, chez celui qui donnerait des instructions à un individu pour chasser sans permis de chasse, c'est-à-dire, qui l'engagerait à échapper à un impôt, car la chasse en elle-même est permise, comme nous l'avons dit plus haut.

On peut dire, sans craindre de se tromper, que la loi n'a pas poussé les préoccupations si loin, parce que l'intérêt qu'elle réglait ne réclamait pas cette sollicitude. Elle n'a voulu punir que l'instrument du délit ou plutôt celui qui le commettait et dans certains cas déclarer responsables certaines personnes qui par leur qualité doivent répondre des délinquants. En agissant ainsi, elle a bien fait, car elle aurait dû entrer dans des distinctions et des sous-distinctions qui auraient suscité des difficultés inextricables dans l'application.

L'article 55 du code pénal dit que tous les individus *condamnés* pour un même crime ou pour un même délit seront tenus solidairement des amendes, des restitutions, des dommages-intérêts et des frais.

La loi a eu en vue dans cet article tous ceux qui ont concouru au même fait soit comme auteurs, soit comme complices, car tous sont *condamnés* pour le même délit. La jurisprudence au besoin ne laisse aucun doute à cet égard.

Si la loi du 3 mai 1844 avait eu la même intention, son article 27 aurait été rédigé sinon dans les mêmes termes, au moins d'une manière aussi générale. Eh bien ! qu'on lise attentivement cet article et on y verra que la loi ne condamne solidairement que *ceux qui auront commis conjointement les délits de chasse*, c'est-à-dire les auteurs de ces délits seulement. Car il serait impossible, en présence de cette disposition comparée à l'article 55 du code pénal, de condamner solidairement et conjointement les complices de ces délits ; et cependant si la loi eût voulu punir les complices, il était rationnel de les condamner solidairement avec les auteurs de ces délits. Il reste donc démontré que le législateur a, dans ledit article 27, modifié l'article 55 du code pénal, parce qu'il ne pouvait y comprendre les complices qu'il a voulu laisser en dehors de toutes les dispositions.

On peut donc tenir pour certain que les articles 59, 60, 61 et 62 du code pénal sont inapplicables à la loi du 3 mai 1844 sur la police de la chasse.

———

ARTICLE XXVIII.—LE PÈRE, LA MÈRE, LE TUTEUR, LES MAÎTRES ET COMMETTANTS, SONT CIVILEMENT RESPONSABLES DES DÉLITS DE CHASSE COMMIS PAR LEURS ENFANTS MINEURS NON MARIÉS, PUPILLES, DEMEURANT AVEC EUX, DOMESTIQUES OU PRÉPOSÉS, SAUF TOUT RECOURS DE DROIT.

CETTE RESPONSABILITÉ SERA RÉGLÉE CONFORMÉMENT A L'ARTICLE 1384 DU CODE CIVIL, ET NE S'APPLIQUERA QU'AUX DOMMAGES-INTÉRÊTS ET FRAIS SANS POUVOIR DONNER LIEU A LA CONTRAINTE PAR CORPS.

§ 1 et 2.

I. Cet article est la reproduction de l'article 6 de la loi du 30 avril 1790. (Voyez tome 2, livre 14ᵉ, pages 157 et suivantes).

II. Seulement on a étendu jusqu'à 21 ans la responsabilité que la loi antérieure ne maintenait que jusqu'à 20 ans. L'article 6 de la loi du 30 avril 1790 portait : *mineurs de vingt ans,* et l'article 28 de la loi du 30 mai 1844, porte : *enfants mineurs.*

La loi ne fait aucune distinction entre les enfants légitimes et les enfants naturels, il n'est donc pas possible d'en introduire aucune; si l'enfant naturel est reconnu, l'article est applicable tout aussi bien que lorsqu'il s'agit d'un enfant légitime.

III. On a remplacé le mot *domiciliés* par le mot *demeurant*, et adopté ainsi les observations que nous avions faites tome 2, pages 157, 158 et 159.

IV. La loi nouvelle étend formellement la responsabilité jusqu'aux tuteurs, aux maîtres et commettants.

V. Les tuteurs sont comme les pères et mères, responsables des délits commis par leurs pupilles, mais seulement lorsqu'ils sont non mariés et demeurant avec eux. Il faut la réunion de ces deux circonstances pour qu'il y ait lieu à responsabilité.

VI. L'article 28 de la loi du 3 mai 1844, rend aussi les maîtres et commettants responsables des délits commis par leurs serviteurs et préposés. Cette responsabilité est d'autant plus exorbitante, qu'elle n'est pas restreinte au cas où ces serviteurs et préposés sont mineurs et demeurent avec leurs maîtres et commettants. La disposition qui les concerne vient après l'exigence de ces conditions appliquée aux enfants mineurs et pupilles.

VII. L'article 6 de la loi du 30 avril 1790, ne parlait pas des maîtres et commettants, et ce n'est pas sans de vives réclamations qu'on avait vu introduire dans un premier projet de loi sur la police de la chasse, la responsabilité des maîtres, surtout en disposant que cette responsabilité serait réglée conformément au dernier paragraphe de l'art. 1384 du code civil. L'article 1384, disait-on, ne rend les maîtres et commettants responsables que du dommage causé par leurs domestiques et préposés dans les fonctions auxquelles ils les ont employés, et le projet est beaucoup plus sévère. Il est évident qu'un maître pourra rarement être déclaré responsable d'un délit de chasse commis par un de ses préposés, et cependant ceux qui occupent de nombreux ouvriers n'en seront pas moins astreints à venir souvent s'asseoir sur les bancs de la police correctionnelle pour se justifier. Au lieu de les condamner à prouver leur innocence, la loi devrait exiger qu'on rapportât la preuve de leur culpabilité.

La disposition n'en passa pas moins sans modification dans le projet de loi présenté par le gouvernement et fut adoptée par la chambre des pairs.

La commission de la chambre des députés a pensé que la responsabilité civile n'existe que d'après les principes posés et les conditions déterminées dans l'article 1384 du code civil pris dans son ensemble ; que dès-lors c'était à cet article et non à son dernier paragraphe que l'article 28 de la loi du 3 mai 1844 devait renvoyer, et elle a, en conséquence, introduit un amendement dans ce sens.

VIII. L'article 7 du titre II de la loi du 28 septembre et du 6 octobre 1791 sur la police rurale dit que les maris répondront des délits ruraux commis par leurs femmes. Cette disposition doit-elle ou non recevoir application en ce qui concerne les délits de chasse ? Cette question, qui n'avait que peu d'importance sous l'ancienne législation, en a une très-grande depuis la promulgation de la loi du 3 mai 1844. Maintenant il faut entendre par délits de chasse non seulement les faits de chasse en violation de la loi, mais encore toutes les autres infractions aux diverses dispositions de la loi sur la police de la chasse, par exemple à celles de l'article 4. Si la question est importante, la solution n'est pas difficile. Le texte de la loi du 28 septembre et 6 octobre 1791 répond à la question, puisqu'il ne dispose que pour les délits *ruraux*. Les infractions à la loi sur la police de la chasse ne sont pas des délits ruraux, et l'article 28 n'étend pas la responsabilité aux maris. La responsabilité des maris reste donc tout-à-fait en dehors et de la loi de 1791 et de celle du 3 mai 1844. En traçant le cercle des responsabilités et en n'y faisant pas entrer celle du mari, le législateur a voulu nécessairement l'exclure. Du reste, la question a été soumise à la chambre des députés, lors de la discussion, par l'honorable M. Delespaul, et on lui a fait une réponse négative qui a paru satisfaire la chambre, car elle a été acceptée sans aucune réclamation.

§ 2.

IX. Le second paragraphe voulant que la responsabilité soit réglée conformément à l'article 1384 du code civil, il en résulte que les pères, mères et tuteurs sont responsables des contraventions commises par leurs enfants ou pupilles, à moins qu'ils ne prouvent qu'ils n'ont pu empêcher le fait qui donne lieu à cette responsabilité. Mais c'est une nécessité pour eux de faire cette preuve s'ils veulent éviter la condamnation, car la présomption légale est contre eux et ne peut disparaître que devant une preuve contraire.

X. Les maîtres et commettants ne sont pas responsables d'une manière absolue des délits commis par leurs serviteurs et autres subordonnés. Aux termes du troisième paragraphe de l'article 1384 du code civil, ils ne sont responsables que du dommage causé par leurs serviteurs et autres subordonnés dans les fonctions auxquelles ils les ont employés, ce qui, comme on le comprend très-facilement, est fort différent.

Comme le dit M. Toullier, tome II, n° 282, la responsabilité du maître ou du commettant est d'une nature essentiellement différente de celle du père de famille. La responsabilité de ce dernier n'est pas autre chose qu'une garantie que la loi exige du père , un cautionnement forcé du dommage causé par l'enfant qui reste toujours le principal obligé. L'obligation du père n'est qu'accessoire, sauf son recours contre l'enfant ; au lieu que le maître ou le commettant est obligé principal et non subsidiaire , en ce qui concerne la réparation du dommage causé par une action qu'il a commandée ou qu'il est censé avoir commandée. Ceci suggère la véritable raison du silence gardé à l'égard des maîtres et commettants dans la dernière disposition de l'article 1384 du code civil qui porte que la responsabilité des pères et mères cesse quand ils prouvent qu'ils n'ont pu empêcher le fait qui donne lieu à cette responsabilité et qui ne dit point que celle des maîtres et commettants cesse par la même preuve. M. Tarrible , dans son discours au corps législatif , pense que la responsabilité cesse à l'égard des maîtres et des commettants comme à l'égard des pères, mères, instituteurs et artisans , s'ils prouvent qu'ils n'ont pu empêcher le fait qui y donne lieu ; mais M. Bertrand de la Grenille , M. Malleville et Pothier partagent l'opinion contraire qui est , dit M. Toullier , la seule vraie, la seule conforme au texte et à l'esprit du code.

M. Levasseur prétend que les maîtres sont responsables des délits de chasse commis par leurs domestiques, et qu'on ne doit pas examiner s'ils ont chassé en présence de leurs maîtres, par leur ordre ou avec leur permission, sans leur aveu et malgré leur défense ; que dans les deux cas le maître est présumé avoir pu empêcher son domestique de chasser ; qu'en conséquence, dans tous les cas quelconques, il doit être condamné comme garant des faits de son domestique. M. Toullier critique cette opinion dans son n° 289, tome II, et s'appuie de l'autorité de Pothier, qui dit, n° 456, que les maîtres ne sont responsables de leurs domestiques que lorsqu'ils ne les ont pas empêchés, ayant pu le faire.

De cette discussion , il demeure établi que les maîtres et commettants sont responsables des délits commis par leurs domestiques et préposés *dans les fonctions* auxquelles ils les ont employés sans pouvoir être admis à prouver qu'ils n'ont pu empêcher le fait qui donne lieu à la responsabilité ; mais qu'ils ne sont pas responsables des délits commis *hors de l'exercice de ces fonctions.* Ce qui revient à dire sur la question qui nous occupe que les maîtres et commettants, pour les infractions à la loi du 3 mai 1844 , n'en deviennent responsables que si elles sont commises dans les fonctions auxquelles les serviteurs ou préposés ont été employés.

XI. L'article 6 de la loi du 30 avril 1790 ne détermine pas l'étendue de la responsabilité, mais la lo idu

3 mai 1844 déclare formellement qu'elle ne doit s'appliquer qu'aux dommages-intérêts et frais. C'est donc le droit commun sous tous les rapports que le législateur a voulu donner pour règle en matière de responsabilité de délits de chasse.

XII. L'article 28 ajoute que la responsabilité ne pourra donner lieu à la contrainte par corps. L'emprisonnement est une peine personnelle qui ne peut jamais atteindre que le délinquant. En déclarant que la responsabilité ne s'appliquera qu'aux dommages-intérêts et frais sans pouvoir donner lieu à la contrainte par corps, le législateur n'a pu avoir en vue que la contrainte par corps comme moyen de recouvrement, car comment soutenir qu'il a voulu défendre de condamner à la peine de l'emprisonnement précisément dans la même phrase qui exclut même l'amende et restreint la responsabilité aux dommages-intérêts et frais ? Cela est impossible, et il faut nécessairement reconnaître que c'est la contrainte par corps comme moyen d'exécution qu'il a voulu défendre.

Nous avons traité la question dans le tome 2, page 159, et nous l'avons résolue dans un sens différent ; mais la loi du 30 avril 1790 avait des dispositions bien différentes de celles de la loi du 3 mai 1844.

ARTICLE XXIX. — TOUTE ACTION RELATIVE AUX DÉLITS PRÉVUS PAR LA PRÉSENTE LOI SERA PRESCRITE PAR LE LAPS DE TROIS MOIS, A COMPTER DU JOUR DU DÉLIT.

L'article 29 de la loi du 3 mai 1844 n'est que la reproduction de l'article 12 de la loi du 30 avril 1790, avec la seule substitution du délai de trois mois à celui d'un mois.

Tout ce que nous avons dit, tome 2, pages 161 et suivantes reste donc applicable à la loi nouvelle, si l'on tient compte de ce changement de délai.

***

SECTION IV.
Dispositions générales.

ARTICLE XXX.—LES DISPOSITIONS DE LA PRÉSENTE LOI, RELATIVES A L'EXERCICE DU DROIT DE CHASSE, NE SONT PAS APPLICABLES AUX PROPRIÉTÉS DE LA COURONNE. CEUX QUI COMMETTENT DES DÉLITS DE CHASSE DANS CES PROPRIÉTÉS SERONT POURSUIVIS ET PUNIS CONFORMÉMENT AUX SECTIONS II ET III.

I. La loi du 30 avril 1790 n'était pas applicable aux délits de chasse commis dans les forêts de la Couronne. L'article 16 de cette loi portait qu'il serait pourvu par une loi particulière à la conservation des plaisirs personnels du Roi, mais cette loi n'a jamais été rendue.

Ces délits sont donc demeurés soumis aux lois précédentes, c'est à dire les ordonnances de 1669 et 1601.

II. La loi du 3 mai 1844 veut par son article 30 que ceux qui commettent des délits de chasse dans les propriétés de la Couronne, soient poursuivis et punis conformément aux sections II et III; de cette manière elle supprime l'exception maintenue jusqu'à ce jour et fait rentrer ces propriétés dans le droit commun quant à la poursuite et à la punition des délits. Seulement par la première disposition de l'article 30, le législateur a déclaré qu'en ce qui touche l'exercice du droit de chasse, la loi ne serait pas applicable aux propriétés de la Couronne. Il résulte de là que les dix premiers articles composant la première section et relatifs à l'exercice du droit de chasse, ne sont pas applicables aux propriétés de la Couronne, mais que les autres composant les seconde et troisième sections, sont sans distinction, applicables à ces propriétés.

Aussi on peut chasser en tout temps sans permis de chasse et de toutes les manières, dans les propriétés de la couronne sans que le ministère public puisse intenter aucune poursuite. C'est là le triple effet de l'exception. Quand il y aura plainte ou poursuite du propriétaire, les délinquants seront punis comme s'ils avaient chassé sur une autre propriété.

III. L'article 4 de la loi du 3 mai 1844 fait partie de la première section et est par conséquent inapplicable aux propriétés de la Couronne. Est-ce à dire que ceux qui auront mis en vente, vendu, acheté, transporté ou colporté du gibier pendant le temps où la chasse n'est pas ouverte devront échapper à la peine prononcée pour contravention aux dispositions de l'article 4, en justifiant que ce gibier provient des propriétés de la Couronne ? C'est là une question fort grave et qui s'est présentée tout d'abord. Elle a été soulevée à là chambre des pairs par M. de Boissy, mais elle n'y a pas été traitée parce que plusieurs voix ont simultanément proclamé que le contrevenant à l'article 4 serait évidemment en faute. A la chambre des députés la question s'est reproduite et voici d'abord ce qu'en a dit M. Lenoble dans son rapport : « Votre commission avait approuvé la rédaction première, elle approuve la seconde. Toutefois elle fera remarquer qu'il résulte de la discussion à l'autre chambre, que l'on a paru craindre, au sujet de cet article, une difficulté d'exécution. La chasse dans les propriétés de la Couronne n'étant pas réglée par la présente loi, et pouvant se faire en tout temps, ceux qui achètent et vendent du gibier ne se prévaudront-ils pas de l'exception écrite dans l'article 30, pour prétendre que le gibier dont ils feraient commerce en temps prohibé provient des propriétés de la Couronne ? Il est évident que cette excuse serait inadmissible ; c'est ainsi que l'article a été com-

pris à la chambre des pairs. La vente du gibier est indistinctement prohibée ; elle ne se lie nullement à
l'exercice du droit de chasse dans telle ou telle propriété. L'allégation de la provenance ne saurait donc
justifier l'achat ou la vente du gibier dans le temps ou
le droit commun interdit de tels faits. Tel est le sens de
l'article 30. Aucun doute ne pourrait être élevé sur son
interprétation. Par ces considérations, votre commission vous propose l'adoption du projet de loi. »

Lors de la discussion, M. le garde des sceaux a dit :
« On a paru craindre que l'exception qui vous est pro-
posée par le gouvernement ne permît d'éluder la loi et de
vendre impunément le gibier qui serait déclaré prove-
nir des propriétés de la Couronne. La commission a
déjà répondu à cette appréhension, et je m'associe plei-
nement à sa réponse. Tout gibier qui sera mis en vente
pendant le temps prohibé devra être saisi, et le vendeur ne pourra évidemment exciper de la provenance.
Quant au transport, il en est tout autrement ; la pensée
de l'article que nous discutons est incontestablement
que le gibier tué dans les forêts de la Couronne puisse
être transporté. Y a-t-il donc là, Messieurs, le moindre
inconvénient ? Ne pressentez-vous pas que des précautions nécessaires pourront être prises pour que l'exercice de ce droit ne puisse donner lieu à aucun abus, et
pouvez-vous, sous l'impression d'inquiétudes dénuées

de fondement, refuser d'admettre une faculté qui est la conséquence naturelle de la faculté même de chasser dans les propriétés de la Couronne. »

M. Crémieux a soutenu que les déclarations de M. le garde-des-sceaux n'étaient pas suffisantes pour soumettre à l'application d'une disposition de l'article 4 les propriétés de la Couronne, lorsque les termes formels de la loi portaient en leur faveur une exception généralé; il a, en conséquence, proposé un amendement pour remplir le but; mais cet amendement n'a pas été adopté et la loi a été votée.

M. Crémieux avait raison, les déclarations les plus formelles ne sont pas suffisantes pour faire fléchir un texte formel de la loi. Cependant, il est demeuré constant que le garde-des-sceaux et les chambres ont évidemment voulu que la disposition de l'article 4, relative à la mise en vente, restât applicable en présence des termes de l'article 30, qui consacrent formellement une exception en faveur des propriétés de la Couronne. Entre le texte d'une loi et l'intention du législateur, il n'y a pas, en règle générale, à hésiter; mais ici, la volonté du gouvernement et des chambres est trop manifeste pour que les tribunaux n'en tiennent pas compte.

Quant au transport, il n'est permis que pour les personnes chargées de transporter le gibier tué dans les propriétés de la Couronne. M. le garde des sceaux a pro-

mis que les précautions nécessaires seraient prises, afin
d'éviter les abus, et certainement cette promesse sera
remplie ; mais dès à présent, il demeure acquis que le
privilége de transport n'appartient qu'à la maison du
Roi , et que si un individu , quel que soit son titre et son
rang, était surpris transportant du gibier, il ne pourrait
échapper à l'application de la règle générale, même en
fournissant la preuve que ce gibier provient des propriétés de la Couronne.

IV. Les forêts de la Couronne sont d'une étendue de
104,000 hectares , mais il est vrai de dire que les bois
dans lesquels la liste civile peut faire chasser ne présentent qu'une surface de 9,428 hectares qui sont si-
tués dans six départements. C'est particulièrement à
ces 9,428 hectares que s'adresse l'exception de l'article 30, sans cependant cesser d'être aussi applicable
à toutes les autres propriétés de la Couronne.

V. On a demandé si la disposition de l'ordonnance
de 1669, relative aux propriétés enclavées , restait en
vigueur , et M. le garde des sceaux a répondu fort net-
tement que dans la loi de 1790 , l'exception était personnelle, tandis qu'elle était accordée à la chose par la
loi nouvelle ; il a ajouté : « Les propriétaires d'enclaves
pourront désormais chasser sans aucune espèce de difficulté, et nul autre ne pourra y chasser sans leur consentement. »

L'ordonnance de 1669 est entièrement abrogée. On voulait le déclarer formellement, mais cela a paru inutile.

VI. L'exception admise par l'article 30 doit du reste être rigoureusement circonscrite aux propriétés de la couronne.

Elle ne peut pas être étendue à celles des princes de la famille royale.

Elle peut encore moins l'être à celles de l'État. Depuis longtemps l'ordonnance de 1669 n'était plus applicable aux délits de chasse commis dans les forêts de l'État. La loi du 30 avril 1790 régissait les propriétés de l'État, et celle du 3 mai 1844 les met sur la même ligne que celle des particuliers; les propriétés de la Couronne forment seules une exception au droit commun.

ARTICLE XXXI.—Le décret du 4 mai 1812 et la loi du 30 avril 1790 sont abrogés.

Sont et demeurent également abrogés les lois, arrêtés, décrets et ordonnances intervenus sur les matières réglées par la présente loi, en tout ce qui est contraire a ses dispositions.

I. On a désigné la loi du 30 avril 1790 d'une manière spéciale, afin qu'il fût bien entendu qu'aucune de ses dispositions ne subsiste depuis la promulgation de la nouvelle loi.

II. Quoique non rappelée par sa date, l'ordonnance de 1669 est entièrement abrogée ; on a cru inutile de le dire, mais cela a été bien compris. Il en est de même de l'ordonnance de 1601. La seule loi sur la chasse qui soit en vigueur est donc la loi du 3 mai 1844. Sans doute les dix premiers articles ne sont pas applicables aux propriétés de la Couronne, mais les vingt-un autres le sont.

III. Il est important de remarquer que dans cet article, non plus que dans aucun autre de la loi, on ne trouve la moindre disposition sur la louveterie. Il faut en conclure que la loi nouvelle n'a voulu modifier en rien les règlements existants. Tout ce que nous avons dit à cet égard, dans *le Traité du Droit de Chasse*, conserve donc tout son intérêt.

(Voyez tome Ier, pages 49, 85, 90, 91, 93, 96, 97, 100, 112, 116, 122, 123, 137, 138, 143, 183, 184, 185, 188, 189, 190, 196, 197, 202, 208, 210, 211, 212.)

Voyez au surplus un arrêt de la Cour de cassation du 30 juin 1841, qui résume fort bien la législation sur la louveterie.

Deux sortes de chasse sont permises, les chasses et battues générales ou particulières qui sont l'objet des articles 2, 3 et 4 de l'arrêté du 19 pluviôse an V, et les chasses que les administrations départementales sont autorisées, par l'article 5 du même arrêté, à permettre aux particuliers qui ont des équipages.

Les premières ne peuvent avoir lieu que par ordre et sous la surveillance de l'autorité administrative, qui agit de concert avec les agents forestiers. Ces chasses et battues peuvent se faire aussi bien dans les bois et sur les propriétés non closes des particuliers, que dans les forêts de l'État. Cette mesure est prise dans un intérêt d'utilité générale, qui commande cette exception au droit commun. Par son exception, la loi ne crée pas un privilége qui s'attachera à la qualité d'officier de louveterie ; l'administration peut appeler à ces chasses tous les habitants ou certains d'entre eux, avec ou sans les officiers de la louveterie. Lorsque ceux-ci sont adjoints, ce n'est pas leur qualité, mais la réquisition de l'autorité qui leur donne comme aux autres particuliers le droit de chasse.

Les autres chasses autorisées par l'article 5 de l'arrêté précité sont faites en vertu d'une mission particulière que l'administration confie à ceux qui ont des équipages et autres moyens pour ces chasses ; mission non d'un ou plusieurs jours fixés et déterminés, mais permanente et constatée par la délivrance d'une commission valable pour un an. Cette permission, qui est ordinairement accordée aux officiers de louveterie, leur confère l'autorisation de se livrer aux chasses qui ont pour objet la destruction des animaux nuisibles ; mais elle ne les affranchit pas de l'obligation de ne chasser que sous l'inspection et la surveillance des agents forestiers. C'est là une condition imposée à l'exercice de leur droit.

Ainsi, quand il s'agit de l'exécution des articles 2, 3 et 4, c'est l'administration qui ordonne et qui agit de concert avec les agents forestiers, et lorsqu'il s'agit d'une chasse faite en vertu d'une permission accordée en vertu de l'article 5 à un officier de louveterie , l'inspection et la surveillance des agents forestiers sont seules nécessaires , parce que l'administration, qui a délivré l'autorisation, n'a plus à intervenir pour l'exécution.

Dans les deux cas, il s'agit toujours de la destruction des loups, renards, blaireaux et autres animaux nui_sibles.

Dans le cas prévu par les articles 2, 3 et 4 l'autorité administrative, qui ordonne les chasses et battues, détermine les animaux qu'il s'agit de détruire, et il ne peut, par suite, s'élever aucune difficulté sur la question de savoir ce que l'on doit entendre par ces mots : *animaux nuisibles.*

Dans le cas prévu par l'article 5, il faut prendre pour règle la disposition de l'article 2, en ne perdant pas de vue qu'elle n'est qu'énonciative et non limitative.

On peut consulter, pour l'application de ces principes, un arrêt rendu par la Cour royale de Poitiers, le 29 mai 1843.

FIN DU TROISIÈME VOLUME.

APPENDICE.

LOI
SUR LA POLICE DE LA CHASSSE.

Louis-Philippe, roi des Français,

A tous présents et à venir, salut.

Nous avons proposé, les chambres ont adopté, nous avons ordonné et ordonnons ce qui suit :

SECTION 1re.
DE L'EXERCICE DU DROIT DE CHASSE.

Art. 1er. Nul ne pourra chasser, sauf les exceptions ci-après, si la chasse n'est pas ouverte, et s'il ne lui a pas été délivré un permis de chasse par l'autorité compétente.

Nul n'aura la faculté de chasser sur la propriété d'autrui sans le consentement du propriétaire ou de ses ayants droit.

Art. 2. Le propriétaire ou possesseur peut chasser ou faire chasser en tout temps, sans permis de chasse, dans ses possessions attenant à une habitation et entourées d'une clôture continue faisant obstacle à toute communication avec les héritages voisins.

Art. 3. Les Préfets détermineront, par des arrêtés publiés au moins dix jours à l'avance, l'époque de l'ouverture et celle de la clôture de la chasse dans chaque département.

Art. 4. Dans chaque département il est interdit de mettre en vente, de vendre, d'acheter, de transporter et de colporter du gibier pendant le temps où la chasse n'y est pas permise.

En cas d'infraction à cette disposition, le gibier sera saisi, et immédiatement livré à l'établissement de bienfaisance le plus voisin, en vertu soit d'une ordonnance du juge de paix, si la saisie a eu lieu au chef-lieu de canton, soit d'une autorisation du maire, si le juge de paix est absent, ou si la saisie a été faite dans une commune autre que celle du chef-lieu. Cette ordonnance ou cette autorisation sera délivrée sur la requête des agents ou gardes qui auront opéré la saisie, et sur la présentation du procès-verbal régulièrement dressé.

La recherche du gibier ne pourra être faite à domicile que chez les aubergistes, chez les marchands de comestibles et dans les lieux ouverts au public.

Il est interdit de prendre ou de détruire, sur le terrain d'autrui, des œufs et des couvées de faisans, de perdrix et de cailles.

Art. 5. Les permis de chasse seront délivrés , sur l'avis du maire et du sous-préfet , par le Préfet du dé partement dans lequel celui qui en fera la demande. aura sa résidence ou son domicile.

La délivrance des permis de chasse donnera lieu au paiement d'un droit de quinze francs (15 fr.) au profit de l'Etat, et de dix francs (10 fr.) au profit de la commune dont le maire aura donné l'avis énoncé au para graphe précédent.

Les permis de chasse seront personnels ; ils seront valables pour tout le royaume , et pour un an seulement.

Art. 6. Le Préfet pourra refuser le permis de chasse,

1° A tout individu majeur qui ne sera point personnellement inscrit, ou dont le père ou la mère ne serait pas inscrit au rôle des contributions;

2° A tout individu qui, par une condamnation judiciaire, a été privé de l'un ou de plusieurs des droits énumérés dans l'art. 42 du Code pénal , autres que le droit de port d'armes ;

3° A tout condamné à un emprisonnement de plus de six mois pour rébellion ou violence envers les agents de l'autorité publique ;

4° A tout condamné pour délit d'association illicite, de fabrication, débit, distribution de poudre, armes ou autres munitions de guerre ; de menaces écrites ou de menaces verbales, avec ordre ou sous condition; d'entraves à la circulation des grains ; de dévastation d'arbres ou de récoltes sur pied, de plants venus naturellement ou faits de main d'homme ;

5° A ceux qui auront été condamnés pour vagabondage, mendicité, vol, escroquerie ou abus de confiance.

La faculté de refuser le permis de chasse aux condamnés dont il est question dans les paragraphes 3, 4 et 5 cessera cinq ans après l'expiration de la peine.

Art. 7. Le permis de chasse ne sera pas délivré,

1° Aux mineurs qui n'auront pas seize ans accomplis;

2° Aux mineurs de seize à vingt-un ans , à moins que le permis ne soit demandé pour eux par leur père, mère, tuteur ou curateur, porté au rôle des contributions ;

3° Aux interdits ;

4° Aux gardes champêtres ou forestiers des communes et établissements publics, ainsi qu'aux gardes forestiers de l'Etat et aux gardes-pêche.

Art. 8. Le permis de chasse ne sera pas accordé,

1° A ceux qui, par suite de condamnations , sont privés du droit de port d'armes ;

2° A ceux qui n'auront pas exécuté les condamnations prononcées contre eux pour l'un des délits prévus par la présente loi ;

3° A tout condamné placé sous la surveillance de la haute police.

Art. 9. Dans le temps ou la chasse est ouverte, le permis donne à celui qui l'a obtenu le droit de chasser de jour, à tir et à courre, sur ses propres terres, et sur les terres d'autrui avec le consentement de celui à qui le droit de chasse appartient.

Tous autres moyens de chasse, à l'exception des furets et des bourses destinés à prendre le lapin, sont formellement prohibés.

Néanmoins, les Préfets des départements, sur l'avis des conseils-généraux, prendront des arrêtés pour déterminer,

1° L'époque de la chasse des oiseaux de passage, autres que la caille, et les modes et procédés de cette chasse ;

2° Le temps pendant lequel il sera permis de chasser le gibier d'eau, dans les marais, sur les étangs, fleuves et rivières ;

3° Les espèces d'animaux malfaisants ou nuisibles que le propriétaire, possesseur ou fermier, pourra en tout temps détruire sur ses terres, et les conditions de l'exercice de ce droit, sans préjudice du droit appartenant au propriétaire ou au fermier de repousser ou de détruire, même avec des armes à feu, les bêtes fauves qui porteraient dommage à ses propriétés.

Ils pourront prendre également des arrêtés,

1° Pour prévenir la destruction des oiseaux ;

2° Pour autoriser l'emploi dss chiens lévriers pour la destruction des animaux malfaisants ou nuisibles ;

3° Pour interdire la chasse pendant les temps de neige.

Art. 10. Des ordonnances royales détermineront la gratification qui sera accordée aux gardes et gendarmes rédacteurs des procès-verbaux ayant pour objet de constater les délits.

SECTION II.
DES PEINES.

Art. 11. Seront punis d'une amende de seize à cent francs,

1° Ceux qni auront chassé sans permis de chasse ;

2° Ceux qui auront chassé sur le terrain d'autrui sans le consentement du propriétaire.

L'amende pourra être portée au double si le délit a été commis sur des terres non dépouillées de leurs fruits, ou s'il a été commis sur un terrain entouré d'une clôture continue, faisant obstacle à toute communication avec les héritages voisins, mais non attenant à une habitation.

Pourra ne pas être considéré comme délit de chasse

le fait du passage des chiens courants sur l'héritage d'autrui, lorsque ces chiens seront à la suite d'un gibier lancé sur la propriété de leurs maîtres, sauf l'action civile, s'il y a lieu, en cas de dommage ;

3° Ceux qui auront contrevenu aux arrêtés des Préfets concernant les oiseaux de passage, le gibier d'eau, la chasse en temps de neige, l'emploi des chiens lévriers, ou aux arrêtés concernant la destruction des oiseaux et celle des animaux nuisibles ou malfaisants ;

4° Ceux qui auront pris ou détruit, sur le terrain d'autrui, des œufs ou couvées de faisans, de perdrix ou de cailles ;

5° Les fermiers de la chasse, soit dans les bois soumis au régime forestier, soit sur les propriétés dont la chasse est louée au profit des communes ou établissements publics, qui auront contrevenu aux clauses et conditions de leurs cahiers de charges relatives à la chasse.

Art. 12. Seront punis d'une amende de cinquante à deux cents francs, et pourront en outre l'être d'un emprisonnement de six jours à deux mois,

1° Ceux qui auront chassé en temps prohibé ;

2° Ceux qui auront chassé pendant la nuit ou à l'aide d'engins et instruments prohibés, ou par d'autres moyens que ceux qui sont autorisés par l'art. 9 ;

3° Ceux qui seront détenteurs ou ceux qui seront

trouvés munis ou porteurs , hors de leur domicile , de filets, engins ou autres instruments de chasse prohibés;

4° Ceux qui , en temps où la chasse est prohibée , auront mis en vente, vendu, acheté, transporté ou colporté du gibier;

5° Ceux qui auront employé des drogues ou appâts qui sont de nature à enivrer le gibier ou à le détruire ;

6° Ceux qui auront chassé avec appeaux, appelants ou chanterelles.

Les peines déterminées par le présent article pourront être portées au double contre ceux qui auront chassé pendant la nuit sur le terrain d'autrui , et par l'un des moyens spécifiés au paragraphe 2, si les chasseurs étaient munis d'une arme apparente ou cachée.

Les peines déterminées par l'art. 11 et par le présent article, seront toujours portées au maximum, lorsque les délits auront été commis par les gardes champêtres ou forestiers des communes , ainsi que par les gardes forestiers de l'État et des établissements publics.

Art. 13. Celui qui aura chassé sur le terrain d'autrui sans son consentement, si ce terrain est attenant à une maison habitée ou servant à l'habitation, et s'il est entouré d'une clôture continue faisant obstacle à toute communication avec les héritages voisins, sera puni d'une amende de cinquante à trois cents francs, et pourra l'être d'un emprisonnement de six jours à trois mois.

Si le délit a été commis pendant la nuit, le délinquant sera puni d'une amende de cent francs à mille francs et pourra l'être d'un emprisonnement de trois mois à deux ans, sans préjudice, dans l'un et l'autre cas, s'il y a lieu, de plus fortes peines prononcées par le code pénal.

Art. 14. Les peines déterminées par les trois articles qui précèdent pourront être portées au double si le délinquant était en état de récidive, s'il était déguisé ou masqué, s'il a pris un faux nom, s'il a usé de violences envers les personnes, ou s'il a fait des menaces, sans préjudice, s'il y a lieu, de plus fortes peines prononcées par la loi.

Lorsqu'il y aura récidive, dans les cas prévus en l'art. 11, la peine de l'emprisonnement de six jours à trois mois pourra être appliquée si le délinquant n'a pas satisfait aux condamnations précédentes.

Art. 15. Il y a récidive lorsque, dans les douze mois qui ont précédé l'infraction, le délinquant a été condamné en vertu de la présente loi.

Art. 16. Tout jugement de condamnation prononcera la confiscation des filets, engins et autres instruments de chasse. Il ordonnera, en outre, la destruction des instruments de chasse prohibés.

Il prononcera également la confiscation des armes, excepté dans le cas où le délit aura été commis par un individu muni d'un permis de chasse, dans le temps où la chasse est autorisée.

Si les armes, filets, engins ou autres instruments de chasse n'ont pas été saisis, le délinquant sera condamné à les représenter ou à en payer la valeur, suivant la fixation qui en sera faite par le jugement, sans qu'elle puisse être au-dessous de cinquante francs.

Les armes, engins ou autres instruments de chasse, abandonnés par les délinquants restés inconnus, seront saisis et déposés au greffe du tribunal compétent. La confiscation, et, s'il y a lieu, la destruction, en seront ordonnées sur le vu du procès-verbal.

Dans tous les cas, la quotité des dommages-intérêts est laissée à l'appréciation des tribunaux.

Art. 17. En cas de conviction de plusieurs délits prévus par la présente loi, par le code pénal ordinaire ou par les lois spéciales, la peine la plus forte sera seule prononcée.

Les peines encourues pour des faits postérieurs à la déclaration du procès-verbal de contravention pourront être cumulées, s'il y a lieu, sans préjudice des peines de la récidive.

Art. 18. En cas de condamnation pour délits prévus par la présente loi, les tribunaux pourront priver le délinquant du droit d'obtenir un permis de chasse pour un temps qui n'excédera pas cinq ans.

Art. 19. La gratification mentionnée en l'article 10 sera prélevée sur le produit des amendes.

Le surplus desdites amendes sera attribué aux communes sur le territoire desquelles les infractions auront été commises.

Art. 20. L'art. 463 du code pénal ne sera pas applicable aux délits prévus par la présente loi.

SECTION III.

DE LA POURSUITE ET DU JUGEMENT.

Art. 21. Les délits prévus par la présente loi seront prouvés, soit par procès-verbaux ou rapports, soit par témoins, à défauts de rapports et procès-verbaux, ou à leur appui.

Art. 22. Les procès-verbaux des maires et adjoints, commissaires de police, officier, maréchal-des-logis ou brigadier de gendarmerie, gendarmes, gardes forestiers, gardes pêche, gardes champêtres, ou gardes assermentés des particuliers, feront foi jusqu'à preuve contraire.

Art. 23. Les procès-verbaux des employés des contributions indirectes et des octrois, feront également foi jusqu'à preuve contraire, lorsque, dans la limite de leurs attributions respectives, ces agents rechercheront et constateront les délits prévus par le paragraphe 1er de l'art. 4.

Art. 24. Dans les vingt-quatre heures du délit, les procès-verbaux des gardes seront, à peine de nullité, affirmés par les rédacteurs devant le juge-de-paix ou l'un de ses suppléants, ou devant le maire ou l'adjoint, soit de la commune de leur résidence, soit de celle où le délit aura été commis,

Art. 25. Les délinquants ne pourront être saisis ni désarmés; néanmoins, s'ils sont déguisés ou masqués, s'ils refusent de faire connaître leurs noms, ou s'ils n'ont pas de domicile connu, ils seront conduits immédiatement devant le maire ou le juge-de-paix, lequel s'assurera de leur individualité.

Art. 26. Tous les délits prévus par la présente loi seront poursuivis d'office par le ministère public, sans préjudice du droit conféré aux parties lésées par l'art. 182 du Code d'instruction criminelle.

Néanmoins, dans le cas de chasse sur le terrain d'autrui sans le consentement du propriétaire, la poursuite d'office ne pourra être exercée par le ministère public, sans une plainte de la partie intéressée, qu'autant que le délit aura été commis dans un terrain clos, suivant les termes de l'art. 2, et attenant à une habitation, ou sur des terres non encore dépouillées de leurs fruits.

Art. 27. Ceux qui auront commis conjointement les délits de chasse seront condamnés solidairement aux amendes, dommages-intérêts et frais.

Art. 28. Le père, la mère, le tuteur, les maîtres et commettants, sont civilement responsables des délits de chasse commis par leurs enfants mineurs non mariés, pupilles demeurant avec eux, domestiques ou préposés, sauf tout recours de droit.

Cette responsabilité sera réglée conformément à l'art. 1384 du Code civil, et ne s'appliquera qu'aux dommages-intérêts et frais, sans pouvoir toutefois donner lieu à la contrainte par corps.

Art. 29. Toute action relative aux délits prévus par la présente loi sera prescrite par le laps de trois mois, à compter du jour du délit.

SECTION IV.

DISPOSITIONS GÉNÉRALES.

Art. 30. Les dispositions de la présente loi relatives à l'exercice du droit de chasse ne sont pas applicables aux propriétés de la Couronne. Ceux qui commettraient des délits de chasse dans ces propriétés seront poursuivis et punis conformément aux sections II et III.

Art. 31. Le décret du 4 mai 1812 et la loi du 30 avril 1790 sont abrogés.

Sont et demeurent également abrogés les lois, arrêtés, décrets et ordonnances intervenus sur les matières réglées par la présente loi, en tout ce qui est contraire à ses dispositions.

La présente loi, discutée, délibérée et adoptée par
la chambre des pairs et par celle des députés, et sanc-
tionnée par nous cejourd'hui, sera exécutée comme loi
de l'Etat.

DONNONS EN MANDEMENT à nos Cours et Tribunaux,
Préfets, corps administratifs et tous autres, que les
présentes ils gardent et maintiennent, fassent garder,
observer et maintenir, et pour les rendre plus notoires
à tous, ils les fassent publier et enregistrer partout où
besoin sera; et, afin que ce soit chose ferme et stable à
toujours, nous y avons fait mettre notre sceau.

Fait au Palais des Tuileries, le 3ᵉ jour du mois de
mai, l'an 1844.

LOUIS-PHILIPPE.

Vu et scellé du grand-sceau.	PAR LE ROI,
Le garde-des-sceaux de France,	*Le garde-des-sceaux de France,*
ministre secrétaire-d'Etat au	*ministre secrétaire-d'Etat au*
département de la justice et	*département de la justice et*
des cultes,	*des cultes,*
N. MARTIN (du Nord.)	**N. MARTIN (du Nord.)**

CIRCULAIRE

DE

M. LE GARDE-DES-SCEAUX,

Ministre secrétaire d'état au département de la justice, à MM. les procureurs-généraux.

PARIS, LE 9 MAI 1844.

Monsieur le procureur-général, l'opinion publique accusait depuis longtemps notre législation sur la chasse de faiblesse et d'insuffisance. Elle demandait contre le braconnage des moyens de répression plus sévères et plus efficaces. Le vœu qu'elle a exprimé a été entendu par le gouvernement et les chambres : la loi sur la police de la chasse a été rendue. Si cette loi est exécutée comme elle doit l'être, avec une sage fermeté, elle fera cesser les abus qui excitaient de si vives et de si justes réclamations. Elle sera un bienfait pour la propriété et l'agriculture, qui regardent avec raison les braconniers comme l'un de leurs plus redoutables fléaux; elle préservera le gibier de la destruction complète et prochaine dont il était menacé; elle aura enfin un résultat moral qui doit l'agrandir et en relever l'importance aux yeux de tous les gens de bien : elle empêchera une classe nombreuse et intéressante de la société de se livrer à des habitudes d'oisiveté et de désordres qui conduisaient trop souvent au crime. Les fonctions que vous remplissez vous mettent à même de reconnaître et d'apprécier mieux que personne les avantages incontestables de cette loi. Je viens vous prier d'en surveiller l'exécution et vous signaler celles de ses dispositions sur lesquelles votre attention me paraît devoir se fixer plus particulièrement.

La loi est divisée en quatre sections, dont la première renferme toutes les prescriptions relatives à l'exercice du droit de chasse. Cette première partie est celle qui contient les innovations les plus nombreuses et les plus importantes.

L'art. 1er établit en principe que nul ne pourra chasser, même sur sa propriété, si la chasse n'est pas ouverte, et s'il ne lui a pas été délivré un permis de chasse par l'autorité compétente. Il modifie l'ancienne législation, en ce qu'il exige, pour tous les procédés et moyens de chasse, le permis de l'autorité, qui n'était exigé par le décret du 4 mai 1812 que pour la chasse au fusil ; et afin de qualifier ce permis d'une manière qui en indique la portée, il lui donne le nom de permis de chasse au lieu du nom de permis de port d'armes de chasse, sous lequel le décret de 1812 le désignait. Pour être fidèle à la pensée de la loi, il faut entendre le mot chasse dans le sens le plus général, et l'appliquer sans distinction à la recherche, à la poursuite de tout animal sauvage ou de tout oiseau. C'est ainsi, au surplus, que ce mot a été entendu par la Cour de cassation, même sous l'empire de la législation de 1790 et de 1812. Il en résulte que, quelque soit l'animal sauvage ou l'oiseau que l'on chasse, et s'il s'agit d'oiseaux de passage, quels que soient le moyen et le procédé de chasse dont on soit autorisé à se servir, un permis de chasse est nécessaire.

L'art. 2 admet une exception au principe général posé dans l'art. 1er : il autorise le « propriétaire ou possesseur à chasser ou faire chasser en tout temps dans ses possessions, attenant à une habitation et entourées d'une clôture continue faisant obstacle à toute communication avec les héritages voisins. »

L'exception est beaucoup plus restreinte qu'elle ne l'était sous l'empire de la loi du 30 avril 1790. Cette dernière loi permettait au propriétaire ou possesseur de chasser en tout temps dans ses bois et dans celles de ses possessions qui étaient séparées des héritages voisins par des murs ou des haies vives, lors même qu'elles étaient éloignées d'une habitation. Dans certains départements, où presque tous les champs sont clos de haies, l'exception détruisait la règle; d'un autre côté, on a reconnu que la chasse dans les bois à l'époque de la reproduction du gibier était aussi nuisible que la chasse en plaine. On a senti la nécessité de limiter l'exception, autant que possible; elle n'est donc accordée que pour les possessions attenant à une habitation, et il faudra encore que ces possessions soient entourées d'une clôture continue, formant obstacle à toute communication avec les héritages voisins.

J'appelle votre attention sur les termes employés par l'article 2 pour désigner la clôture. Les expressions les plus fortes ont été choisies à dessein, pour bien faire comprendre qu'il ne s'agit pas ici d'une de ces clôtures incomplètes comme on en rencontre beaucoup dans les campagnes, mais d'une clôture non interrompue, et tellement parfaite, qu'il soit impossible de s'introduire par un moyen ordinaire dans la propriété qui en est entourée.

Les modes de clôture ne sont pas les mêmes dans toute la France. Ils sont très nombreux et varient à l'infini suivant les localités. C'est pour ce motif qu'il a paru nécessaire de ne pas indiquer dans la loi un genre de clôture plutôt qu'un autre, et de se contenter d'une définition qui serve de règle aux tribunaux.

L'art. 4 mérite une attention particulière, à cause des innovations graves qu'il introduit dans la législation, et des mesures efficaces qu'il prescrit pour prévenir et réprimer le braconnage.

Sous la législation antérieure, quoique la chasse fût interdite pendant une partie de l'année, le commerce du gibier était permis en tout temps ; les braconniers, trouvant toujours à se défaire du produit de leurs délits , exerçaient leur coupable industrie dans toutes les saisons.

Le paragraphe 1er de l'art. 4 détruira cette industrie. Il défend la mise en vente, la vente , l'achat, le transport et le colportage du gibier dans chaque département, pendant le temps où la chasse n'y est pas permise. Ses termes sont impératifs, absolus. Ils s'appliquent au gibier vendu , acheté ou transporté , quelle qu'en soit l'origine.

Celui qui usera du droit exceptionnel de chasser, en temps prohibé sur son terrain , attenant à une habitation et entouré d'une clôture continue, n'aura pas, plus que tout autre, la faculté de vendre ou de transporter son gibier. On a pensé que lui accorder cette faculté, c'eût été donner à d'autres le moyen d'éluder la loi, c'eût été rendre illusoires toutes les prohibitions contenues dans l'art. 4.

Il est inutile de faire observer que le gibier d'eau et les oiseaux de passage pourront être vendus et transportés pendant le temps où la chasse en sera permise par les arrêtés des préfets , lors même que la chasse, et conséquemment la vente et le transport du gibier ordinaire, seraient interdits.

Le paragraphe 2 de l'article 4 , qui permet de saisir

le gibier mis en vente, vendu, acheté, colporté ou transporté en temps prohibé, et de le livrer immédiatement à l'établissement de bienfaisance le plus voisin, a paru le complément nécessaire des dispositions du premier paragraphe de cet article.

La saisie ne présentera ni difficultés ni inconvénients dans son exécution. La mise en vente, la vente, l'achat, le transport, le colportage du gibier pendant le temps où la chasse n'est pas permise, constituent toujours et nécessairement une infraction à la loi. L'excuse, même celle qui serait fondée sur la provenance légitime du gibier, ne sera jamais admissible.

Le paragraphe 3 de l'art. 4 a limité les lieux où le gibier pourra être recherché, aux maisons des aubergistes, des marchands de comestibles, et aux lieux ouverts au public.

Le droit de recherche, ainsi limité, a pu être accordé sans danger aux fonctionnaires chargés de constater les infractions à l'art. 4. En effet, le gibier qui sera découvert en temps prohibé, dans les auberges, chez les marchands de comestibles, dans les lieux ouverts au public, ne pourra jamais s'y trouver que par suite d'un délit.

Le dernier paragraphe de l'art. 4, en défendant de prendre ou de détruire sur le terrain d'autrui des œufs et des couvées de faisans, de perdrix et de cailles, a voulu porter remède à l'un des abus les plus nuisibles à la reproduction du gibier. Il importe que son exécution soit surveillée avec soin.

Les art. 3, 5, 6, 7 et 8 règlent tout ce qui concerne l'ouverture, la clôture de la chasse et la délivrance des permis. Les Préfets, qui sont chargés spécialement de les exécuter, recevront à ce sujet des instructions particulières de M. le Ministre de l'intérieur.

L'art. 9 prohibe d'une manière formelle tous les genres de chasses, à l'exception de la chasse de jour à tir et à courre, et de la chasse au lapin à l'aide de furets et de bourses. Sans faire une nomenclature qui aurait été impossible, il embrasse dans sa prohibition générale l'emploi de panneaux et des filets, avec lesquels on détruisait des volées entiers de perdreaux, l'usage meurtrier des lacets, des collets, et, en un mot, de tous les instruments de destruction permis par l'ancienne législation, qui ne profitaient qu'aux braconniers. Enfin, il interdit la plus dangereuse de toutes les chasses, la chasse de nuit, qui a été la cause de tant de meurtres et de crimes contre les personnes.

Les dispositions prohibitives contenues dans les deux premiers paragraphes de l'art. 9 ont dû recevoir quelques exceptions, sans lesquelles elles auraient été beaucoup trop rigoureuses. Aussi le même article prescrit aux Préfets de prendre des arrêtés pour déterminer, 1° l'époque de la chasse des oiseaux de passage, autres que la caille, et les modes et procédés de cette chasse ; 2° le temps pendant lequel il sera permis de chasser le gibier d'eau dans les marais, sur les étangs, fleuves et rivières.

Ainsi, les Préfets pourront autoriser la chasse des oiseaux de passage avec les instruments, les procédés usités dans le pays, même avec ceux dont l'usage est prohibé pour la chasse du gibier ordinaire.

La loi de 1790 a donnait à tout propriétaire ou possesseur la faculté de chasser, en toute saison, sur ses lacs et étangs. La loi nouvelle ne lui permet cette chasse que pendant le temps qui sera déterminé par les Préfets. Cette différence entre les deux législations ne vous aura pas échappé.

L'art. 15 de la loi de 1790 accordait aux propriétaires, possesseurs ou fermiers, le droit de repousser, même avec des armes à feu, les bêtes fauves qui se répandraient dans leurs récoltes, et celui de détruire le gibier dans leurs terres chargées de fruits, en se servant de filets et engins. La loi nouvelle n'a pas voulu leur enlever un droit de légitime défense, commandé par l'intérêt de l'agriculture, et qu'il ne faut pas confondre avec l'exercice de la chasse. Mais elle l'a réglé, afin d'empêcher de s'en servir comme d'un prétexte pour chasser dans toutes les saisons. Tel est l'objet de l'un des paragraphes de l'art. 9.

Les trois derniers paragraphes de cet article donnent aux Préfets la faculté de prendre des arrêtés , 1° pour prévenir la destruction des oiseaux ; 2° pour autoriser l'emploi des chiens lévriers pour la destruction des animaux malfaisants ou nuisibles ; 3° pour interdire la chasse pendant les temps de neige.

Les mesures qui ont pour objet de prévenir la destruction des oiseaux ne seront pas nécessaires dans tous les départements ; mais il en est plusieurs où elles seront réclamées dans l'intérêt de l'agriculture, afin d'arrêter la reproduction toujours croissante des insectes nuisibles aux fruits de la terre,

La loi, en prohibant l'usage des filets, a déjà fait beaucoup pour empêcher la destruction des oiseaux. Mais cette interdiction peut n'être pas toujours suffisante. Les Préfets sont autorisés à employer d'autres moyens. Ainsi, par exemple, ils pourront, s'ils le jugent nécessaire, étendre aux œufs et couvées d'oiseaux la défense que le dernier paragraphe de l'art. 9 n'a prononcée qu'à l'égard des œufs et couvées de faisans, de perdrix et de cailles.

On aurait pu croire que l'emploi des chiens lévriers n'était pas compris dans les moyens de chasse prohibés. L'avant-dernier paragraphe de l'article 9 lève toute équivoque à cet égard. Il est bien entendu que l'usage des lévriers est interdit s'il n'existe pas un arrêté du

Préfet qui l'autorise, et cet arrêté ne peut l'autoriser que pour la destruction des animaux malfaisants.

La chasse, pendant les temps de neige, est tellement destructive, qu'il a paru utile de donner aux Préfets le pouvoir de la défendre par des arrêtés.

La seconde section de la loi détermine les peines applicables aux diverses infractions qui y sont énumérées. Ces peines sont : l'amende dans tous les cas, l'emprisonnement facultatif dans les cas spécifiés, la confiscation des instruments du délit et la privation facultative, pendant cinq ans au plus, du droit d'obtenir un permis de chasse. Une disposition formelle défend de modifier les peines par l'application de l'article 463 du Code pénal.

Tons les délits, à l'exception d'un seul, qui, à raison de son importance, est l'objet d'un article spécial, sont divisés en deux grandes catégories, dont chacune renferme les faits qui, par leur nature, se rapprochent le plus les uns des autres, et ont paru susceptibles d'être soumis à la même pénalité.

Les infractions passibles d'une amende de 16 fr. au moins et de 100 fr. au plus sont rangées dans la première catégorie et forment l'article 11. Vous remarquerez que cet article ne prononce pas l'emprisonnement pour les délits qu'il prévoit. Cette peine ne leur deviendra applicable que dans le cas prévu par le der-

nier paragraphe de l'article 14. Il faudra que le délinquant soit en récidive et n'ait pas satisfait à une condamnation précédemment encourue.

L'article 12 comprend la seconde catégorie des infractions qui ont paru mériter une peine plus sévère
que les délits de la première classe. Ces infractions
sont punies d'une amende obligatoire de 50 à 200 fr.
et d'un emprisonnement facultatif de six jours à deux
mois.

Une seule disposition de cet article exige quelques
explications. C'est le paragraphe relatif à ceux qui
seront détenteurs et à ceux qui seront trouvés munis
ou porteurs, hors de leurs domiciles, de filets, engins
ou autres instruments de chasse prohibés.

La loi sur la pêche fluviale ne punit que les individus trouvés munis ou porteurs, hors de leurs domiciles, de filets et engins prohibés. La loi sur la chasse
va plus loin. Elle punit ceux qui en sont possesseurs
et les détiennent dans leurs domiciles. Il a été reconnu
qu'une demi-mesure serait insuffisante ; que les braconniers qui font usage de ces immenses filets, à l'aide
desquels on détruit des compagnies entières de perdreaux, n'auraient jamais l'imprudence de se montrer
porteurs, en plein jour, de ces instruments de délit,
et que, pour atteindre sûrement le but que l'on devait
se proposer, il était nécessaire de rechercher les filets

et les engins prohibés jusque dans leurs domiciles. L'exécution de la disposition dont il s'agit ne peut faire craindre d'abus. Les visites domiciliaires, pour constater la détention des instruments de chasse prohibés, ne devront avoir lieu, comme pour les délits ordinaires, que sur la réquisition du ministère public et en vertu d'une ordonnance du juge d'instruction.

Le délit de chasse commis sur un terrain attenant à une maison habitée et entourée d'une clôture telle qu'elle est définie par l'article 2, sort de la classe ordinaire des infractions de ce genre. Lorsqu'il est encore aggravé par la circonstance de la nuit, on doit le punir d'autant plus sévèrement qu'il annonce dans ses auteurs une audace qui ne reculera pas devant des actes de violence et même devant un meurtre. L'article 13 prononce, à l'égard de ce délit, des peines qui pourront être portées, suivant les circonstances, jusqu'à 1,000 fr. d'amende et à deux ans d'emprisonnement.

L'art. 16 a tracé les règles à suivre pour la confiscation des instruments de chasse, la destruction de ceux de ces instruments qui sont prohibés et ne peuvent jamais servir que pour commettre des délits, et la représentation des armes, filets et engins qui n'ont pu être saisis. Ses dispositions sont claires et complètes. Je ne ferai, sur cet article, qu'une seule observation. La peine de la confiscation qu'il prononce ne doit pas être une peine illusoire. Pour qu'elle soit efficace, il faut que les armes et les instruments de délit qui seront déposés au greffe, par suite de la confiscation, ne soient pas des fusils hors de service, des instruments qui n'ont pas pu être employés à commettre le délit. Les agents chargés de verbaliser, en matière de chasse, devront être invités à désigner aussi exactement que possible les armes et les autres instruments dont les délinquants auront été trouvés porteurs, et vos substituts devront veiller à ce que les jugements qui auront ordonné la confiscation et le dépôt au greffe des objets décrits soient strictement exécutés.

L'examen des diverses pénalités portées dans la loi vous convaincra qu'elles sont graduées suivant le plus ou moins d'importance des faits auxquels elles s'appliquent. Les minimum ont été généralement fixés très-bas, afin de laisser aux tribunaux une grande latitude, et de leur permettre de n'infliger qu'une peine légère à ceux qui commettront accidentellement des infractions sans gravité, et que les circonstances rendront excusables.

D'après les art. 10 et 19, qui se lient l'un à l'autre, et que, par ce motif, je n'ai pas séparés dans les observations auxquelles ils donnent lieu, les gratifications qui seront accordées aux gardes et aux gendarmes rédacteurs des procès-verbaux seront déterminées par des ordonnances royales et prélevées sur le produit des amendes. La loi a voulu assurer le paiement de ces gratifications en attribuant aux gardes et gendarmes un prélèvement sur le produit des amendes qui auront été prononcées par suite de leurs procès-verbaux. Des mesures seront prises pour que la loi reçoive sur ce point une prompte exécution. Une ordonnance, préparée par les soins de M. le Ministre des finances, règlera la quotité des gratifications et les moyens d'en effectuer le paiement dans le plus bref délai possible.

La troisième section de la loi, relative à la poursuite et au jugement, renferme deux articles que je recommande spécialement à votre attention.

L'article 23 porte que les procès-verbaux des employés des contributions indirectes et des octrois, feront foi jusqu'à la preuve contraire lorsque, dans la limite de leurs attributions respectives, ces agents rechercheront et constateront les délits prévus par le paragraphe 1er de l'article 4, c'est-à-dire la mise en vente, la vente, l'achat, le colportage et le transport du gibier en temps prohibé. Les motifs de cette disposition sont évidents. Les infractions dont il s'agit ici ne pourront presque jamais être constatées par les gardes et les gendarmes, appelés, par la nature de leurs fonctions, à rechercher plutôt les délits de chasse proprement dits qui se commettent au milieu des champs;

mais les préposés des octrois, placés à l'entrée des villes pour surveiller les objets qu'on veut y introduire, les employés des contributions indirectes, obligés, par état, de visiter les auberges et les lieux ouverts au public, pourront, tout en remplissant leur mission, constater sans peine le transport et la vente illicites du gibier. Leur concours était nécessaire à l'exécution d'une partie importante de la loi. Telle est la cause du nouveau pouvoir qui leur a été conféré.

Une remarque essentielle à faire sur l'article 23, c'est que, d'après ses termes, les fonctionnaires qu'il désigne ne pourront verbaliser valablement qu'autant qu'ils agiront dans les limites de leurs attributions ordinaires. Ainsi, les employés des contributions indirectes, ne pouvant faire de visite chez les aubergistes qui se sont rachetés de l'exercice par un abonnement, n'auront pas le droit de s'y transporter pour y rechercher du gibier en temps prohibé.

L'art. 26 contient une dérogation à l'ancienne législation d'après laquelle les faits de chasse sur le terrain d'autrui ne pouvaient pas être poursuivis d'office par le ministère public sans une plainte formelle du propriétaire. A l'avenir, ils pourront l'être dans deux cas, lorsque le délit aura été commis dans un terrain clos, suivant les termes de l'art. 2 et attenant à une maison d'habitation ou sur des terres non encore dépouillées de leurs fruits. Les faits de chasse sur le terrain d'autrui ne constituent un délit qu'autant qu'ils ont eu lieu sans le consentement du propriétaire ou de ses ayants droit. Les procureurs du Roi ne devront donc user de la nouvelle faculté qui leur est accordée qu'avec une sage réserve.

La quatrième et dernière section, intitulée *Dispositions générales,* donne lieu à une seule observation. L'art. 30, en déclarant les dispositions de la loi sur l'exercice du droit de chasse non applicables aux propriétés de la Couronne, ordonne que les délits commis sur ces propriétés seront poursuivis et punis conformément aux sections 2 et 3. Avant la loi, il fallait recourir à l'ordonnance de 1669 pour réprimer les délits de chasse commis dans les forêts de la Couronne. Ces délits seront désormais soumis aux règles du droit commun. L'ordonnance de 1669 est abrogée.

Je termine ici les observations que j'avais à vous adresser sur quelques-unes des difficultés que l'interprétation de la loi nouvelle pourra présenter. La pratique fera, sans doute, naître beaucoup d'autres questions que je n'ai pas examinées. Je suis certain d'avance que, grâce à vos instructions et à la sagesse des tribunaux, ces questions recevront une solution conforme au vœu du législateur.

L'efficacité de la loi dépend surtout de la manière

dont elle sera exécutée par les fonctionnaires chargés de constater les délits. Le nombre de ces fonctionnaires est augmenté. Les gendarmes et les gardes seront secondés par de nouveaux et utiles auxiliaires. Si tous ces agents de l'autorité font leur devoir, le but sera atteint.

Le zèle de vos substituts n'a pas besoin d'être stimulé. Je suis convaincu qu'ils ne négligeront rien pour assurer, en ce qui les concerne, la bonne exécution de la loi, et qu'ils donneront aux fonctionnaires placés sous leurs ordres qui doivent y concourir avec eux, une impulsion ferme et énergique.

Je vous prie de m'accuser réception de la présente circulaire dont je vous envoie des exemplaires en nombre suffisant pour que vous puissiez en adresser un à chacun de ces magistrats.

Recevez, monsieur le procureur-général, l'assurance de ma considération très-distinguée.

Le garde-des-sceaux, ministre secrétaire-d'Etat
de la justice et des cultes,

N. MARTIN (DU NORD).

CIRCULAIRE

DU

MINISTRE DE L'INTÉRIEUR

Contenant des instructions sur la loi du 3 mai 1844, relative à la police de la chasse.

Paris, 20 mai 1844.

Monsieur le Préfet, la loi du 30 avril 1790 ne suffisant plus à la répression des abus de l'exercice de la chasse, et le braconnage, certain de l'impunité, s'accroissant d'une manière effrayante, il ne s'agissait plus seulement de défendre contre une destruction totale et prochaine le gibier qui entre dans les moyens d'alimentation d'une partie de la population, et de faire respecter une propriété d'une nature spéciale, mais incontestée ; l'agriculture elle-même avait à se plaindre d'un tel état de choses ; enfin la sécurité des campagnes était souvent compromise : aussi les corps constitués, les conseils-généraux des départements, en particulier, demandaient-ils depuis long-temps que des mesures plus fortement répressives fussent prises contre le braconnage, ce délit moins grave peut-être comme atteinte à la propriété que par la démoralisation des individus qui s'y livrent et par les crimes auxquels il conduit fatalement.

La loi du 3 de ce mois a pour but de satisfaire à ce besoin, et je ne doute pas que tous les fonctionnaires, tous les agents appelés à concourir à l'exercice de *la police de la chasse*, appréciant l'importance de la législation nouvelle, n'en exécutent les dispositions avec le zèle et la persistance qui peuvent seuls en assurer le succès. Mon collègue, M. le garde-des-sceaux, ministre de la justice et des cultes, a adressé à MM. les procureurs-généraux près les Cours royales, les instructions qu'il avait à leur donner sur les parties de la nouvelle loi qui rentrent dans les attributions des magistrats de j'ordre judiciaire. Je vais, M. le Préfet, vous entretenir des dispositions que vous avez à prendre, soit par vous-même, soit par les directions que vous devez donner à MM. les Sous-Préfets, maires, officiers de gendarmerie, commissaires de police, gardes-champêtres, et à tous autres agents que la loi appelle à verbaliser en matière de délits de chasse.

Délivrance des permis de chasse.

Aux termes de l'art. 1er de la loi du 3 de ce mois, « Nul ne pourra chasser..... s'il ne lui a pas été délivré un permis de chasse par l'autorité compétente. » L'art. 5 porte que « les permis de chasse seront délivrés, sur l'avis du maire et du sous-préfet, par le Préfet du département dáns lequel celui qui en fera la demande aura sa résidence ou son domicile. »

Vous aurez remarqué, sans doute , Monsieur le Préfet, la différence qui existe entre la législation ancienne et la loi nouvelle, quant à l'intitulé du titre délivré par l'autorité, pour rendre licite l'exercice de la chasse. De l'ancien nom, *permis de port d'armes de chasse*, on pouvait , jusqu'à un certain point , conclure qu'il était loisible de chasser *sans permis*, de toute autre manière qu'avec un fusil. C'est pour éviter toute équivoque que, dans la loi du 3 de ce mois, on a employé les mots *permis de chasse*, qui, dans leur généralité , embrassent toute espèce de chasse , soit à tir , soit à courre , soit même la chasse des oiseaux de passage que vous aurez à réglementer, en vertu de l'art. 9.

Le permis de chasse doit être délivré *sur l'avis du maire et du sous-préfet*, d'où il faut inférer que c'est au maire que la demande , formulée sur papier timbré , doit être adressée pour qu'elle vous parvienne avec l'avis de ce fonctionnaire, par l'intermédiaire du sous-préfet, pour les arrondissements autres que celui du chef-lieu. Mais de même que le permis de chasse peut être pris dans le département où l'impétrant *a sa résidence ou son domicile*, de même aussi la demande peut être formée devant le maire de la commune où l'impétrant est domicilié, ou de celle où il réside temporairement, et le choix ici n'est pas sans importance. En effet, aux termes du deuxième paragraphe de l'art. 5, un droit de 10 francs par permis est attribué à la commune *dont le maire aura donné l'avis sus-énoncé.* Comme les communes rurales sont celles qui ont le plus besoin de cette nouvelle branche de ressources, et que cet intérêt doit porter les maires à surveiller les citoyens qui se livreraient à l'exercice de la chasse sans *permis,* il est nécessaire de ne délivrer de *permis* qu'à ceux qui justifieront positivement de leur résidence ou de leur domicile.

Il sera nécessaire, d'ailleurs, Monsieur le Préfet, que vous fixiez bien l'opinion de MM. les sous-préfets et maires sur la nature de l'avis qu'ils auront à vous donner sur les demandes de permis de chasse qu'ils vous transmettront. Ainsi, cet avis ne devra pas exprimer vaguement qu'il y a ou qu'il n'y a pas lieu de délivrer le permis demandé. Comme la loi ne vous a pas laissé le droit absolu de délivrer ou de refuser des permis de chasse; comme l'obtention du permis est le droit général, et que la faculté du refus n'est que le droit exceptionnel, il s'ensuit que les avis des maires et des sous-préfets doivent, 1° lorsqu'ils sont favorables, exprimer qu'il n'est pas à la connaissance de ces fonctionnaires que l'impétrant se trouve dans aucune des catégories pour lesquelles le permis ne pourrait être délivré, et 2°

si les avis sont défavorables, exprimer que l'impétrant se trouve, à leur connaissance, dans telle ou telle position qui fait obstacle à la délivrance d'un permis de chasse.

Il sera bien également que vous rappeliez à MM. les sous-préfets et maires qu'ils n'ont pas à s'occuper dans leurs avis, de la question de savoir si l'impétrant est ou n'est pas propriétaire foncier. Aucun des articles de la loi du 3 de ce mois n'a exigé la qualité de propriétaire comme condition de l'exercice de la chasse, et l'autorité ne peut, à cet égard, faire ce que la loi n'a pas fait. Sans doute, le 2e paragraphe de l'art. 1er porte que *nul n'aura la faculté de chasser sur la propriété d'autrui sans le consentement du propriétaire ou de ses ayants droits ;* d'où il résulte que chasser sur le terrain d'autrui sans le consentement du propriétaire est un fait illicite. Mais il est à remarquer que ce fait, aux termes de l'art. 26, ne donne lieu à des poursuites, en thèse générale, que sur la plainte du propriétaire. L'administration ne peut donc pas plus intervenir ici d'office que ne le peut l'autorité judiciaire; elle ne peut pas plus exiger, avant de délivrer le permis, la représentation d'une permission de chasser sur le terrain d'autrui qu'elle ne peut exiger, de la part de l'impétrant, la preuve qu'il est propriétaire foncier.

Nous allons examiner maintenant quelles sont les

circonstances qui vous donnent le droit ou vous imposent le devoir de refuser les permis de chasse qui vous sont demandés.

Refus du permis de chasse.

Aux termes de l'art. 6 de la loi du 3 de ce mois , vous pouvez, Monsieur le Préfet , refuser le permis de chasse : « 1° A tout individu majeur qui ne sera point personnellement inscrit, ou dont le père ou la mère ne serait pas inscrit au rôle des contributions. »

N'être ni imposé ni fils d'imposé est une situation exceptionnelle , puisque la contribution personnelle atteint à peu près tous les citoyens, sauf le cas d'indigence reconnu. La circonstance prévue par le paragraphe se rencontrera principalement dans le petit nombre de villes où la contribution personnelle est remplacée par un prélèvement sur le produit de l'octroi. Vous aurez à examiner, dans ce cas, si l'absence de l'inscription sur un rôle de contributions vous paraît un motif suffisant pour refuser un permis de chasse. La solution de cette question dépendra, en grande partie, sans doute , des renseignements qui vous auront été donnés sur la moralité de l'impétrant ; je ne puis donc que laisser à votre sagesse une décision que la loi place sous votre responsabilité, certain que vous serez toujours prêt à justifier du bon usage que vous aurez fait de cette prérogative.

Mais s'il vous est loisible de refuser un permis de chasse à tout citoyen majeur, par le seul motif qu'il ne serait ni imposé ni fils d'imposé, et si la qualité d'imposé ou de fils d'imposé, est la première condition déterminée par la loi, pour qu'un citoyen majeur ait le droit d'obtenir un permis de chasse, vous reconnaîtrez sans doute que ce serait faire de ce principe une application trop rigoureuse et trop étendue, que d'exiger de tout impétrant qu'il vous justifie qu'il est imposé ou fils d'imposé. Comme je le faisais remarquer plus haut, en effet, l'absence de cette condition est une rare exception, et, puisque la presque totalité des citoyens majeurs sont nécessairement imposés ou fils d'imposés, ce ne serait plus exiger qu'une formalité inutile, que d'astreindre *tous les impétrants* à joindre à leur demande un certificat ou extrait de rôle. Il suffira, ce me semble, que vous exigiez cette production de ceux à l'égard desquels vous auriez des doutes sur la question de l'inscription au rôle et dans le cas où vous croiriez devoir vous appuyer de la non-inscription pour refuser le permis demandé.

L'art. 6 de la loi vous permet encore de refuser le permis de chasse :

« 2° A tout individu qui, par une condamnation judiciaire, a été privé de l'un ou de plusieurs des droits énumérés dans l'art. 42 du code pénal, autres que le droit de port d'armes ;

» 3° A tout condamné à un emprisonnement de plus de six mois, pour rébellion ou violence envers les agents de l'autorité publique ;

» 4° A tout condamné pour délit d'association illicite, de fabrication, débit, distribution de poudre, armes ou autres munitions de guerre; de menaces écrites ou menaces verba'es, avec ordre ou sous condition ; d'entraves à la circulation des grains ; de dévastations d'arbres ou de récoltes sur pied, de plants venus naturellement ou faits de main d'homme ;

» 5° A ceux qui auront été condamnés pour vagabondage, mendicité, vol, escroquerie ou abus de confiance. »

Toutefois, le dernier paragraphe du même article restreint la faculté du refus du permis de chasse dans la limite du délai de cinq ans après l'expiration de la peine.

La situation des individus qui se trouveraient compris dans l'une des catégories posées par la loi, devra être de votre part, Monsieur le Préfet, l'objet d'un mûr examen. Puisque en effet le législateur n'a pas fait de l'une des circonstances indiquées une condition absolue du refus de permis de chasse, puisqu'il n'y a vu qu'une considération suffisante pour attribuer à l'administration la *faculté* de refuser ce permis, il s'ensuit que les motifs de votre détermination pour accorder ou refuser, devront être tirés surtout des circonstances de la condamnation subie et des renseignements particuliers que vous auriez sur la moralité des individus et les inconvénients qu'il pourrait y avoir pour l'ordre public à leur attribuer légalement le droit de chasser.

Mais de ce que la loi vous permet de refuser le permis de chasse dans les différents cas spécifiés par ces quatre paragraphes de l'art. 6, vous n'entendrez sans doute pas astreindre ceux qui demandent le permis, à justifier qu'il ne se trouvent dans aucune de ces positions. Non-seulement ce serait placer tous les citoyens sous une espèce de prévention blessante pour eux, mais encore ce serait exiger une justification souvent impossible, puisqu'il ne leur suffirait pas de s'adresser à l'autorité judiciaire de leur résidence pour en obtenir un certificat de non-condamnation. L'obtention du permis de chasse est, pour les citoyens, de droit commun ; des exceptions sont faites à ce droit, dans un intérêt public ; c'est donc à l'autorité qui veut appliquer l'exception, à prouver le cas exceptionnel. Ce sera, en général, par l'avis dont MM. les Maires et Sous-Préfets devront accompagner la demande d'un permis de chasse, que votre attention sera appelée sur la circonstance que l'impétrant se trouverait dans telle ou telle position qui vous autoriserait à refuser le permis, et vous vous empresseriez alors de vérifier le fait, en vous adressant au ministère public près le tribunal qui aurait prononcé la condamnation sur laquelle serait basé votre refus. Je me concerterai avec mon collègue, M. le ministre de la justice, pour qu'à l'avenir vous receviez les renseignements qui vous seront nécessaires pour l'exécution de cette partie de la loi.

Après avoir énuméré, dans son article 6, les circonstances qui *permettront* à l'administration de refuser le permis de chasse, la loi indique, dans ses articles 7 et 8, quels sont les individus auxquels le permis de chasse *doit être refusé.*

Ce sont :

« 1° Les mineurs qui n'auront pas seize ans accomplis. »

Vous n'exigerez certainement pas de tous les impétrants la justification qu'ils sont âgés de plus de seize ans ; c'est là, pour la très grande majorité d'entre eux, un fait notoire ; mais lorsqu'il sera à votre connaissance, ou qu'il sera seulement présumable qu'un impétrant est âgé de moins de seize ans, il sera non-seulement dans votre droit, mais encore dans votre devoir, d'exiger la production d'un acte de naissance.

« 2° Les mineurs de seize à vingt-un ans, à moins que le permis ne soit demandé pour eux par leur père, mère, tuteur ou curateur, porté au rôle des contributions. »

Pour les jeunes gens que vous présumeriez être dans les limites d'âge de seize à vingt-un ans , vous devrez également, Monsieur, le Préfet, exiger la production d'un acte de naissance, et par suite la demande devra être faite, au nom de ces jeunes gens, par les personnes que désigne la loi.

« 3° Les interdits. »

Les cas d'interdictions sont assez rares et par cela même ils appellent assez l'attention pour que MM. les Sous-Préfets et Maires en aient connaissance. Ils seront donc à portée de vous éclairer à cet égard dans leurs avis.

« 4° Les gardes champêtres ou forestiers des communes et établissements publics, ainsi que les gardes forestiers de l'État et les gardes-pêche. »

Il suffira sans doute que les différents agents dénommés dans ce paragraphe, sachent que le droit de chasse leur est refusé par la loi, pour qu'aucun d'eux ne demande de permis ; mais si, par erreur ou autrement, une semblable demande était formulée par un d'eux, l'avis du Maire et des Sous-Préfets, et, au besoin, les listes nominatives que vous pourrez faire dresser, vous mettront à portée d'obtempérer à l'injonction de la loi.

Vous remarquerez sans doute, Monsieur le Préfet, que les gardes des particuliers ne sont pas compris dans l'exclusion prononcée par ce paragraphe ; on comprend, en effet, que les propriétaires fonciers veulent quelquefois faire chasser par leurs gardes. Vous ne refuserez donc pas le permis de chasse aux gardes particuliers, mais vous ferez sagement de les inviter à justifier de l'autorisation des propriétaires dont ils sont les agents.

« 5° Ceux qui, par suite de condamnations, sont privés du droit de port d'armes. »

Pour ces individus, je ne puis que répéter ce que je vous ait dit à l'occasion des paragraphes 2 à 5 de l'art. 6 ; c'est que ce sera à l'administration qu'il incombera de faire la preuve de l'existence du jugement.

« 6° Ceux qui n'auront pas exécuté les condamnations prononcées contre eux pour l'un des délits prévus par la présente loi. »

Lorsqu'un impétrant aurait, à votre connaissance, subi une condamnation pour délit de chasse, en vertu de la loi du 3 mai dernier, vous devrez exiger de lui la preuve qu'il a exécuté la condamnation encourue. Il ne vous échappera pas, d'ailleurs, que s'il y avait eu remise de la peine, ce fait équivaudrait à l'exécution de la condamnation.

« 7° Tout condamné placé sous la surveillance de la haute police. »

Vous avez par devers vous la liste nominative de tous les individus de votre département, placés dans cette catégorie ; vous ne pouvez donc éprouver de difficulté pour leur exclusion du droit de chasse.

Je terminerai en vous faisant remarquer, Monsieur le Préfet, que le refus du permis peut être opposé, dès à présent, à tous les individus compris dans les cas énumérés aux n°s 2, 3, 4 et 5 de l'art. 6, et 1, 2 et 3 de l'art. 8, bien que les condamnations prononcées contre eux l'aient été antérieurement à la promulgation de la loi du 3 mai dernier, et ce ne sera pas là donner à cette loi un effet rétroactif ; cela résulte clairement de la rédaction même des articles précités, qui appliquent le refus de permis de chasse à tout individu *qui a été condamné* ; s'il ne s'agissait pas, en effet, des condamnations déjà prononcées, le législateur aurait évidemment dit, *à tout individu qui sera condamné.* La privation du droit de chasse ne peut, d'ailleurs, être considérée comme une peine ou une aggravation de peine, c'est seulement une mesure de précaution que la loi permet ou prescrit de prendre dans un intérêt de sûreté publique. Aussi, ajouterai-je que si, par l'effet d'une erreur, vous aviez été entraîné à délivrer un permis de chasse à un individu à qui il n'eût pas dû être accordé, vous ne devriez pas hésiter à le retirer, et, dans le cas où cet individu ne se soumettrait pas à cette mesure, à appeler sur lui l'attention des agents préposés à la répression des délits de chasse.

Ouverture et clôture de la chasse.

L'art. 3 charge les Préfets de déterminer l'époque de l'ouverture et celle de la clôture de la chasse. Cette attribution leur avait été dévolue déjà par l'ancienne législation ; mais leurs arrêtés devront, dans l'un et dans l'autre cas, être publiés dix jours au moins avant celui indiqué pour la clôture ou l'ouverture de la chasse. Cette condition doit toujours être observée ; vous en comprendrez toute l'importance, puisque l'exacte exécution de l'obligation qui vous est imposée, est intimement liée à la légalité des poursuites pour contravention à vos arrêtés.

Je vous recommande également, Monsieur le Préfet, de vous entourer toujours des renseignements les plus propres à vous éclairer sur l'époque qu'il conviendra de choisir pour l'ouverture et la clôture de la chasse. Vous consulterez surtout l'intérêt de l'agriculture et l'état des récoltes, mais vous ne perdrez pas de vue non plus qu'il peut y avoir aussi quelques inconvénients à ouvrir la chasse plus tard qu'il n'est réellement nécessaire. Dans ce cas, en effet, de nombreuses contraventions se commettent, et les poursuites, toutes légales qu'elles soient, ne paraissent plus basées sur les intérêts réels de l'agriculture. Les avis des Sous Préfets vous seront très-utiles pour la fixation des jours d'ouverture et de clôture de la chasse.

Vous remarquerez d'ailleurs, Monsieur le Préfet, que, bien que l'article que nous examinons porte que les époques d'ouverture et de clôture de la chasse seront fixées *dans chaque département*, vous n'en conserverez pas moins le droit de fixer des époques différentes pour les divers arrondissements de votre département, si des différences de sol et de température l'exigent : c'est une faculté dont il convient, toutefois, de n'user qu'avec réserve et en vue d'une nécessité réelle ; car il a été remarqué que lorsque la chasse n'est pas ouverte simultanément dans toute l'étendue d'un département, les chasseurs se portent quelquefois en grand nombre dans l'arrondissement où l'ouverture de la chasse est la plus précoce, et que, par suite, le gibier y est promptement détruit.

Exercice du droit de chasse.

Le droit conféré par les permis de chasse, Monsieur le Préfet, se trouve clairement défini par les deux premiers paragraphes de l'art. 9, et ce n'est pas une des moins importantes améliorations apportées par la législation nouvelle, à un état de choses qui excitait de si vives et si justes réclamations.

Trois modes de chasse seulement sont aujourd'hui

déclarés licites : 1° la chasse à tir ; 2° la chasse à courre ; et 3° l'emploi des furets et des bourses destinées à prendre le lapin. *Tous autres moyens de chasse*, ajoute cet article, *sont formellement prohibés*, et dans cette prohibition générale se trouve évidemment compris l'emploi des panneaux et filets de toute espèce, des appeaux, appelants et chanterelles, des lacets, collets et engins de toute espèce, au moyen desquels la destruction du gibier s'opérait si facilement, et dont l'ancienne législation n'avait pas défendu l'emploi. La chasse de nuit, de quelque nature que ce soit, et quelle que soit l'espèce de gibier qu'il s'agirait de prendre, se trouve également prohibée par l'effet de cette seule disposition de l'art. 9, portant que le permis de chasse donne le droit de chasser pendant le jour.

Comme les usages qu'il s'agit de détruire aujourd'hui étaient tolérés depuis long-temps, il importe que les restrictions apportées par la loi nouvelle à l'exercice de la chasse, tel qu'il était autrefois entendu, soient parfaitement comprises par les fonctionnaires et agents qui auront à constater les contraventions commises. Je vous engage donc à développer vos instructions de manière à ce qu'aucune incertitude ne puisse exister sur l'application de la législation nouvelle.

Je terminerai ce que j'avais à dire sur l'exercice du droit de chasse, en vous faisant remarquer que l'art. 2

de la loi accorde ce droit, « en tout temps et sans permis de chasse, au propriétaire ou possesseur, dans ses
possessions attenant à une habitation et entourées d'une
clôture continue faisant obstacle à toute communication avec les héritages voisins. »

La faculté exceptionnelle accordée par cet article,
Monsieur le Préfet, existait déjà dans l'ancienne législation, et même d'une manière beaucoup plus étendue.
Ainsi, il était loisible au propriétaire de chasser ou de
faire chasser en tout temps, dans ses bois ou dans ses
possessions entourées d'une clôture conforme aux usages du pays, alors même que ces propriétés étaient
éloignées d'une habitation. Des conditions plus res-
treintes sont aujourd'hui imposées au propriétaire ou
possesseur de terrains clos. Non-seulement il faut que
la clôture soit telle qu'elle fasse obstacle à toute communication avec les héritages voisins, mais encore il
faut que les terrains sur lesquels le propriétaire chas-
serait soient *attenants à une habitation*. Vous appelle-
rez, sur la nécessité de la réunion de cette double
condition, l'attention des fonctionnaires et agents appelés à verbaliser des délits de chasse : quant à la
nature de clôture qui doit être regardée comme suffisante pour établir le droit exceptionnel du propriétaire,
je n'ai aucune règle à tracer ; les usages divers seront
appréciés par les tribunaux qui auront à statuer sur les
procès-verbaux dressés.

Modes exceptionnels de chasse.

Mais si le législateur a, dans les deux premiers para-graphes de l'art. 9, limité, comme je l'ai dit plus haut, les modes de chasse qu'il considérait comme licites, en temps permis et de jour, par la seule obtention d'un permis de chasse, il n'a pas voulu, cependant, appor-ter un obstacle absolu à la continuation de certains usages qui n'auraient pu être supprimés sans un préju-dice réel pour les localités où ils sont pratiqués et où ils peuvent être considérés presque comme l'exercice d'une industrie. Il s'agit de la chasse des oiseaux de passage qui, à des époques où quelquefois toutes les autres chasses sont closes, arrivent en nombre tel qu'ils forment pour les habitans un moyen précieux d'alimen-tation et de commerce.

Vous devez donc, Monsieur le Préfet, autoriser la continuation de cette espèce de chasse, et en régler les modes et les procédés, mais vous aurez préalablement à prendre, à cet égard, l'avis du conseil-général de votre département ; vous remarquerez d'ailleurs, qu'aux termes de l'art. 9 que nous examinons, « la caille n'est plus réputée oiseau de passage, » et qu'en conséquence la chasse n'en peut plus avoir lieu que dans les mêmes conditions et sous les mêmes restrictions que pour toute autre espèce de gibier.

Vous devrez également, après avoir pris l'avis du

conseil général, « déterminer le temps pendant lequel il sera permis de chasser le gibier d'eau, dans les marais, sur les étangs, fleuves et rivières. »

Il ne vous échappera pas, d'ailleurs, que, même pour la capture des oiseaux de passage, de quelque espèce que ce soit, et du gibier d'eau, un permis de chasse est nécessaire, quel que soit le procédé qu'on emploie. C'est bien là une chasse, en effet, et la prescription générale et absolue de l'art. 1er de la loi, c'est que nul ne chasse, s'il ne lui a été délivré un permis de chasse. C'est ce que vous expliquerez dans vos instructions ; et pour qu'elles ne soient pas perdues de vue, sur ce point, vous ferez bien de rappeler l'obligation de l'obtention d'un permis, dans les arrêtés même que vous prendrez pour autoriser la chasse des oiseaux de passage et du gibier d'eau.

Vous aurez enfin, après avoir pris l'avis du conseil général, à déterminer « les espèces d'animaux malfaisants ou nuisibles que le propriétaire, possesseur ou fermier pourra en tout temps détruire sur ses terres, et les conditions de l'exercice de ce droit. » Vous remarquerez que ce n'est plus ici un fait de chasse que vous aurez à autoriser ; il s'agit d'un acte de légitime défense, qui a pour objet unique de préserver les récoltes des dégâts qu'y occasionneraient certaines espèces d'animaux. Il n'est donc pas nécessaire, pour l'exercice de ce droit, que les propriétaires soient munis d'un permis de chasse, mais ils commettraient une contravention, et il y aurait lieu de verbaliser contre eux, si à l'occasion de la défense de leurs récoltes, ils se livraient à l'exercice de la chasse.

Après avoir, dans les trois paragraphes que nous venons d'examiner, pourvu à l'exercice d'usages qui ne pourraient pas être abolis, mais que vous devez seulement réglementer, le même article de la loi vous *autorise* à prendre des arrêtés :

« 1° Pour prévenir la destruction des oiseaux. » Il est un assez grand nombre de départements où l'accroissement excessif des insectes est devenu pour l'agriculture un véritable fléau, et c'est à la destruction des oiseaux que ce fait est généralement attribué. Aussi, beaucoup de conseils-généraux avaient-ils demandé que les préfets fussent investis du droit, que ne leur donnait pas l'ancienne législation, de prévenir la destruction des petits oiseaux.

« 2° Pour autoriser l'emploi des chiens lévriers pour la destruction des alimaux malfaisants, etc. »

Quelques explications sont nécessaires, Monsieur le Préfet, pour vous faire apprécier la portée de cette disposition.

Vous savez que l'emploi des chiens lévriers, comme moyen de chasse, est véritablement destructif, et de nombreuses réclamations se sont élevées , dans presque tous les départements , contre l'usage abusif que certaines personnes faisaient de ces animaux. Plusieurs fois , des Préfets ont voulu porter remède à ces abus , en défendant , par des arrêtés , l'emploi des lévriers comme moyen de chasse, mais , en présence de l'état de la législation, les tribunaux n'ont pas pu donner une sanction pénale à ces arrêtés , et leurs jugements ont été confirmés par la Cour de cassation.

Désormais , l'emploi des chiens lévriers à la chasse proprement dite se trouve compris dans la prohibition générale formulée par l'art. 1er de la nouvelle loi , contre tout autre mode de chasse que la chasse à tir et à courre. La chasse au moyen des chiens lévriers ne rentre , en effet , ni dans l'un ni dans l'autre de ces deux modes. Si quelque incertitude à cet égard avait d'ailleurs pu subsister , elle serait levée par la disposition que nous examinons , puisqu'aux termes de cette disposition l'emploi des chiens lévriers ne peut plus avoir lieu qu'en vertu d'un arrêté spécial du Préfet , et que l'arrêté ne peut même autoriser cet emploi que pour la destruction des animaux malfaisants et nuisibles. Vous vous montrerez sans doute très-sévère dans l'autorisation que vous aurez à donner , afin que les anciens abus ne puissent être continués.

« 3° Pour interdire la chasse pendant les temps de neige. »

Il s'agit ici, Monsieur le Préfet, d'une mesure toute dans l'intérêt de la conservation du gibier. Déjà, elle était prise dans certains départements ; dans d'autres, la légalité en avait été contestée. Cette mesure peut aujourd'hui être adoptée généralement, et vous aurez à examiner si, en raison des circonstances locales, elle vous paraît nécessaire. Vous comprenez, d'ailleurs, que les arrêtés que vous prendriez, à cet effet, ne sont pas soumis, comme ceux relatifs à la clôture et à l'ouverture annuelle de la chasse, au délai de dix jours de publication, pour devenir exécutoires. Il ne serait même pas possible que vous prissiez, en temps utile, des arrêtés spéciaux pour défendre l'exercice de la chasse chaque fois qu'il sera tombé de la neige. Il suffira, pour atteindre ce but, qu'à l'entrée de l'hiver vous preniez et fassiez publier un arrêté portant défense de chasser lorsqu'il y aura de la neige sur la terre.

Vous remarquerez, Monsieur le Préfet, que, par les arrêtés que vous aurez à prendre en vertu des trois derniers paragraphes de l'art. 9 de la loi, il n'est plus exprimé, comme pour les trois premiers paragraphes, que vous devrez prendre l'avis du conseil général. Je vous engage cependant à recourir également à cet avis ; car il s'agit ici de mesures du même ordre, et sur lesquelles les lumières et les connaissances locales des membres du conseil général ne peuvent que vous être utiles. C'est d'ailleurs *sur l'avis* du conseil que vous aurez à agir, c'est-à-dire que vous n'êtes pas tenu de statuer *conformément* à cet avis, dont vous avez le droit de vous écarter lorsque l'intérêt public vous paraîtra le commander.

L'art. 9 de la loi n'a pas soumis à mon approbation les arrêtés que vous avez à prendre dans les différents cas qu'il prévoit ; ces arrêtés sont donc exécutoires de plein droit, et sans autres approbations. Toutefois, vous savez que les actes de l'autorité préfectorale ne s'exercent que sous l'autorité et le contrôle des ministres responsables ; ce principe est toujours réservé, sans qu'il soit nécessaire de l'exprimer dans chaque loi spéciale. Vous devrez donc, Monsieur le Préfet, m'adresser exactement une ampliation de tous les arrêtés que vous prendrez dans les différents cas prévus par l'article dont il s'agit, afin que je puisse examiner si ces actes sont conformes à l'ensemble de la législation, et vous adresser, au besoin, telles observations qu'il appartiendrait.

Prohibition de la vente du gibier en temps prohibé.

La défense de chasser pendant certains temps de l'année restait souvent inefficace, et les braconniers n'hésitaient pas à l'enfreindre, encouragés qu'ils étaient par les bénéfices que leur procurait la vente du produit de leur coupable industrie.

L'art. 4 de la loi met un terme à cet abus, en défendant d'une manière absolue « de mettre en vente , de vendre, d'acheter , de transporter et de colporter du gibier pendant le temps où la chasse n'est pas permise. Ces prohibitions , monsieur le Préfet, s'appliquent à toute espèce de gibier , quelle que soit son origine , et alors même qu'il aurait été tué dans le cas exceptionnel prévu par l'art. 2 de la loi. Si on avait , en effet, dans ce cas , laissé au propriétaire la faculté de vendre ou transporter son gibier , on eût rendu illusoires les dispositions prohibitives de la nouvelle législation. Les propriétaires que cette mesure pourra gêner sentiront mieux que personne que ce sacrifice d'une partie de leurs droits était indispensable pour assurer la répression du braconnage, qui, sans cela, aurait continué à l'abri de prétextes difficiles à détruire.

Vous comprendrez toutefois que les prohibitions portées dans le premier paragraphe de l'art. 4 ne s'appliquent pas au gibier tué dans les circonstances prévues par les les nos 1 et 2 de l'art. 9, alors que ces chasses exceptionnelles auront été autorisés par vos arrêtés. Ces actes , en effet , rendant la chasse de ces espèces de gibier licite, le transport et la vente en sont nécessairement licites aussi.

Il a paru utile que le gibier ne fût pas détruit , et le deuxième paragraphe de l'art. 4 en prescrit la remise à l'établissement de bienfaisance le plus voisin , sur une ordonnance , soit du juge de paix , soit du maire , en cas d'absence du juge de paix ou de saisie dans une commune autre que la commune chef-lieu de canton. Vous devrez, monsieur le Préfet , donner à MM. les maires les instructions nécessaires pour que le vœu de la loi soit toujours accompli. Vous ferez d'ailleurs remarquer aux maires et autres fonctionnaires et agents dans quelles limites le troisième paragraphe de l'art. 4 restreint le droit de recherche ; il importe que ces limites ne soient jamais dépassées. Il suffit que la chasse soit interdite dans le département ; on ne pourrait se prévaloir de ce qu'elle ne le serait pas dans un département voisin.

Enfin, le quatrième paragraphe du même article donne à la conservation du gibier une nouvelle protection par la défense de prendre ou de détruire, sur le terrain d'autrui, des œufs et des couvées de faisans, de perdrix et de cailles. Vous devrez recommander la rigoureuse exécution de cette prohibition dont la nécessité était si bien sentie.

Attributions aux communes.

L'art. 5 de la loi attribue aux communes une ressource nouvelle qui devra désormais figurer dans leurs budgets et dans leurs comptes. Ce produit prendra rang parmi les recettes ordinaires, et fera, dans le budget, un article de recette spéciale, sous le titre de : *Portion afférente à la commune dans le produit de la délivrance des permis de chasse.* M. le Ministre des finances déterminera le mode et l'époque du versement de ce produit dans la caisse municipale.

L'art. 19 attribue également aux communes sur le territoire desquelles auront été commis des délits de chasse le montant des amendes prononcées contre les délinquants, déduction faite des gratifications accordées aux gardes et gendarmes, en vertu de l'art. 10. Jusqu'ici ce produit était compris dans les amendes de la police correctionnelle, et se confondait dans le fonds commun, dont le tiers appartient aux hospices pour le service des enfants trouvés, et les deux tiers sont distribués en secours aux communes pauvres. Désormais il devra être réuni aux recettes énoncées dans le n° 12 de l'art. 21 de la loi du 18 juillet 1837, et qui se rapportent à la proportion que les lois accordent aux communes dans le produit des amendes prononcées par les tribunaux de simple police, par ceux de police correctionnelle, et par les conseils de discipline de la garde nationale.

Malgré la confusion de ces diverses amendes en un seul article du budget, il vous sera facile de reconnaître celles qui proviennent des délits de chasse, au moyen du compte détaillé que les receveurs de l'enregistrement et des domaines sont tenus de fournir, dans le cours de janvier de chaque année, des sommes qu'ils ont recouvrées au profit des communes pendant l'année précédente. Je désire que vous m'adressiez annuellement un état faisant connaître, par arrondissement, le chiffre exact des amendes de chasse, afin qu'on puisse se rendre compte d'une manière précise des effets résultant de la loi nouvelle et des ressources qu'elle procurera aux communes. Cet état contiendra aussi le relevé, par arrondissement, des sommes revenant aux communes sur le produit de la délivrance des permis de chasse.

Je n'ai rien à prescrire pour assurer le recouvrement des sommes provenant des amendes dont il s'agit, puisque les dispositions des art. 2 et 3 de l'ordonnance du 30 décembre 1823, qui fournissent à MM. les préfets les moyens de contrôler et de vérifier le travail des receveurs de l'enregistrement, sont applicables à l'espèce. Je vous engage à vous reporter, pour les détails de ce service, aux articles 795, 796 et 798 de l'instruction générale des finances du 17 juin 1840.

Les communes emploieront à l'ensemble de leurs besoins les nouvelles ressources dont elles viennent d'être dotées, et auxquelles la loi n'assigne aucune affectation spéciale. Il n'est pas à craindre que ces ressources soient jamais dissimulées, et donnent lieu à des comptabilités occultes. Vous serez toujours à même d'en constater l'encaissement par les receveurs municipaux, et d'en surveiller l'emploi, puisque c'est à vous qu'il

appartient de délivrer les permis de chasse , et que ,
d'une autre part, la distribution des sommes entre les
communes qui peuvent y avoir des droits ne saurait se
faire que sur des états soumis à votre contrôle et à
votre approbation.

Gratifications aux gardes et gendarmes.

L'art. 10 assure aux gardes et gendarmes, rédacteurs
de procès-verbaux ayant pour objet de constater les
délits de chasse, une gratification qui sera prélevée sur
le produit des amendes. Le taux de cette gratification
sera fixé par ordonnance royale, et des instructions
seront données par M. le Ministre des finances pour en
assurer le payement.

Je saisis cette occasion pour vous engager à prému-
nir de nouveau MM. les Maires sur les inconvénients,
les dangers même de certaines transactions qu'ils
autorisent quelquefois entre les gardes, rédacteurs de
procès-verbaux, et les particuliers atteints par ces procès-verbaux. Des Maires croient pouvoir arrêter les
poursuites en exigeant des délinquants, soit une gratification en faveur du garde, soit même le versement
d'une somme quelconque en faveur des pauvres de la
commune. Sans méconnaître les intentions de ces fonctionnaires, on ne peut se dissimuler qu'ils excèdent
leurs pouvoirs, qu'ils contreviennent soit à nos lois pénales, soit à nos lois financières, et qu'ils s'exposeraient

à être poursuivis comme concussionnaires, en vertu de la disposition finale des lois annuelles de finances. Vous devrez donc rappeler à MM. les Maires, avec force, le danger auquel ils s'exposent.

Quant aux gardes, faites-leur savoir que vous n'hésiterez pas à prononcer la révocation de tous ceux qui auraient consenti à se prêter à de semblables transactions, sans préjudice des poursuites en prévarication qui pourraient être exercées contre eux.

Je n'ai pas à vous entretenir, Monsieur le Préfet, des dispositions de la loi comprises dans les articles 11 et suivants : elles sont dans les attributions de l'autorité judiciaire, et M. le garde des sceaux a adressé à MM. les procureurs généraux les instructions que pouvait exiger cette partie de la législation nouvelle.

Vous apprécierez, je n'en doute pas, Monsieur le Préfet, toute l'importante de la loi du 3 mai 1844 ; je ne puis donc que vous recommander d'engager tous les fonctionnaires et agents qui ressortissent à votre administration à concourir avec zèle à la répression d'abus qui excitaient depuis longtemps de vives et justes réclamations.

Recevez, Monsieur le Préfet, l'assurance de ma considération distinguée ,

Le Ministre secrétaire d'État au département de l'intérieur,   T. Duchatel.

OBSERVATIONS

Par les circulaires ministérielles.

SUR L'ARTICLE IV.

I. M. le Garde-des-sceaux dans ses instructions aux Procureurs-généraux décide que le gibier qui sera découvert en temps prohibé, dans les auberges, chez les marchands de comestibles, dans les lieux ouverts au public ne pourra jamais s'y trouver que par suite d'un délit.

J'ai professé une opinion contraire et j'en ai déduit les motifs dans mes observations sur l'article 4 (voyez paragraphe 3 page 49), et plus j'y réfléchis, plus je les trouve justes. Je ne puis donc qu'y persister.

II. M. le Ministre de l'intérieur en rappelant aux Préfets que le gibier saisi doit être remis à l'établissement de bienfaisance le plus voisin, ne fait aucune distinction entre le gibier vivant et le gibier mort. Je pense, en effet, comme je l'ai dit page 45, qu'il n'est pas possible de distinguer.

Depuis l'impression de mon commentaire, j'ai été consulté sur deux espèces qu'il est utile de signaler. Une saisie de cent cailles vivantes faite dans le département du Pas-de-Calais a soulevé la question de savoir si on devait les mettre en liberté ou les déposer à l'établissement de bienfaisance. D'un côté on disait que l'intention du législateur exigeait la mise en liberté, et de l'autre on soutenait que les termes de la loi commandaient la remise à l'hospice. Dans le département du Nord, une saisie de jeunes lièvres a fait naître la même difficulté et l'on insistait d'autant plus pour la mise en liberté que ces lièvres étant trop jeunes pour être mangés, l'établissement de bienfaisance n'accepterait que la mission de les détruire pour les jeter ensuite sur le fumier. Ces considérations ont leur valeur, mais j'ai répondu qu'elles étaient impuissantes devant les termes si impératifs de la loi. Le gibier saisi doit être remis à l'établissement de bienfaisance sauf aux administrateurs de cet établissement à en faire tel emploi légal qu'ils jugeront convenable.

SUR L'ARTICLE V.

M. le ministre de l'intérieur infère des termes de l'article 5, que c'est au maire que la demande du permis de chasse doit être faite ; c'est une interprétation entièrement dans l'intérêt des administrés; mais M. le Ministre ajoute que la demande doit être formulée sur papier timbré. Cette exigence est la consécration d'un usage contre lequel j'ai entendu souvent protester. Est-elle légale ? n'est-ce pas ajouter à la loi que d'augmenter la quotité de l'impôt ? C'est une question que M. le Ministre examinera certainement avec soin et qu'il décidera dans sa sagesse; en attendant l'on ne peut que faire des vœux pour que les rapports entre les maires et leurs administrés soient rendus plus simples et plus faciles. On y gagnerait sous tous les rapports et l'on éviterait des difficultés d'exécution qui se présentent surtout lorsque celui qui demande un permis de chasse ne sait pas écrire.

SUR LES ARTICLES VI ET VII.

La circulaire de M. le Ministre de l'intérieur ne demande pas aux Préfets qu'ils astreignent *tous les impétrants* à joindre à la demande d'un permis de chasse un certificat ou extrait de rôle, constatant qu'ils ne sont pas compris dans la première exception de l'art. 6; il se borne à exiger cette production de *ceux à l'égard desquels MM. les Préfets auraient des doutes* sur la question de l'inscription au rôle, et dans le cas où ils croiraient devoir s'appuyer de la non inscription pour refuser le permis demandé.

Au premier abord, on est disposé à remercier le Ministre de vouloir bien dispenser les chasseurs d'une formalité, lorsque déjà ils en ont d'autres à remplir. Au point de vue administratif l'intention est bonne; mais en y regardant de plus près , et en se plaçant au point de vue légal, on s'étonne que cette faculté donnée aux Préfets d'exiger du chasseur la preuve qu'il n'est pas compris dans l'exception du n° 1er de l'article ne soit pas étendue aux autres exceptions du même article ; car , enfin la loi n'a pas distingué et M. le Ministre ne peut pas distinguer non plus. La *faculté* accordée au Préfet par l'art. 6, de refuser le permis de chasse, peut s'appuyer sur des faits exceptionnels ; la non inscription au rôle des contributions, et certaines condamnations, etc. , etc. , etc. , etc. C'est à lui, Préfet , magistrat administratif, les faits étant reconnus, de les apprécier à leur valeur, et de les trouver ou non assez graves pour prononcer un refus. A-t-il le droit de demander des preuves? On ne voit pas pourquoi il y aurait une différence entre les faits.

Je sais bien que M. le Ministre s'explique sur ce point , en disant qu'astreindre les chasseurs à justifier qu'ils n'ont point été condamnés , « non-seulement ce serait placer les citoyens sous une espèce de prévention blessante pour eux , mais encore ce serait exiger une justification souvent impossible , etc. » Mais pourquoi opter ainsi entre un cas et un autre pour trancher ce que la loi n'a pas même indiqué comme une question ? N'est-il pas fâcheux aussi d'avoir à se faire délivrer des extraits de rôles, lorsque par exemple, des mutations n'ont pas été faites, lorsqu'on doit les aller chercher bien loin de sa résidence, lorsque le percepteur n'est pas trouvé à son bureau, lorsqu'enfin à ces extraits doivent nécessairement être jointes des légalisations de signatures, etc., etc., etc.

La question, s'il y en avait une à résoudre, n'était donc pas dans les difficultés et les désagréments des preuves à fournir; il n'est pas possible de les graduer ainsi et d'en subordonner la production à ce qui doit être plus ou moins désagréable à chacun. La question était au contraire de savoir si la loi avait ordonné aux Préfets de toujours demander la preuve des faits exceptionnels ou bien de ne jamais l'exiger, et dans ce dernier cas, de s'en rapporter aux renseignements recueillis administrativement, pour user de la faculté laissée par la loi.

Eh bien ! pour résoudre cette question, il suffit de s'en rapporter à la circulaire même de M. le Ministre de l'intérieur. Il dit en effet avec raison : « L'obtention » du permis de chasse, est pour tous les citoyens, de » droit commun; des exceptions sont faites à ce droit, » dans un intérêt public, c'est donc à l'autorité qui » veut appliquer l'exception à prouver le cas excep- » tionnel. »

Quand le chasseur se présente au Préfet, il n'a donc pas à prouver qu'il échappe à la première exception de l'article 6 , pas plus qu'il ne doit prouver qu'il ne se trouve pas compris dans les suivantes ; il n'a donc pas d'extrait de rôle à fournir. C'est au Préfet à se procurer la preuve du cas exceptionnel pour l'opposer au droit commun , à la règle ; il ne pourra jamais astreindre le demandeur en permis à faire une preuve relative à l'inscription au rôle des contributions , pas plus qu'à prouver l'absence de condamnation.

Vainement on viendrait dire que d'un côté la preuve à faire , parce qu'elle reposerait sur un fait positif, comme la délivrance d'un extrait de rôle, serait d'une autre nature que les suivantes, parce que celles-ci s'appuieraient sur des faits négatifs. L'objection serait vaine , quoique la distinction fût juste, car il ne s'agit pas de savoir de quelle espèce sont les preuves à faire , mais si elles sont à faire. Ces observations s'appliqueraient d'ailleurs à l'article 7, qui astreint le chasseur, non pas à faire aucune preuve, mais à répondre à des preuves administratives par d'autres preuves dans le cas où le refus du permis de chasse serait mal fondé.

L'on ne peut s'empêcher de voir avec regret déposer ainsi, dans la circulaire de M. le Ministre, le germe de difficultés qui pourront fort bien s'élever.

SUR L'ARTICLE VIII.

M. le Ministre de l'intérieur dit aux Préfets que si

par l'effet d'une erreur ils ont délivré un permis de chasse à un individu à qui il ne pouvait pas être accordé, ils ne doivent pas hésiter à le retirer, et dans le cas de résistance de la part de cet individu, à appeler sur lui l'attention des agents préposés à la répression des délits de-chasse.

· Il sera souvent difficile , sinon impossible, de retirer le permis de chasse, et les Préfets n'auront pour se conformer aux intentions du ministre, qu'à signaler l'erreur aux agents préposés à la répression des délits de chasse. Ceux-ci constateront alors les faits de chasse, mais il restera à décider s'il y a délit. Cette question sera soumise aux tribunaux, et je ne pense pas qu'ils partagent l'opinion de M. le Ministre de l'intérieur ; j'en ai donné les raisons dans mon commentaire , page 69.

SUR L'ARTICLE IX.

M. le Ministre de l'intérieur reconnaissant la difficulté de bien déterminer l'étendue et la portée de l'interdiction de la chasse en temps de neige, recommande aux Préfets de se borner à prendre, à l'entrée de l'hiver, un arrêté portant défense de chasser lorsqu'il y aura de la neige sur la terre.

Je renvoie à ce que j'ai dit page 129, et je fais remarquer les termes mêmes de la loi et ceux de la circulaire ministérielle, qui attribuent au fait de neige un caractère de permanence. En consultant l'intention du législateur, on peut s'assurer qu'elle a été surtout d'empêcher la destruction du gibier, toujours facile quand la neige séjourne sur le sol. Ce n'est donc pas d'un accident passager qu'il s'agit ici ; et par exemple de ce que la neige aura surpris le chasseur dans sa course ; de ce que, dans une journée, il sera tombé de la neige, laquelle aura disparu sous l'influence d'un rayon de soleil, il ne faudra pas conclure que l'article 9 est devenu applicable ; les termes de la loi ne permettent pas une interprétation aussi étroite. Toujours les tribunaux dont la mission est de se conformer à l'intention du législateur, auront à apprécier la position légale d'un chasseur surpris chassant en temps de neige, et à voir enfin si dans ce moment la destruction du gibier était devenue plus facile à raison de la neige.

TABLE

ANALYTIQUE ET ALPHABÉTIQUE

DES

MATIÈRES CONTENUES DANS LE TOME TROISIÈME.

A.

desquelles les infractions ont été commises ; page 214. Voyez gratification et peines.

ANIMAUX MALFAISANTS OU NUISIBLES. Le Préfet détermine ceux des animaux malfaisants et nuisibles qu'on peut chasser, et les conditions de cette chasse ; pages 72 et 83.

— Peines contre ceux qui contreviennent à l'arrêté que le Préfet prend à cet égard ; pages 107 et 131.

Voyez lapins, pigeons et sangliers.

APPATS. Ceux qui emploient des appâts pour enivrer ou détruire le gibier, commettent un délit ; pages 138 et 151.

APPEAUX. On ne peut chasser avec appeaux ; pages 138 et 151.

APPELANTS. Il est défendu de chasser avec appelants; pag. 138 et 151.

ARME. Les armes doivent être confisquées, excepté dans le cas où le délit aura été commis par un individu muni d'un permis de chasse, dans le temps où la chasse est autorisée ; pages 170, 174 et 175.

— Si les armes n'ont pas été saisies, le délinquant doit les rapporter au greffe ou en payer la valeur ; pages 176 et 178.

— Les armes ne peuvent être saisies ; page 176.

— Les armes peuvent être saisies lorsqu'elles sont abandonnées ; page 186.

— La confiscation des armes doit être prononcée d'office ; page 181.

— Une arme apparente ou cachée peut faire porter au double les peines prononcées contre ceux qui ont chassé pendant la nuit sur le terrain d'autrui ; page 139.

Voyez confiscation.

ARRESTATION. Les délinquants ne peuvent être arrêtés ; pages 229 et 230.

— Ils peuvent l'être s'ils sont déguisés ou masqués, s'ils refusent de faire connaître leurs noms ou s'ils n'ont pas de domicile connu ; page 229 et suivantes.

— Ils doivent être conduits devant le juge de paix ou le maire ; page 230.

— On doit s'assurer de l'individualité du délinquant, et le remettre en liberté ; page 235.

ARRÊTÉS. L'ouverture et la fermeture sont fixées par des arrêtés du Préfet ; page 23.

— Ils doivent être publiés dix jours à l'avance ; page 23.

— Que faut-il entendre par ces mots : Dix jours à l'avance ? page 24.

— Ils sont obligatoires ; page 24.

— Qu'arrive-t-il s'ils ne sont pas publiés dans le délai voulu par la loi ? page 26.

— Qu'entend-t-on par publication ? page 31.

— Ils sont applicables à tous les terrains , page 35.

— A tous les modes de chasse ; page 35.

— Les Préfets doivent prendre des arrêtés pour déterminer l'époque de la chasse des oiseaux de passage et les modes et procédés de cette chasse ; pages 71, 79 et suivantes.

— Ils doivent prendre des arrêtés pour déterminer le temps pendant lequel il sera permis de chasser le gibier d'eau ; pages 72, 81 et 107.

— Et aussi pour déterminer les espèces d'animaux malfaisants ou nuisibles qu'on peut détruire ; pages 72 et 83.

— Les Préfets peuvent prendre des arrêtés pour prévenir la destruction des oiseaux ; pages 72, 103 et 107.

— Pour interdire l'emploi des chiens lévriers ; pag. 72, 104 et 107.

— Pour interdire la chasse en temps de neige ; pages 72, 105 et 107.

— Quel est le délai pour l'exécution de ces arrêtés ; page 78.

— Peines portées contre ceux qui contreviennent à ces arrêtés ; pages 107, 123 et suiv. Voyez Préfets.

Aubergistes. La recherche du gibier peut être faite chez les aubergistes ; pages 38 et 49.

— La détention d'une pièce de gibier constitue-t-elle à elle seule un délit ? pages 49 et suiv.

— Les aubergistes non soumis à l'exercice ne sont pas compris dans l'exception ; page 220.

B.

Bail. Voyez droit de chasse.

Barrière. Voyez terrain clos.

Battues. Voyez louveterie.

Bêtes fauves. On peut repousser et détruire, même avec des armes à feu, les bêtes fauves qui porteraient dommage aux propriétés ; p. 93.

— Une distinction est à faire entre les animaux malfaisants et les bêtes fauves ; page 94.

— A qui appartient le droit de détruire les bêtes fauves ? page 94.

— Ce n'est pas un droit personnel ; page 94.

— On peut l'exercer en tout temps ; page 94.

— Sans permis de chasse ; page 94.

—Quelle portée donner à ces mots : bêtes fauves ? page 95.

— Les pigeons sont-ils des bêtes fauves ? page 96 et 97.

— Les corbeaux, lapins et tous les oiseaux de proie, sont-ils des bêtes fauves ? pages 97 et suiv.

BLAIREAUX. Voyez animaux malfaisants.

BOIS. L'art. 14 de la loi du 30 avril 1790 permettait de chasser en temps prohibé dans les bois, pourvu que ce fût sans chiens courants ; page 15.

— Le législateur a fait disparaître cette exception ; page 15.

— A moins que les bois ne soient attenant à une habitation, la chasse n'y est pas plus permise que partout ailleurs ; page 15.

— Peines portées contre les fermiers de la chasse dans les bois soumis au régime forestier, qui auront contrevenu aux clauses et conditions de leurs cahiers de charges relatives à la chasse ; pages 107 et 132 ;

— On entend par bois soumis au régime forestier, les bois qui sont sous la surveillance de l'administration forestière. Ce sont les bois de l'État, ceux des communes, des hospices et des autres établissements publics ; page 132.

BOURSES. Voyez lapin.

BRÈCHES. Voyez terrain clos.

BRIGADIER de gendarmerie. Voyez gendarmes.

BRUYÈRES. Les bruyères sont rentrées dans la catégorie générale des propriétés et n'ont plus de privilége spécial ; pages 15 et 82.

C.

CAHIER DES CHARGES. Voyez fermiers.

CAILLE. La caille n'est un pas un oiseau de passage ; page 74 et 84.

CANARDS. La loi du 3 mai 1844 n'est pas applicable aux canards ; page 102.

CERTIFICAT D'INDIGENCE. Voyez insolvable.

CESSION. Voyez droit de chasse.

CHANTERELLES. On ne peut chasser avec chanterelles; pag. 138 et 151.

CHASSE. La chasse à tir, celle à courre, et l'emploi des bourses et furets pour prendre le lapin, sont les seules permises ; page 74 et 76.

— Qu'entend-on par chasse à tir et à courre ? page 75.

— La chasse à l'oiseau n'est pas permise ; pages 75 et 76.

— La chasse aux filets, engins et autres instruments de chasse est défendue; page 77.

Consentement. Voyez terrain d'autrui.

Contrainte par corps. La responsabilité ne donne pas lieu à la contrainte par corps ; pages 274 et 281.

Contributions indirectes. Les procès-verbaux des employés des contributions indirectes et des octrois font foi jusqu'à preuve contraire lorsque dans la limite de leurs attributions respectives, ces agents rechercheront et constateront les délits prévus par le paragraphe 1er de l'article 4; page 218.

— La loi ne les charge pas de rechercher et constater les délits, elle leur confère seulement qualité pour les constater, lorsque dans l'exercice de leurs fonctions ils en trouveront l'occasion; pages 219 et 220.

— La gratification est refusée par la loi aux employés des contributions indirectes et de l'octroi ; page 106. Voyez procès-verbal.

Corbeaux. Voyez bêtes fauves et animaux malfaisants.

Couronne. Voyez propriétés de la Couronne.

Courre. Voyez chasse.

Cours d'eau. Voyez terrain clos.

Couvées. Il est interdit de prendre ou de détruire sur le terrain d'autrui des œufs et des couvées de faisans, de perdrix et de cailles ; pages 38 et 51.

— On le peut sur son terrain ; page 51.

— On peut les vendre et transporter ; pages 51 et 52.

Cumul. Les peines ne doivent pas être cumulées ; pages 194 et suiv.

— Elles doivent l'être dans les cas de délits de chasse commis postérieurement à la rédaction du procès-verbal ; pages 194 et suiv.

— C'est la déclaration du procès-verbal qui trace la limite entre l'exception et le droit commun ; page 209.

— Les délits commis postérieurement doivent être punis, c'est le cas de dérogation à la règle générale ; page 210.

— La dérogation s'étend-elle au cas où l'un des deux délits n'est pas un délit de chasse ? page 210.

— Qu'arrivera-t-il quand il n'y aura pas eu procès-verbal ? pages 211 et 212. — Voyez confiscation et peines.

Curateur. — Le curateur peut demander un permis de chasse pour son mineur de seize à vingt-un ans; page 66 et 67.

D.

Déclaration. Voyez cumul et procès-verbal.

Déguisement. Quand est-on réputé déguisé ? page 162.

— Les peines peuvent être portées au double quand le délinquant est déguisé ; page 161. Voyez arrestation.

Délai. Voyez arrêtés.

Délits. Voyez ministère public, partie intéressée, propriétaire et responsabilité.

Désarmement. On ne peut pas désarmer les chasseurs ; pages 176 et 229.

— Est-il permis de désarmer dans les cas où la loi autorise l'arrestation ? pages 233 et suivantes.

Destruction. Tout jugement de condamnation doit ordonner la destruction des instruments de chasse prohibés ; pages 170 et 176.

— Quand le délinquant est resté inconnu, la destruction est ordonnée sur le vu du procès-verbal ; pages 171 et 186.

— La destruction ne doit avoir lieu qu'en exécution du jugement qui l'ordonne ; pages 173 et 176.

— Elle ne peut avoir lieu lorsque les objets n'ont pas été saisis et ne sont pas représentés ; page 173.

— Il n'y a pas lieu à destruction dans le cas du dernier paragraphe de l'article 4 ; page 174.

Domestiques. Voyez responsabilité.

Domicile. Les dépendances de l'habitation c'est le domicile ; pag. 249.

— Le domicile est inviolable ; page 249. Voyez aubergiste, arrestation, gibier et terrain clos.

Dommages-intérêts. Les dommages-intérêts ne sont pas des peines ; page 166.

— La quotité des dommages-intérêts est laissée à l'appréciation des tribunaux ; pages 171 et 187.

— Les tribunaux peuvent accorder ou refuser des dommages-intérêts; page 190.

— Le plaignant doit établir le préjudice ; page 190.

— Les dommages-intérêts ne doivent être accordés que lorsqu'ils sont demandés ; pages 191 et suivantes.

— Les dommages-intérêts n'ont pas un caractère pénal, et ils doivent être alloués, même lorsque les peines ne peuvent pas être cumulées ; pages 207 et suivantes.

— Le fermier peut toujours demander des dommages-intérêts ; page 248.

— La responsabilité s'applique aux dommages-intérêts ; page 274. Voyez peines et responsabilité.

Drogues. Ceux qui ont employé des drogues qui sont de nature à enivrer le gibier, commettent un délit ; pages 738 et 151.

— Peines contre les délinquants ; page 138.

Droit de chasse. Il appartient au propriétaire du terrain ; pages 7 et 248.

— Il appartient au fermier quand il a été loué avec la propriété ; pages 11 et 248.

— Il appartient à l'usufruitier ; page 11.

Douanes. Les préposés des douanes peuvent obtenir un permis de chasse ; page 68.

Double. Voyez peines.

E.

Emprisonnement. L'emprisonnement est facultatif ; pages 138 , 155, 156, 161 et 168. Voyez peines.

Enfants. Voyez responsabilité.

Engins. Voyez instruments de chasse.

Etablissements publics. Voyez ministère public.

Etangs. La loi nouvelle ne reproduit pas l'exception relative aux lacs et étangs ; pages 13 et 15.

— Lorsque la chasse est fermée, la loi ne permet pas plus de chasser sur les lacs et les étangs que partout ailleurs ; page 81.

— Les Préfets prendront des arrêtés pour déterminer le temps pendant lequel il sera permis de chasser le gibier sur les étangs ; pages 72 et 82.

Etat. Voyez ministère public.

F.

Femmes. Voyez responsabilité.

Fermiers. Les fermiers de la chasse qui contreviennent aux clauses et conditions de leurs cahiers des charges commettent un délit ; pages 107, 132 et suiv.

— Celui qui a loué le droit de chasse est aux lieu et place du propriétaire ; page 11.

— Les fermiers peuvent détruire les animaux nuisibles et malfaisants en se conformant à l'arrêté du Préfet ; page 72.

— Ils peuvent repousser ou détruire, même avec des armes à feu, les bêtes fauves ; pages 93, 94, 95 et suiv.

Voyez dommages-intérêts et terrain clos.

FERMETURE DE LA CHASSE. Voyez arrêtés et Préfets.

FILETS. Voyez instruments de chasse.

FORÊTS DE LA COURONNE. Voyez propriétés de la Couronne.

FORÊTS DE L'ÉTAT. Voyez administration forestière et ministère public.

FOSSÉS. Voyez terrain clos.

FRAIS. Voyez solidarité et responsabilité.

FRUITS. Qu'entend-on par fruits ? pages 111 et suivantes.

FURETS. On peut par exception se servir des furets pour prendre les lapins ; pages 71 et 76.

— Les furets ne doivent pas être confisqués ; page 172.

FUSIL. Voyez armes.

G.

GARDES CHAMPÊTRES. Les gardes champêtres des communes ne peuvent obtenir de permis de chasse ; page 66.

— Ni ceux des établissements publics ; page 66.

— Les peines doivent être portées toujours au maximum lorsque les délits ont été commis par les gardes champêtres des communes ; page 139.

— Ils doivent constater les délits de chasse ; page 216. Voyez gratification et procès-verbal.

GARDES FORESTIERS. Les gardes forestiers des communes, des établissements publics et de l'État ne peuvent obtenir un permis de chasse ; page 66.

— Les peines sont toujours portées au maximum, lorsque les délits ont été commis par les gardes forestiers ; page 139.

— Ils doivent constater les délits de chasse ; page 216. Voyez gratification et procès-verbal.

GARDES PARTICULIERS. Ils peuvent obtenir un permis de chasse; page 67.

— Ils doivent constater les délits de chasse ; page 216. Voyez gratification et procès-verbal.

GARDE-PÊCHE. Les gardes-pêche ne peuvent obtenir un permis de chasse ; pages 66 et 68.

— Ils doivent constater les délits de chasse; page 216. Voyez gratification et procès-verbal.

Garennes. La loi ne contient plus d'exception pour les garennes ; page 15.

— Les Préfets ne peuvent pas modifier la loi relativement aux garennes ; page 82.

Gendarmes. Les officiers, maréchaux-des-logis et brigadiers de gendarmerie, ainsi que tous les gendarmes, doivent constater les délits de chasse ; page 216. Voyez gratification et procès-verbal.

Gibier. On ne peut mettre en vente, vendre, acheter, transporter, colporter, du gibier en temps prohibé ; pages 37, 39 et 47.

— Le gibier doit être saisi, au cas de contravention à l'article 4 ; pages 38, 39 et 48.

— La recherche du gibier peut être faite chez les aubergistes, marchands de comestibles et dans les lieux publics : pages 38, 39, 49 et 51.

— Le gibier d'eau n'est pas excepté ; pages 40, 107 et 124.

— Cependant il est excepté dans les temps permis par les Préfets ; pages 40, 72 et 81.

— Le lapin n'est pas excepté ; page 40.

— Le gibier tué dans les terrains clos n'est pas excepté ; page 40, 41 et 42.

— Le gibier venant de l'étranger n'est pas excepté, page 42.

— Le gibier tué dans les propriétés de la Couronne n'est pas excepté ; page 284.

— Cependant le transport en est permis aux personnes chargées de ce soin ; pages 284 et suivantes.

— Qu'entend-on par mise en vente, vente, achat, transport et colportage ? pages 43, 44, 45 et 46.

— Peut-on donner, recevoir, manger du gibier en temps prohibé ? pages 47 et 49.

— Peines contre ceux qui contreviennent aux défenses faites par l'article 4 ; page 138.

— Le gibier tué par les chasseurs ne peut pas être confisqué ; p. 172.

Gratification. Des ordonnances royales doivent déterminer les gratifications à accorder aux gardes et gendarmes ; page 105.

— La loi n'en accorde pas aux employés des contributions indirectes et de l'octroi ; page 106.

— Les gratifications sont prélevées sur le produit des amendes ; page 213.

— L'ordonnance du 17 juillet 1816 reste provisoirement en vigueur ; page 105.

H.

Habitation. Voyez terrain clos.

Haies. Voyez terrain clos.

Hospices. Voyez bois, confiscation, ministère public.

Hôteliers. Voyez aubergistes.

I.

Indemnité. Voyez dommages-intérêts.

Individualité. Voyez juges-de-paix.

Insolvables. Le second paragraphe de l'art. 14 est applicable aux insolvables ; page 168.

Instruments de chasse. La chasse aux filets, engins ou autres instruments de chasse est défendue : page 77.

— Peines contre les infracteurs ; page 138.

— On ne peut être ni détenteur, ni muni, ni porteur de ces instruments, sous peine de l'application de l'art. 12 ; pag. 138 , 140 et suiv.

— Les instruments de chasse peuvent être saisis ; pages 177 et 178.

— Ils doivent être confisqués ; pages 179 et 180.

— La confiscation doit être prononcée d'office ; page 191. Voyez confiscation et destruction.

Interdits. Les interdits ne peuvent obtenir un permis de chasse ; page 66.

J.

Juges de paix. Ils doivent rendre les ordonnances sur saisie du gibier ; page 38 , 48 et 49.

— Ils doivent recevoir l'affirmation des procès-verbaux ; page 227.

— Les juges-de-paix doivent s'assurer de l'individualité des chasseurs arrêtés et conduits devant eux ; page 229.

Juges d'instruction. Peuvent-ils constater les délits de chasse ? page 246.

L.

Lacets. Voyez instruments de chasse.

Lacs. Voyez étangs.

Landes. La loi ne contient plus d'exception pour les landes; p. 15.

M.

N.

O.

OBSERVATIONS. Observations sur les circulaires ministérielles; p. 353.

OCTROI. Les procès-verbaux des employés de l'octroi font foi jusqu'à preuve contraire ; page 218.

— Pouvoir que la loi leur confère ; page 219. Voyez gratification et procès-verbal.

ORDONNANCES. Voyez abrogation et gratification.

OFFICIERS DE GENDARMERIE. Voyez gendarmes.

OEUFS. On ne peut prendre ni détruire des œufs de faisans, de perdrix et de cailles sur le terrain d'autrui ; pages 38 et 51.

— On le peut sur son terrain ; page 51.

— On peut les vendre et transporter ; pages 51 et 52.

— Peines contre les contrevenants ; pages 107 et 137.

OIES. L'article 7 de la loi du 3 mai 1844 n'est pas applicable aux oies ; page 102.

OISEAU. La chasse à l'oiseau est défendue ; page 75.

OISEAUX. Le Préfet peut prendre des arrêtés pour prévenir la destruction des oiseaux ; page 72.

— Peines contre les contrevenants ; page 107.

OISEAUX DE PASSAGE. Le Préfet doit réglementer la chasse des oiseaux de passage ; page 107.

— Peines contre les contrevenants ; pages 107, 123 et 124.

OISEAUX DE PROIE. Les oiseaux de proie sont-t-ils des bêtes fauves ? page 97.

— Sont-ils des animaux nuisibles ? page 98 et suivantes.

OUVERTURE DE LA CHASSE. Voyez Préfets.

OUVRIERS. Voyez responsabilité.

P.

PANNEAUX. Voyez instruments de chasse.

PARTIE INTÉRESSÉE. Qu'entend-on par partie intéressée ? page 248.

PARCS. Voyez terrain clos.

PATURE. Voyez prés.

PEINES. Contre ceux qui chassent sans permis ; page 106.

— Contre ceux qui chassent sur le terrain d'autrui ; pages 107, 109 et 138.

Propriétés de la Couronne. Les dispositions de la loi relatives à l'exercice du droit de chasse ne sont pas applicables aux propriétés de la Couronne; page 282.

— Néanmoins les délits commis dans ces propriétés seront poursuivis et punis conformément aux sections II et III de cette loi; page 282.

— L'article 4 est-il applicable? page 283.

— L'ordonnance de 1669 ne reste pas en vigueur pour les propriétés enclavées; page 289.

— L'exception introduite pour les propriétés de la Couronne ne s'étend pas à celles des princes; page 288.

— Ni à celles de l'État; page 288.

Publication. Voyez arrêtés.

Pupilles. Voyez tuteurs et responsabilité.

R.

Rapports. Voyez procès-verbal.

Rébellion. Le chasseur qui résiste à la saisie des instruments de chasse se constitue en état de rébellion; page 178.

Récidive. Quand y a-t-il récidive? page 166.

— La progression des peines s'arrête après la seconde contravention, page 162. Voyez peines.

— Réccoltes. Quand la chasse est ouverte, on peut chasser dans les récoltes, page 242.

— On peut chasser dans celles des propriétaires qui y consentent, page 243.

Réglement. Voyez arrêtés.

Renards. Voyez animaux malfaisants.

Responsabilité. Le père, la mère, le tuteur, les maîtres et commettants sont civilement responsables des délits de chasse commis par leurs enfants mineurs non mariés, pupilles demeurant avec eux, domestiques ou préposés; page 274 et suivantes.

— La responsabilité est réglée conformément à l'article 1384 du Code civil; pages 274 et 278.

— Elle ne s'applique qu'aux dommages-intérêts et frais; pages 274 et 280.

— Elle ne peut donner lieu à la contrainte par corps; p. 274 et 281.

— Les maris sont-ils responsables des délits commis par leurs femmes? page 277.

Terrain clos. On peut chasser en tout temps dans les terrains clos qui attiennent à une habitation; pages 12, 15 et 16.

— Il faut la réunion des deux circonstances; pages 13, 14 et 16.

— Qu'entend-on par attenant à une habitation; page 16.

— Qu'entend-on par clôture ? page 17.

— Un mur est-il une clôture ? page 18.

— Un fossé est-il une clôture ? page 19.

— Une haie est-elle une clôture ? page 19.

— Un ruisseau est-il une clôture ? page 19.

— Un cours d'eau est-il une clôture ? page 19.

— Une rivière est-elle une clôture ? page 20.

— Une route est-elle une clôture ? pages 20 et 22.

— Une barrière interrompt-elle la clôture ? pages 20 et 21.

— Des brèches l'interrompent-elles ? pages 20 et 21.

— Une porte l'interrompt-elle ? page 21.

— Un chemin l'interrompt-il ? page 22.

Terrain d'autrui. On ne peut chasser sur le terrain d'autrui sans le consentement du propriétaire du droit de chasse; pages 7 et 10.

— On le peut avec son consentement; pages 71 et 75. Voyez peines.

Texte. Voyez circulaire et loi.

Tir. Voyez chasse.

Transport. Voyez gibier.

Tuteur. Voyez responsabilité.

V.

Vente. Voyez gibier.

Violences. Les peines peuvent être portées au double lorsque le délinquant a usé de violences envers les personnes ; page 161.

— Il suffit qu'il y ait violences, légères ou non ; page 165.

Visa. Voyez permis de chasse.

Visites domiciliaires. Voyez aubergistes.

U.

Usufruitier. Voyez droit de chasse..

FIN DE LA TABLE ALPHABÉTIQUE ET ANALYTIQUE.